Gert Gruner / Manfred Wilke
Sozialdemokraten im Kampf
um die Freiheit

SERIE PIPER
Band 226

Zu diesem Buch

Wilhelm Piecks Bitte an Otto Grotewohl vom 27. 12. 1945 wurde bis 1981 respektiert, die stenographische Niederschrift über die »Sechziger-Konferenz«, beschickt mit je dreißig Spitzenfunktionären der KPD und der SPD, blieb unter Verschluß. Für die SED ist die Entschließung dieser Konferenz eine Art Geburtsurkunde, scheint sie doch zu beweisen, daß die SPD in ihre Selbstauflösung in der SBZ selbst eingewilligt hat. Die stenographische Niederschrift enthüllt, daß es nicht so war: Der Widerspruch gegen die Vereinnahmungspläne der KPD wurde von den Sozialdemokraten G. Dahrendorf, G. Klingelhöfer und O. Grotewohl unüberhörbar vorgetragen.

Die Geschichte der Selbstbehauptung der SPD nach 1945 ist von Albrecht Kaden und Frank Moraw mustergültig beschrieben worden. Die Herausgeber haben dieses Material in ihrer Einleitung zu der These verdichtet: Die Einigungskampagne der KPD gegenüber der SPD wurde lediglich als organisatorisches Problem verstanden und als solches geplant, vorbereitet und durchgeführt. Am Beispiel Kurt Schumachers zeigen die Herausgeber, daß Diskussion bei der KPD hieß: Vereinnahmung, Neutralisierung und Ausgrenzung.

Fazit: Die Diskussion um eine Vereinigung der beiden Arbeiterparteien SPD und KPD gehört ins Reich der politischen Legenden. Die Sozialdemokraten in der SBZ hatten 1946 real nur die Chance, als Sozialdemokraten zu kapitulieren, in den Westen zu gehen oder in den Westsektoren Berlins den Kampf um ihre Selbstbehauptung zu führen. Die Westberliner Sozialdemokraten kämpften.

Gert Gruner, Dr. rer. pol., Mitglied des Abgeordnetenhauses von Berlin bis 1981. Lebt heute als freier Unternehmer in Berlin.

Manfred Wilke, Dr. rer. pol., 1976–1980 Assistent am Institut für Bildungs- und Gesellschaftswissenschaften der TU Berlin, 1980–1981 Geschäftsführer der GEW in Nordrhein-Westfalen; seit 1985 Professor für Soziologie an der Fachhochschule für Wirtschaft in Berlin.

Gert Gruner / Manfred Wilke (Hrsg.)

Sozialdemokraten im Kampf um die Freiheit

Die Auseinandersetzungen zwischen SPD und KPD in Berlin 1945/46

Stenographische Niederschrift der Sechziger-Konferenz am 20./21. Dezember 1945

Piper
München Zürich

ISBN 3-492-10226-2
2. Auflage, 5.–11. Tausend Mai 1986
R. Piper & Co. Verlag, München 1981
Umschlag: Federico Luci
Gesamtherstellung: Clausen & Bosse, Leck
Printed in Germany

Inhalt

Vorwort

»Alle politische Aktion besteht in dem Aussprechen dessen, was ist, und beginnt damit. Alle politische Kleingeisterei besteht aus dem Verschweigen und Bemänteln dessen, was ist.«

So Ferdinand Lassalle zu einer Zeit, als die SPD gegründet wurde. Ganz anders der KPD-Vorsitzende Wilhelm Pieck 1945, als er sich daran machte, auf Weisung eine weitere Partei »neuen Typs« zu gründen: die SED.

Wilhelm Pieck schickte am 27. 12 1945 seinem »lieben Genossen Grotewohl« die stenographische Niederschrift der sogenannten Sechziger-Konferenz vom 20./21. 12. 1945 mit der Bitte, »das Stenogramm in Deine persönliche Verwahrung zu nehmen, damit es nicht in andere Hände außerhalb Eures engeren Kreises kommt«.

Wir sind der Meinung, daß es an der Zeit ist, sich nicht mehr an diese Bitte zu halten. Wir tun dies nicht aus Gründen parteigeschichtlicher Nostalgie, sondern weil wir der Auffassung sind, daß die eigene Geschichte eine Kraft entwickeln kann, die in gesellschaftlichen Krisen Orientierung und Mut zur Gestaltung der Zukunft gibt. Die Fähigkeit Hoffnung und Selbstvertrauen zu vermitteln, gründet sich neben Leistungen in der praktischen Politik des Tages vor allem auch auf die Kenntnis der eigenen Geschichte. Dort liegt die Wurzel der Identität der politischen Glaubwürdigkeit. Die Geschichte ist der Gradmesser für die Beurteilung politischen Leistungsvermögens. Der Kampf der Berliner Sozialdemokraten um die Selbstbehauptung ihrer Partei 1945/46 war gleichzeitig ein Kampf für die Freiheit der Stadt.

Es ist notwendig, die Bedeutung dieses Kampfes einerseits den älteren Menschen wieder ins Bewußtsein zu rufen und andererseits den jüngeren Bürgern zu vermitteln.

Die Grundlagen sozialdemokratischer Politik waren immer wertorientiert: Freiheit, soziale Gerechtigkeit, Solidarität und Demokratie. Aus diesen Grundwerten bieten sich auch für zukünftige Probleme Lösungsmöglichkeiten an. Aktuelle Krisen können die Überzeugungskraft dieser Werte nicht widerlegen:

»Die Sozialdemokraten müssen vor allem wieder den Mut zu der Überzeugung haben, daß ihre Werte – gewachsen in der hundertjährigen Tradition der Arbeiterbewegung – solider sind als andere Begriffskonstruktionen.« (Gert Gruner/Hans Kremendahl: Plädoyer für eine neue Einheit. Aufruf zur Erneuerung der politischen Kultur in der Berliner SPD, Berliner Stimme 52/1979.)

Die erstmalige Veröffentlichung der stenographischen Niederschrift dieser Konferenz zwischen SPD und KPD, die von historischer Bedeutung für die deutsche Nachkriegsentwicklung war, zeigt die Auseinandersetzung um Anpassung und Widerstand in den Reihen der sozialdemokratischen Partei: In Berlin siegte die Selbstbehauptung. Am 31. 3. 1946 entschieden sich 19529 Sozialdemokraten in einer Urabstimmung für das freie Berlin.

Berlin, im März 1981 GERT GRUNER MANFRED WILKE

Nachtrag vom Mai 1986:
Der Name »Sechziger-Konferenz« wurde in der Literatur belegt durch die Unterschriften unter der gemeinsamen Entschließung der Konferenz. 59 der anwesenden Funktionäre von KPD und SPD unterschrieben sie, und nur der Sozialdemokrat Karl J. Germer tat es nicht. Aber die Bezeichnung »Sechziger-Konferenz« ist nachweislich falsch. So nahm am 1. Verhandlungstag auch der Oberbürgermeister von Chemnitz Hans Hermsdorf für den SPD-Bezirk Chemnitz an der Konferenz teil. Nachdem Hermsdorf Grotewohl ankündigte, daß er den Entschließungstext nicht unterschreiben werde, bat ihn Grotewohl durch seine Sekretärin am 20. 12. 1945 abends, sofort abzureisen, da er ansonsten für Hermsdorfs Sicherheit in Chemnitz (heute Karl-Marx-Stadt) nicht mehr garantieren könne. Hans Hermsdorf floh bereits im Februar 1946 in den Westen.

Manfred Wilke

Einleitung

I. SPD und Westberlin. Oder: Wer hat 1946 gekämpft?

»Die Quelle der Kraft ist der Mut zum Aufstand für die Freiheit im März 1946 gewesen.«[1] Dies war Kurt Schumachers Wertung des Ergebnisses der Urabstimmung der Berliner Sozialdemokraten vom 31. 3. 1946: 19529 Sozialdemokraten sprachen sich nämlich gegen eine sofortige Vereinigung mit der KPD aus. Der 31. 3. 1946 ist die Geburtsstunde des demokratischen Berlin.

»Ohne die Sozialdemokratie und ihre Leistung von 1946 könnten unsere Kritiker hier in Berlin, im Westen und sonst wo in der Welt nicht eine gar so gewaltige Mundwerkstätigkeit entfalten.«[2]

1981 hätte mit Sicherheit die Westberliner Bevölkerung keine Wahlmöglichkeit, welche Partei diese Stadt regieren soll, wenn es nicht 1945/46 Sozialdemokraten gegeben hätte, die das Vorhandensein der westlichen Besatzungsmächte in den Westsektoren genutzt hätten, um den Widerstand gegen die Zwangsauflösung der SPD in der KPD zu organisieren. Sie haben es am 1. 3. 1946 durchgesetzt, daß zumindest in den West-Sektoren die 33247 SPD-Mitglieder darüber abstimmen konnten, ob sich SPD und KPD sofort vereinigen sollten. Im Ost-Sektor der Stadt waren vier Bezirke bereit – gegen das Votum der Leitung der SPD in der Sowjetischen Besatzungszone –, nämlich die Bezirke Mitte, Pankow, Prenzlauer Berg und Lichtenberg, ihren Mitgliedern die demokratische Entscheidung zu ermöglichen, aber knapp eine halbe Stunde nach Öffnung der Wahllokale wurden sie von sowjetischem Militär geschlossen. In Westberlin beteiligten sich 23755 Sozialdemokraten an der Abstimmung, von denen 19529 die sofortige Vereinigung mit der KPD ablehnten.

Diese Urabstimmung der Berliner Sozialdemokraten darüber, ob sie sich selber auflösen oder in einer schier aussichtslosen Situation um ihre eigene Identität kämpfen wollten, war vor aller Welt die erste sichtbare Manifestation des Anspruchs auf Selbstbestimmung des deutschen Volkes über seine Zukunft nach 1945. An diesem 31. März 1946 gründeten sozusagen die Berliner Sozialdemokraten Westberlin und haben es seither als lebensfähiges Gemeinwesen erhalten und verteidigt.

Dieses Protokoll der ersten Sechziger-Konferenz vom Dezember 1945 erscheint in einem Moment, in dem sich die Berliner Sozialdemokratie in einer schweren Krise zu einem Neuanfang entschlossen hat. Die Wahl von Hans-Jochen Vogel zum Regierenden Bürgermeister wurde auch von der sowjetischen Botschaft in der DDR kommentiert:

»In Zusammenhang mit der Regierungskrise in Westberlin ist eine große Gruppe von Politikern der BRD nach Westberlin gekommen, die am 23. Januar 1981 als Regierender Bürgermeister und Senatoren bestätigt wurde. Die BRD hat damit einen erneuten Versuch unternommen, Westberlin wie einen Bestandteil der BRD und als Land der Bundesrepublik zu behandeln. Derartige Aktionen stehen im Widerspruch zum vierseitigen Abkommen und der grundlegenden Bestimmung über die Nichtzugehörigkeit Westberlins zur Bundesrepublik. Die Verantwortung für diese Verletzungen liegt allein bei den drei Westmächten, die die ungesetzlichen Ansprüche der BRD auf diese Stadt fördern, die niemals zur Bundesrepublik gehört hat und nicht zu ihr gehört.«[3]

Wir sollten diese Erklärung, die Teil der ideologischen Abgrenzungsoffensive der Propagandamaschinerie der Sowjetunion ist, nicht überbewerten, aber wir sollten auch nicht den Fehler machen, sie einfach zu vergessen.

II. SPD 1945: Der Weg aus den Trümmern

1. Hoffnung 1945: Nach Hitler – wir!

Theo Pirker gab seiner Geschichte der Sozialdemokratischen Partei Deutschlands von 1945 bis 1964 den Titel: »Die SPD nach Hitler«. Bereits der Titel dieses Buches spiegelt die Aussichtslosigkeit, die Verzweiflung und die Hoffnungslosigkeit, die die Nazi-Diktatur den Deutschen 1945 hinterlassen hatte:

»›Nach Hitler – wir!‹ dieses Wort soll von dem sozialdemokratischen Reichstagsabgeordneten Breitscheid im Jahre 1932, dem Jahr der permanenten Wahlkämpfe, auf einer Versammlung in Bielefeld geprägt worden sein. ›Nach Hitler – wir!‹ in diesem Satz waren sich Kommunisten, Sozialdemokraten, Zentrumspolitiker und Deutschnationale einig. Es war eine Einigkeit im Irrtum, in der falschen und überheblichen Einschätzung der nationalsozialistischen Bewegung und ihres Führers Adolf Hitler. Für Hitler war diese Unterschätzung der größte Aktivposten im politischen Spiel und der größte strategische Vorteil über seine Gegner im politischen Kampf. Seine Gegner mußten jedoch zwölf Jahre warten, bis sie wieder aktiv auf die politische Bühne Deutschlands zurückkehren konnten – und die Mehrzahl dieser Gegner hat das Ende des Despoten nicht mehr erlebt. Die es erlebten, die nach der Niederlage von 1945 wieder die politische Bühne betraten, mußten ein schweres Erbe antreten: Einen zerschlagenen deutschen Staat, einen zerstörten Wirtschaftsapparat, ein politisch demoralisiertes Volk. Die Führer der Sozialdemokratischen Partei, aus Konzentrationslagern befreit, aus der Emigration zurückgekehrt, aus der inneren Emigration, der bürgerlichen und kleinbürgerlichen Deckung, sich wieder erhebend, nahmen nicht nur dieses Erbe des Despoten an; sie folgerten aus dem Ausmaß der Niederlage, daß sich dieser Satz des Jahres 1932 nun doch und notwendigerweise bestätigte: ›Nach Hitler – wir!‹. Nach Hitler, nach der Niederlage, angesichts der politischen und sozialen Lage gab es für sie nur eine Konsequenz: den Sozialismus. Es gab für sie nur eine Partei, die diese Konsequenz repräsentierte: die Sozialdemokratische Partei Deutschlands.«[4]

Wir wissen heute, daß sich diese Hoffnungen nicht erfüllt haben. 1966 hat Günter Gaus »Gespräche mit Herbert Wehner« publiziert, in denen er auch gefragt hat, ob es einen durchgehenden Grund für die Wahlniederlagen der SPD auf Bundesebene nach 1945 gegeben hat.

Günter Gaus: »Die SPD hat in den hundert Jahren ihrer Geschichte stets gegen stimmungsgeladene und daher schwer faßbare Vorurteile in der bürgerlichen Mehrheit des deutschen Volkes zu kämpfen. Liegt hierin ein dauerndes Handicap Ihrer Partei, das bei den Bundestagswahlen von 1949 bis 1965 wirksam gewesen ist? Auf welche althergebrachten Vorurteile ist die SPD auch nach dem Zweiten Weltkrieg noch gestoßen – trotz allem, was passiert war?«

Wehner: »Der durchgehende Grund – wenn Sie in diesem Zusammenhang nach den Vorurteilen fragen, so muß ich etwas ausholen. Die SPD hatte es ja bei den westdeutschen Nachkriegswahlen nicht mit Menschen zu tun, die ebenso wie die meisten Sozialdemokraten eine politische Vorstellung von dem hatten, was in den zwölf für die Sozialdemokratie grauenhaften Jahren tatsächlich geschehen war. Die Menschen der unmittelbaren Nachkriegszeit mußten versuchen, sich so gut wie möglich einzurichten und – wenn man das so sagen darf – so billig wie möglich davonzukommen. In den Augen derer, die 1933 den Nationalsozialisten zugelaufen oder zugefallen waren, war die SPD nicht nur die den Nationalsozialisten damals unterlegene Partei. Sie war in den Vorstellungen vieler von ihnen die Partei, die angeblich unfähig gewesen war, die Übel der Zeit vor 1933 zu bannen: vor allem die Arbeitslosigkeit und was sich damit an Erinnerungen verband. Für andere war sie die Partei, die während der Jahre, in denen sie angeblich die Macht hatte, Deutschland nicht zur Achtung in der Welt verholfen hatte. Es ist also eine ganze Reihe von im Grunde falschen, aber eben in den zwölf Jahren mit Systematik entwickelten Vorstellungen und Vorurteilen, denen die Sozialdemokratie nach 1945 gegenüberstand. Und über die mannigfachen Vorurteile hinaus hegte man auch noch das uralte Mißtrauen: irgendwann und irgendwie wollen die Sozialdemokraten doch den Leuten wegnehmen, was sie besitzen oder sich erworben haben.

Einige systematisch gepflegte Ressentiments, die Eigentumsfrage und die Vorstellung, eigentlich sei die Sozialdemokratie gar keine selbständige deutsche Partei, sondern ein Teil einer irgendwie geschlossenen internationalen Gesellschaft, die unter sich Entscheidungen treffe, die dann von der Allgemeinheit zur Kenntnis genommen werden müßten – das etwa war es.

Auf der anderen Seite hatte es die Sozialdemokratische Partei nach dem Kriege mit einem politischen Gegner zu tun, der sich christlich-demokratisch und christlich-sozial nannte. Nach den Exzessen von Nationalismus und Herrenmenschentum war das für viele Menschen die Möglichkeit, wieder Halt und Boden unter die Füße zu bekommen.

Damals glaubten viele, sie seien christlich. Man mochte gegen die Okkupation des Begriffs ›christlich‹ durch eine politische Partei protestieren, aber das blieb stimmungsmäßig ohne tiefere und breitere Wirkung. Ich habe den Eindruck, daß diese Seite der politischen Auseinandersetzungen Kurt Schumacher mehr und mehr bedrückt, ja gequält hat; nämlich, daß die eine Seite bestimmt, was ›christlich‹ ist, und daß sie die andere Seite als ›marxistisch‹ bezeichnet. ›Marxistisch‹ genannt zu werden, das wäre ja an und für sich nicht schlimm. Schumacher hat in schönen Worten ausgedrückt, was er unter ›Marxismus‹ verstanden wissen wollte. Aber in Deutschland hatte das – nach der Hetze des ›*Stürmer*‹ und ähnlicher Organe – einen anderen Klang. Ein Jahr vor der zweiten Bundestagswahl gab es bei Kurt Schumacher, dem leidgeprüften Mann mit der Armamputation im ersten Weltkrieg, mit elf schrecklichen Gefängnis- und Konzentrationslagerjahren und mit der Beinamputation von 1948, Zeiten bitterer Resignation. Schumacher war – und er war das mit Recht – stolz darauf, daß die nach dem Kriege unter großen Schwierigkeiten neu gebildete sozialdemokratische Partei dort, wo die sowjetische Militärgewalt sie nicht in die ›Sozialistische Einheitspartei‹ hineinzwingen konnte, als selbständige Partei mit opferbereiten Mitgliedern und Freunden zur Seele und zum Rückgrat des Aufbaus in den Gemeinden und später in den Ländern geworden war. Ich habe mir einiges herausgesucht, was Schumacher dazu gesagt hat und darf es hier einmal zitieren. Er sah das stets so, wie er es kurz vor seinem Tode niedergeschrieben hat:

»In der Periode vor dem Zustandekommen der Bundesrepublik sind die entscheidenden Stellungnahmen der deutschen Politik durch die Sozialdemokratische Partei erfolgt: 1. Die Ablehnung der Oder-Neiße-Linie, 2. gegen die Zwangsvereinigung mit den Kommunisten, 3. das Durchbrechen des Walls gegenüber dem Ausland durch Reisen nach Großbritannien, Skandinavien und den USA, 4. der Kampf gegen die Demontagen.«[5]

Punkt Zwei der entscheidenden Leistungen sozialdemokratischer Politik vor dem Zustandekommen der Bundesrepublik ist Thema dieses Buches.

2. Deutsche Selbstbehauptung

Bevor wir dies tun, noch eine kurze Anmerkung zu der ersten entscheidenden Stellungnahme, nämlich der Ablehnung der Oder-Neiße-Linie. Die sozialliberale Koalition in Bonn hat seit 1969 bewiesen, daß sie die Aussöhnung mit den Polen, den Völkern der Sowjetunion, den Tschechen und Slowaken ernsthaft will und daß die polnische Westgrenze, wie sie nach 1945 entstanden ist, kein Thema der deutschen Innenpolitik mehr ist. Für gebietspolitischen Revanchismus tritt heute in der Bundesrepublik Deutschland kaum noch jemand ein. 1945 sah dies anders aus, angesichts von Plänen, die auf den alliierten Kriegskonferenzen der Jahre 1943–45 diskutiert wurden und in denen auch die Zerschlagung Deutschlands vorkam, war es Kurt Schumacher, der auf »die Lebensrechte und das Selbstbestimmungsrecht der deutschen Nation«[6] unnachgiebig pochte und sich »bereits im Oktober 1945 in einer Rede in Köln gegen die Zerstückelung des Reiches im Osten« aussprach: »Deutschland wird nie die Oder-Neiße-Linie, wie sie von den vier Siegermächten in Potsdam festgelegt wurde, als deutsche Grenze anerkennen.«[7]

Diese Sätze Kurt Schumachers fielen angesichts des millionenfachen Flüchtlingselends, das die Beschlüsse von Potsdam zur Folge hatten. Anfang Mai 1945 vertrat Walter Ulbricht vor den gerade aus dem Zuchthaus Brandenburg befreiten politischen Häftlingen eine dieser Position Kurt Schumachers diametral entgegengesetzte Perspektive, sie wurde von Robert Havemann mitgeteilt: »Wir marschierten über verschiedene Dörfer durch Nauen nach Spandau. Dort ›mieteten‹ wir uns selbständig eine große Kaserne und hatten den ersten Kontakt mit der Gruppe Ulbricht. Ulbricht erschien bei uns mit zwei anderen Genossen und hielt eine Rede. Sie war für alle tief deprimierend, denn zum ersten Mal erfuhren wir von der Oder-Neiße-Grenze. Viele hatten gedacht, es handelte sich um eine ganz andere Neiße, die es außerdem gibt, weit weg im schlesischen. Aber die Enttäuschung war für manchen von uns furchtbar, denn viele verloren nun auch noch ihre Heimat jenseits der Neiße. Ulbricht hielt eine Rede, in der er rücksichtslos erklärte, daß die Deutschen für ihre Verbrechen als Volk bestraft werden müßten. Es war unangenehm, das alles von einem deutschen Politiker zu hören. Es war die Morgenthau-Politik der Russen. Die Möglichkeit, daß Deutschland kein Industriestaat mehr bleiben könnte, wurde auch erwogen, ganz wie im amerikanischen Morgenthau-Plan.«[8]

Auf der ersten Funktionärskonferenz der KPD Groß-Berlins am 25. Juni 1945, also 5 Wochen vor der Potsdamer Konferenz der Großen Drei (Churchill, Stalin, Truman), hat Walter Ulbricht diesen Gebietsverlust bereits als »Fakt« und Teil der deutschen Wiedergutmachung seiner Partei verkündet:

»Die Tatsache, daß in der deutschen Arbeiterklasse und in unserem Volk die Widerstandskräfte gegen den barbarischen Nazismus zu schwach waren und deshalb die Vernichtung des Nazismus mit den militärischen Kräften der Sowjetunion und der Alliierten erfolgen mußte, hat zur Besetzung Deutschlands geführt. Wir Kommunisten haben alles, was in unseren Kräften stand, getan, damit mit den Kräften der deutschen Antifaschisten, und mit den Kräften des eigenen Volkes der Nazismus vernichtet wird. Das ist nicht gelungen. Wenn wir heute in Deutschland den Beginn einer demokratischen Entwicklung zu verzeichnen haben, so haben wir das vor allem der heroischen roten Armee und ihrem Oberkommandierenden, Generalissimus Stalin, zu verdanken. (In der Ausgabe von 1963 ist der »Generalissimus Stalin« gestrichen, M. W.) Die Tatsache, daß die deutschen Arbeiter und Werktätigen nicht aus eigener Kraft den Feind der deutschen Nation, den Nazismus, beseitigen konnten, hat eine Reihe schwerwiegender Folgen gezeitigt. ... Eine weitere schwere Folge des verbrecherischen Hitlerkrieges ist die Abtrennung der Gebiete östlich der Oder und der Görlitzer Neiße.«[9]

Ulbrichts Begründung dieser Abtrennung: »Aus der Zange Ostpreußen-Oberschlesien heraus erfolgte der Kriegsaufmarsch gegen Polen und Sowjetrußland.«[10] Gegenüber dieser Selbstaufgabe deutscher Politik vor den Interessen der Befreier vom Nazismus, die aber gleichzeitig in Deutschland ihre Besatzungsdiktatur aufgerichtet hatten, setzte Kurt Schumacher auf die Selbstbesinnung der Deutschen und auf den demokratischen Neuanfang unseres Volkes, und zwar nicht unter ausweglosem Druck von widerspruchslos hinzunehmenden Befehlen, sondern aus tiefer Selbstbesinnung jedes einzelnen. Theo Pirker hat in eindrucksvoller Weise diesen Appell Kurt Schumachers an das Selbstbewußtsein des deutschen Volkes in einer schier ausweglosen Situation nicht ohne berechtigtes Pathos gewürdigt:

»So sehr Schumacher die politische Schuld des deutschen Volkes erkannte und klar feststellte, lehnte er von vornherein jede Kollektivschuld des deutschen Volkes ab und führte gegen die These der Kollektivschuld die antifaschistische Tätigkeit der sozialdemokratischen Partei, ihrer Führer und Mitglieder ins Feld:

›Die sozialdemokratische Partei hat vor 1933 unter den größten politischen Belastungen und Demütigungen gekämpft, um das Naziunheil für Deutschland und die Welt zu vermeiden. Sie ist die Partei gewesen, die damals für dieses Ziel die eigentlichen politischen Opfer bis an den Rand der Selbstaufgabe gebracht hat. Als das Unglück doch hereingebrochen war, hat sie trotz der praktischen Aussichtslosigkeit die Opfer der Illegalität nicht gescheut. Sie erkennt dankbar an, daß dies auch bei anderen politischen Richtungen der Fall gewesen ist. Der Sinn der sozialdemokratischen Opfer in der Illegalität ist nur darin zu sehen, daß der Welt damit gezeigt werden sollte, daß nicht alle Deutschen Nazis seien und daß neben dem Nazi-Deutschland auch noch ein anderes Deutschland bestände. Tatsächlich ist dann auch kein Opfer, das die Nazifeinde gebracht haben, ohne Sinn und Zweck geblieben, denn jetzt gibt es wenigstens Menschen in Deutschland, denen die Welt die moralisch-politische Berechtigung nicht abstreiten kann, die Stimme bei der Neugestaltung Deutschlands zu erheben.‹

Die Wirkung solcher Worte auf die Deutschen des Jahres 1945 war eine Mischung von Erleichterung und Erschrecken zugleich. Erleichterung deshalb, weil hier ein Politiker den Felsen der Niedergeschlagenheit, der sich aus der Tatsache der militärischen Niederlage, des erlebten Schreckens, der Trauer um die Toten, dem Schmerz der geschlagenen Wunden, der Schmach über die Untaten der Terror- und Vernichtungsmaschinerie des Nazismus zusammensetzte – alles in allem also dem Gefühl der Kollektivschuld, das große Teile der deutschen Bevölkerung erfaßt hatte, etwas aufhob und Möglichkeiten eines neuen Verhältnisses der Deutschen zu ihrer jüngsten Vergangenheit aufzeigte. ... Das Auftreten eines solchen Politikers, eines Patrioten und Sozialisten zugleich, war in der Situation des Jahres 1945 ein Wunder, und dieses Wunder mußte Hoffnungen erwecken, Hoffnung auf eine Wiedergeburt der deutschen Nation.«[11].

Kurt Schumacher wollte 1945 einen Neubau des deutschen Staates. Er wollte keinen Wiederaufbau der bürgerlichen Ordnung und Ökonomie, die eine der entscheidenden Voraussetzungen für den Aufstieg des Nationalsozialismus gewesen ist. Für Kurt Schumacher konnte nur eine Partei diesen Neubau des deutschen Staates anführen und das war die Sozialdemokratie:

»Die sozialdemokratische Partei ist die einzige Partei in Deutschland gewesen, die an der großen Linie der Demokratie und des Friedens ohne Konzessionen festgehalten hat. Darum kann nur sie allein von sich sagen, daß die Grundsätze ihrer Politik ihre Prüfung vor dem Richterstuhl der Geschichte bestanden haben. Alle anderen Richtungen in Deutschland sind mehr oder weniger Schuld an dem Aufkommen des Nazismus, haben entweder seine geistigen und politischen Grundlagen oder seine praktischen und taktischen Voraussetzungen geschaffen.«[12] Aber um den Neubau der deutschen Demokratie vornehmen zu können, mußte sich die SPD als Partei erst einmal selber behaupten, und eine entscheidende Schlacht im Kampf um die Selbstbehauptung der SPD fand 1945/46 in Berlin statt.

Die ganze Welt kennt den berühmten Satz von Ernst Reuter, den er während der sowjetischen Blockade Westberlins (24. 6. 1948–12. 5. 1949) den zu Hunderttausenden vor dem Reichstag versammelten Berlinern zurief, als diese am 9. September 1948 gegen die Vertreibung der Stadtverordnetenversammlung aus dem Ostsektor protestierten: »Ihr Völker der Welt, ihr Völker in Amerika, in England, in Frankreich, in Italien! Schaut auf diese Stadt und erkennt, daß ihr diese Stadt und dieses Volk nicht preisgeben dürft und nicht preisgeben könnt!«[13]

Der Kerngedanke dieses Satzes wurde bereits 1947 von Hermann Matern formuliert: »Der Kampf um die staatliche, um die politische, um die wirtschaftliche und kulturelle Entwicklung Deutschlands kulminiert besonders im Kampf um Berlin, denn Berlin ist Deutschland im Kleinen. Die in Deutschland in ihrer Gesamtheit wirkenden Kräfte konzentrieren sich auf den engen Raum in Berlin.«[14] Im Mittelpunkt des Kampfes in Berlin stand Ende 1945, Anfang 1946 die Frage, ob sich die SPD der durch die sowjetische Besatzungsmacht unterstützten Zwangsvereinigung, besser und genauer: Selbstauflösung in der KPD unter dem neuen Firmenschild: Sozialistische Einheitspartei Deutschlands (SED), widersetzen kann oder nicht.

Ob die SPD »Blutspender« (Kurt Schumacher) für die KPD werden würde, darüber wurde am 20./21. 12. 1945 auf der 1. Sechziger-Konferenz von KPD und SPD gestritten und verhandelt. Die Entschließung, mit der die Konferenz endete, ist für die SED gewissermaßen eine Art Geburtsurkunde, soll sie doch bezeugen, daß die SPD in der Sowjetischen Besatzungszone freiwillig den Weg der Vereinigung betreten hat. Im Oktober 1945 hatte die KPD eine gemeinsame Konferenz angeregt, in die der Zentralausschuß (ZA) der SPD Anfang Dezember schließlich einwilligte. Die Konferenz fand statt in den Räumen der SPD, in der Behrenstraße. »Dieser 60er Kommission gehörten je 30 Sozialdemokraten und 30 Kommunisten an. Es waren die Mitglieder des Zentralausschusses und des Zentralkomitees, die Parteivorsitzenden der verschiedenen Länder der sowjetischen Besatzungszone und Großberlins, dazu noch einige angestellte Sekretäre der Parteizentralen, so daß sich die Kommission aus 60 Personen zusammensetzte. Hieraus erklärt sich, daß unter der später beschlossenen Vereinbarung auch die Namen der SPD-Sekretäre August Karsten, Gustav Klingelhöfer, Toni Wohlgemuth und Käte Kern stehen.«[15]

Die Namen der Teilnehmer dieser Konferenz sind bekannt, und zwar durch ihre Unterschriften unter die Entschließung, die als einziger der Sozialdemokrat Karl J. Germer nicht unterschrieb:

»Mitglieder des ZK der KPD und des ZA der SPD:
Otto Grotewohl, Wilhelm Pieck, Max Fechner, Walter Ulbricht, Helmut Lehmann, Franz Dahlem, Erich Gniffke, Anton Ackermann, Karl Litke, Gustav Sobottka, August Karsten, Hans Jendretzky, Gustav Dahrendorf, Ottomar Geschke, Bernhard Göring, Gustav Klingelhöfer, Michael Niederkirchner, Fritz Neubecker, Hans Mahle, Toni Wohlgemuth, Elli Schmidt, Käte Kern, Martha Arendsee, Hermann Schlimme, Otto Winzer, Richard Weimann, Edwin Hoernle, Otto Meier, Otto Brass, Roman Chwalek, Fred Oelssner, Karl J. Germer.
Vertreter der Bezirke:
Land Sachsen: Otto Buchwitz, Hermann Matern, Albert Meier, Ernst Lohagen, Rudolf Rothe, Stanislaw Trabalski, Karl Kautzsch, Max Rausch
Provinz Sachsen: Bernhard Koenen, Bruno Böttge, Ernst Brandt, Ernst Thape, Paul Verdieck, Gustav Schmidt, Fritz Jungmann
Groß-Berlin: Hermann Harnisch, Waldemar Schmidt, Erich Lübbe, Fritz Reuter
Brandenburg: Willy Sägebrecht, Georg Spiegel, Ernst Altenkirch, Friedrich Ebert
Thüringen: Werner Eggerath, Hermann Brill, Hans Eberling
Mecklenburg: Kurt Bürger, Willi Jesse, Max Hollert«[16]

III. Die Sechziger-Konferenz am 20./21. Dezember 1945

1. Eine neue Etappe im Kampf um die Einheit

Im Abriß der »Geschichte der SED« in der heute gültigen Fassung heißt es: »Mit der Dezember-Konferenz begann eine neue Etappe im Kampf um die Einheit der Arbeiterklasse, die Etappe der politisch-ideologischen und organisatorischen Vorbereitung der sozialistischen Einheitspartei. ... Gemeinsame Parteibüros, Kommissionen für Schulung, für Wirtschafts- und Sozialpolitik entstanden. KPD und SPD begannen gemeinsam Agitations- und Schulungsmaterialien herauszugeben und einheitliche Sonderseiten in ihrer Presse zu veröffentlichen. Auf

Versammlungen und Lehrgängen fanden sich sozialdemokratische und kommunistische Parteimitglieder zusammen. Gemeinsam wurden Gedenktage der deutschen und internationalen Arbeiterbewegung festlich begangen, um Lehren der Geschichte zu vermitteln und das Einheitsstreben zu fördern. Die Parteileitungen und die Redaktionen vereinbarten periodische Zusammenkünfte. Hatten Kommunisten und Sozialdemokraten bisher bei den antifaschistisch-demokratischen Umgestaltungen eng zusammengewirkt, so stimmten sie nun auch ihre Parteiarbeit mehr aufeinander ab.«[17]

Die stenographische Niederschrift dieser Konferenz, mit der »eine neue Etappe« begann, wurde in der DDR noch nicht veröffentlicht und in der Bundesrepublik auch nur für die Zwecke wissenschaftlicher Forschung ausgewertet. Hiermit wird diese Lücke geschlossen und die Niederschrift erstmalig veröffentlicht. Protokolliert wurde die Konferenz offenbar von der KPD, denn Wilhelm Pieck schickte am 27. 12. 1945 die stenographische Niederschrift seinem »lieben Genossen Grotewohl«. Pieck bat Grotewohl, »das Stenogramm in Deine persönliche Verwahrung zu nehmen, damit es nicht in andere Hände außerhalb Eures engeren Kreises kommt«. Es ist nichts in dem Stenogramm enthalten, was irgendwie die Öffentlichkeit zu scheuen hätte, aber es sind über die Beziehungen unserer beiden Parteien zu den Besatzungsbehörden hier und da Ausführungen gemacht worden, die es nicht opportun erscheinen lassen, das Protokoll in weiteren Umlauf zu setzen.« Dieser Bitte Piecks wurde bis heute entsprochen, das Protokoll hat den engen Kreis der interessierten Fachleute nie verlassen. Es waren nicht nur die Vorwürfe an die sowjetische Besatzungsmacht, die Klingelhöfer und Grotewohl hinsichtlich der Behinderung der Sozialdemokraten in der SBZ erhoben, die Pieck mit »Beziehungen« vorsichtig umschreibt, die seitens der KPD das Interesse begründeten, diese Niederschrift unter Verschluß zu lassen. Die Sechziger-Konferenz war eine Zusammenkunft von Funktionären – ein Treffen der Spitzenfunktionäre von KPD und SPD könnte man heute sagen. Diese Funktionäre waren von der Parteibasis nicht gewählt worden, sondern dem Zufall und zentraler Delegation hatten sie ihre Funktion zu verdanken; dies konnte 1945 auch gar nicht anders sein. Trotzdem war die Entscheidung über die Verschmelzung beider Parteien, die gerade erst wieder entstanden waren, keine Sache, die auf einer solchen Funktionärskonferenz einfach auf den Weg gebracht werden konnte. Dazu hatten diese Funktionäre weder Auftrag noch Legitimation – wenigstens die der SPD. Außerdem war die Konferenz keine widerspruchsfreie Manifestation für die Einheit, sondern es fielen Sätze wie diese: »Die KPD handelt vielfach nicht im Geiste der von ihr selbst bekundeten demokratischen Grundsätze und der vereinbarten guten Zusammenarbeit. Es mehren sich die Zeugnisse eines undemokratischen Drucks auf Sozialdemokraten.« Das war Punkt Zwei des 10-Punkte-Sorgenkatalogs, den Otto Grotewohl am 20. 12. 1945 vortrug. Gewiß keine Propaganda für die vorbehaltlose Vereinigung der SPD mit der KPD.

Die Sechziger-Konferenz war gerade wegen solcher Sätze eine neue Etappe im Kampf um die Selbstbehauptung der SPD in Berlin. Der Widerspruch gegen die Eroberungspolitik der KPD gegenüber der SPD auf dieser Konferenz erzwang am 1. März 1946 die Urabstimmung der Parteimitglieder in Berlin und wurde durch das Ergebnis der Urabstimmung vom 30. 3. 1946 bestätigt. Betrachten wir kurz den Weg, der zu dieser Konferenz im Dezember 1945 geführt hat.

2. Hermann Brills Einheitsexperiment in Thüringen 1945

Die Nazis differenzierten nicht in ihrer Verfolgung zwischen Kommunisten und Sozialdemokraten, sie stellten in den Lagern und Zuchthäusern ohne viel Wenn und Aber die Einheit dieser beiden Strömungen der deutschen Arbeiterbewegung her. Als sich die Tore der Konzentrationslager und der Zuchthäuser 1945 im Frühjahr öffneten, da schien es nur eine Lehre aus dieser Erfahrung zu geben, und diese Lehre hieß: Einheit! Die Einheit der deutschen Arbeiterbewegung wurde als Voraussetzung für Demokratie und Sozialismus in Deutschland empfunden. In pathetischen Sätzen hat dies das »Manifest« der demokratischen Sozialisten des ehemaligen Konzentrationslagers Buchenwald vom 13. April 1945 zum Ausdruck gebracht, das von Hermann Brill verfaßt wurde, das die Kommunisten aber bereits nicht mehr unterschrieben haben[18]:

»Gegründet auf die Gedanken des Klassenkampfes und der Internationalität und auf das Bewußtsein, daß die Verwirklichung des Sozialismus nicht eine Frage des Zukunftsstaates, sondern die unmittelbare Gegenwartsaufgabe ist, wollen wir die Einheit der sozialistischen Bewegung als eine Einheit des praktischen Handelns, der proletarischen Aktion herstellen. Freiheit in der Diskussion und Disziplin in der Durchführung der Beschlüsse werden es uns ermöglichen, alle ehrlichen sozialistischen Kräfte zusammenzufassen.

Wir erwarten, daß die auf dem Boden des Klassenkampfes stehenden Parteien und Gewerkschaften nach den unerläßlichen Vorbesprechungen alsbald einen Organisationsausschuß einsetzen und dieser einen Gründungskongreß beruft, der Statuten und Aktionsprogramm festzustellen und die neuen Parteiorgane zu wählen hat. Zur Vollendung der Einheit des Weltproletariats fordern wir die Aufrichtung einer alle sozialistischen Parteien umfassenden, arbeitenden und kämpfenden internationalen politischen und gewerkschaftlichen Organisation.

Es lebe das Bündnis aller antifaschistischen Kräfte Deutschlands!

Es lebe ein freies, friedliches, sozialistisches Deutschland!

Es lebe der revolutionäre demokratische Sozialismus!

Es lebe die Internationale der Sozialisten der ganzen Welt!«[19]

Die Amerikaner bestellten Hermann Brill zum ersten Ministerpräsidenten des Landes Thüringen, die Russen setzten ihn am 16. 7. wieder ab, Thüringen sollte von dem »bürgerlichen Politiker« Rudolf Paul repräsentiert werden. Hermann Brill hat den Neuanfang, den das Buchenwald-Manifest gefordert hat, versucht. Am 8. Juli 1945 rief Brill thüringische Funktionäre zu einer ersten Landeskonferenz zusammen, wo mit Vorbedacht nicht die thüringische SPD, sondern der »Bund demokratischer Sozialisten« gegründet wurde.[20] Brill versuchte, mit der KPD im Juli 1945 auf eine »völlige Verschmelzung der sozialistischen Arbeiterbewegung«[21] hinzuarbeiten. Die KPD antwortete ausweichend und lehnte schließlich ab, denn die Schaffung einer einheitlichen Arbeiterpartei sei nicht die primäre Aufgabe«[22]. Nach dem Scheitern dieses ersten Anlaufes versuchte Hermann Brill einen zweiten:

»Nachdem Brill klar geworden war, daß mit einer bolschewistisch strukturierten KPD gerechnet werden mußte, entwarf er ein neues Konzept einer einheitlichen Arbeiterpartei, das keine Verschmelzung vorsah, sondern die Autonomie der Sozialdemokratie erhalten wollte und sich am Aufbauprinzip der englischen Labour Party orientierte. Die neue Partei sollte nicht mehr auf Einzelmitgliedschaft und Ortsvereine gegründet sein, sondern auf der kollektiven Mitgliedschaft von Gewerkschaften und Genossenschaftsverbänden. Neben der SPD könne auch die KPD als geschlossene Organisation beitreten. ... Brill ließ keinen Zweifel daran, daß er hoffte, die Sozialdemokraten würden diejenigen sein, ›die durch die Gewerkschaften und durch die Genossenschaften die breite tragende Grundlage für das neue Gebäude werden‹.«[23]

Das Schicksal des Versuchs von Hermann Brill, aus der Geschichte der zwölf grauenvollen Jahre zu lernen und in jeder Beziehung einen Neuanfang mit der politischen Arbeiterbewegung zu machen, ist von exemplarischer Bedeutung:

»Während Brill diese bemerkenswerten Pläne entwickelte, trieben die Kommunisten – in Ansätzen schon während der amerikanischen Besatzung, nach dem Einmarsch der Roten Armee aber mit Anstrengung aller Kräfte – den Aufbau ihrer Parteiorganisation voran und suchten Machtpositionen auf- und auszubauen. Brill selbst gab indirekt die organisatorischen Versäumnisse der thüringischen SPD-Führung zu, als er Ende November feststellen mußte, ›daß die KPD die Monate, in denen wir uns auf etwas vollkommen Neues vorbereitet haben, dazu benutzt hat, um unter Mithilfe von etwa 400 Buchenwald-Kommunisten die KPD in Thüringen komplett zu organisieren‹. Heinrich Hoffmann, der Stellvertreter und Rivale Brills und Vertrauensmann der Russen, schilderte – gleichfalls auf der Sitzung des Landesvorstands im November 1945 – detailliert die Strategie, nach der die KPD in dieser Anfangsphase vorging: ›Das erste nach dem Einmarsch der Amerikaner war es, die Großbetriebe für sich zu gewinnen und die Großbetriebe durch das Einsetzen von antifaschistischen Vertrauensleuten zu beherrschen, die Gewerkschaften zu besetzen, die Zentrale der Gewerkschaften nach Erfurt, der größten Stadt Thüringens und dem wichtigsten Verkehrsknotenpunkt, zu verlegen. Das ist ihr gelungen. Die KPD konnte das durchführen, weil wir damals keineswegs in der Lage waren, dem entgegenzuwirken. Zweitens hat die KPD von Anfang an versucht, die großen Städte in Thüringen in die Hand zu bekommen und die Oberbürgermeisterstellen und die Polizeistellen zu besetzen. Auch das ist ihr gelungen. Erfurt, Gera, Nordhausen sind in der Hand kommunistischer Oberbürgermeister. Alle drei Städte sind wichtige Verkehrsknotenpunkte. Die KPD hat drittens versucht und sie versucht es heute noch, das Landvolk für sich zu gewinnen durch die Bodenreform, durch die Bildung von Orts- und Kreiskommissionen, durch das Einsetzen von kommunistischen Landräten in rein bäuerlichen Bezirken: Weißensee, Langensalza, Saalfeld ... Sie hat weiter versucht, die Polizeiorganisation in ihre Hand zu bekommen, die Polizeiinspektionen im ganzen Lande mit Kommunisten zu besetzen und einen Polizeiapparat über ganz Thüringen aufzubauen. Die Mehrzahl der Polizeipräsidenten sind Kommunisten. Die KPD stellt den ersten Vizepräsidenten des Landes mit großen Vollmachten, und sie ist im Besitz der Präsidialkanzlei. Die KPD hat also praktisch alle Machtpositionen im Lande in der Hand.‹

Während die Kommunisten in dieser Weise parteiorganisatorisch und machtpolitisch Fakten schufen, die kaum mehr reversibel waren, wirkt die Sowjetische Militär-Administration in Deutschland (SMAD) Thüringens hemmend auf den sozialdemokratischen Organisationsaufbau.«[24]

Genauso konsequent wie Hermann Brill den sozialistischen Neuanfang 1945 versuchte, stellte er sich im Herbst der Kampagne der KPD zur Verschmelzung der beiden Arbeiterparteien entgegen und in einem Rundschreiben vom 6. November 1945 an die Kreisverbands- und Ortsvereins-Vorsitzenden Thüringens kommentierte er diese Kampagne: »Es liegen eine Reihe von Anzeichen vor, die den Schluß zulassen, daß die KPD zu ihrer alten sogenannten ›Einheitsfronttaktik‹ zurückgekehrt ist. Diese ›Einheitsfronttaktik‹ hat immer den Zweck gehabt, die SPD zu zerstören, die KPD zur alleinherrschenden Partei der Arbeiterklasse zu machen und darüber hinaus für den Staat das Einpartei-System herbeizuführen. Um diesen Zweck zu erreichen, ist stets die Behauptung aufgestellt worden, daß die sogenannten ›ehrlichen sozialdemokratischen Arbeiter‹ mit den sogenannten ›reformistischen Führern‹ nicht einverstanden seien und deshalb für die Massen der Parteimitglieder nur der Eintritt in die KPD in Frage kommen könne. Die KPD will sich durch diese Demagogie eine sogenannte ›Massenbasis‹ verschaffen, die ihr jetzt sichtlich fehlt; denn es ist Tatsache, daß die Massen der klassenbewußten Arbeiter und Angestellten nicht der KPD, sondern der SPD zuströmen und die Sympathie der großen, politisch nicht organisierten Volksmassen besonders in Thüringen sich unserer Partei zuwendet.«[25]

Mit diesem Rundschreiben rief Hermann Brill, der sich schon immer des Mißtrauens der SMAD erfreut hatte, diese nun vollends auf den Plan, sie betrieb seine Ablösung als Vorsitzender der SPD Thüringens durch Heinrich Hoffmann, am 29. 12. 1945 mußte Hermann Brill aufgeben, er verließ die SBZ.

Der Fall Hermann Brill ist exemplarisch für die praktische Möglichkeit sozialistischer Einheit in der Realität der SBZ des Jahres 1945; er ist ein Beispiel dafür, daß 1945 darüber hinaus die SPD vor der Frage stand: Selbstbehauptung oder Selbstaufgabe!

3. Neugründung von KPD und SPD in Berlin

In der sowjetischen Besatzungszone ermöglichte der Befehl Nr. 2 der SMAD am 10. Juni 1945 die Zulassung von Gewerkschaften und antifaschistisch-demokratischen Parteien. Als erste Partei konstituierte sich am 11. Juni 1945 in Berlin die KPD, sie trat schon am 11. Juni mit einem eigenen Aufruf an die Öffentlichkeit und ab dem 13. Juni erschien bereits ihr Parteiorgan »Die deutsche Volkszeitung«. Die Sozialdemokraten in

Berlin, die sich bis dahin in verschiedenen Zirkeln getroffen hatten, wurden von dem Befehl Nr. 2 überrascht und mußten nun in Eile nachziehen. Am 15. Juni trat der »Zentralausschuß der sozialdemokratischen Partei Deutschlands« mit einem Aufruf an die Öffentlichkeit. Diesem Zentralausschuß gehörten an: Max Fechner, Otto Grotewohl – die beide als Sprecher fungierten –, Gustav Dahrendorf, Karl J. Germer, Erich W. Gniffke, Bernhard Göring, Hermann Harnisch, Helmut Lehmann, Karl Litke, Otto Meier, Fritz Neubecker, Josef Orlopp, Hermann Schlimme, Richard Weimann.[26]

Bereits diese Ausgangskonstellation von KPD und SPD in der sowjetischen Besatzungszone 1945 spricht für sich: die KPD steht als Partei bereits, als der Befehl Nr. 2 kommt, während die Sozialdemokraten von ihm völlig überrascht werden. Der Vorsprung der KPD begann bereits vor dem 8. Mai 1945, noch vor der deutschen Kapitulation flogen die Russen drei Gruppen deutscher Kommunisten nach Deutschland ein, die die Sowjetarmee beim Aufbau der deutschen Verwaltung unterstützen sollten. Die Gruppen hatten Listen von Antifaschisten bei sich, mit denen die Schlüsselstellungen der neuen Verwaltungen zu besetzen waren. In Berlin operierte die »Gruppe Ulbricht«, in Sachsen die »Gruppe Ackermann« und in Pommern die »Gruppe Sobottka«. Wolfgang Leonhardt, jüngstes Mitglied der Gruppe Ulbricht, porträtiert den Gruppenchef und beschreibt Zweck und Ziel der Arbeit in seinem berühmten Buch »Die Revolution entläßt ihre Kinder«:

»*Walter Ulbricht*, der Chef unserer Gruppe, war damals 51 Jahre alt. ... Seit 1929 Bezirkssekretär der KPD von Groß-Berlin und Brandenburg, floh er 1933 nach Frankreich, gehörte nach 1933 zur Emigrationsführung der KPD in Prag und Paris und war während des Bürgerkriegs in Spanien, wo er – was ich allerdings erst später erfahren habe – durch die Liquidierung revolutionär-antistalinistischer Kämpfer in der spanisch-republikanischen Armee berüchtigt war ... Seine Hauptstärke ist sein organisatorisches Talent, sein phänomenales Namensgedächtnis, seine Fähigkeit, jeweilige Kurswechsel vorauszuahnen, und seine unermüdliche Arbeitskraft. ... Unbelastet von theoretischen Überlegungen und persönlichen Gefühlen ...

gelang es ihm meines Wissens immer, die ihm von sowjetischer Seite übermittelten Direktiven mit List und Rücksichtslosigkeit durchzusetzen.«[27] Die erste Arbeit der Gruppe Ulbricht war der Aufbau einer demokratischen Verwaltung. Wolfgang Leonhardt hat uns das Motto überliefert, unter dem dies ablief. Walter Ulbricht sagte damals: »Es ist doch ganz klar: es muß demokratisch aussehen, aber wir müssen alles in der Hand haben.«[28] Bekanntlich schreiben die Sieger die Geschichte. 1960 hielt Walter Ulbricht die Zeit für gekommen, seine Version dieser Aufbauarbeit in die Geschichtsbücher zu setzen. Er tat dies anläßlich eines Empfangs der Aktivisten der ersten Stunde im Berliner Rathaus am 12. 5. 1960:

»Es gab bei den breiten Massen Ratlosigkeit, obwohl illegale Gruppen der Kommunistischen Partei und andere Hitlergegner gearbeitet hatten. Unser Vorteil bestand darin, daß wir gut vorbereitet waren. In unserer Parteiführung war schon zu der Zeit, als die Sowjettruppen die Weichsel überschritten hatten, eine Kommission gebildet worden zur Ausarbeitung der ersten Maßnahmen, die im Kampf zur Liquidierung des Hitlerfaschismus getroffen werden mußten. Ich war Vorsitzender dieser Kommission. Wir haben alle Details ausgearbeitet, einschließlich der Organisierung der Verwaltung bis zu den Fragen der Organisierung des kulturellen Lebens. Wir hatten auch eine Liste von Hitlergegnern, von denen wir annahmen, daß sie sich in Berlin aufhielten. Es waren Namen von kommunistischen und sozialdemokratischen Reichstagsabgeordneten sowie anderen Hitlergegnern aus bürgerlichen Kreisen. So vorbereitet, trafen wir am 30. April 1945 in Deutschland ein. Am 1. Mai kamen wir nach Berlin, und dann begann die Arbeit. Wenn von seiten der militaristisch-klerikalen Reaktion in Westdeutschland die Frage gestellt wird, mit welchen Vollmachten, mit welchem Recht denn die Antifaschisten in Berlin damals von unten her die neue Staatsmacht aufgebaut haben, möchte ich klar antworten:

Erstens mit dem Recht der Sieger über den Faschismus. Diese Legitimation reicht eigentlich vollständig aus.«[29] Es folgen dann der Hinweis auf die Legitimation durch den Kampf gegen den Hitlerfaschismus und schließlich, daß die Arbeiterklasse

»verpflichtet war, die Staatsmacht in Deutschland in die Hände zu nehmen, nachdem die deutsche Bourgeoisie in zwei Weltkriegen Deutschland in die Katastrophe gestürzt hatte«.[30] Was Ulbricht hier erzählt, ist bis auf den heutigen Tag die Partei- und Staatslegende der SED, mit der sie begründet, warum sie das Recht hat, die DDR im Zweifel auch gegen den Willen ihrer Bevölkerung zu regieren. Walter Ulbricht traf seine Vorbereitungen des demokratischen Aufbaus Berlins in Moskau; es war nicht die Zukunftsplanung, die eine siegreiche deutsche Widerstandsbewegung gegen die Nazis ausarbeitete. Im Gegenteil, eine solche Widerstandsbewegung gab es nicht, bis zum 8. 5. 1945 streikte in Deutschland kein Betrieb und kein Regiment meuterte oder wählte Soldatenräte, wie in der kaiserlichen Armee 1918.

Hitler und Nazideutschland wurden von außen besiegt, nicht von innen. Ulbrichts Legende war in einem Punkt sicher die zutreffende Beschreibung seines »demokratischen« Neuanfangs 1945, an die er wahrscheinlich auch selber glaubte: Er begann am 1. Mai 1945 in Berlin mit dem Recht des Siegers. Der deutsche Kommunist Ulbricht war aber nicht der Führer eines siegreichen Proletarieraufstandes, sondern nur der deutsche Vertrauensmann der Siegermacht Sowjetunion. In der Person Walter Ulbrichts spiegelt sich die ganze Tragödie des deutschen Kommunismus: 1945 hatten die Kommunisten mit ihrer Parole von vor 1933 recht behalten, die da lautete: Wer Hitler wählt, wählt den Krieg! Und sie waren ohne Frage Helden des Widerstandes gegen die Nazis. Aber gerade Walter Ulbricht, der Berliner Bezirksleiter der KPD, der mit den Nazis 1931 den braun-roten Volksentscheid gegen die sozialdemokratisch geführte preußische Regierungskoalition organisierte und mit Goebbels 1932 den Berliner Verkehrsarbeiter-Streik führte, war denkbar ungeeignet, 1945 als der unbestechliche Antifaschist aufzutreten, er war mitschuldig am Ende der ersten deutschen Republik. Und 1945 war er der Erfüllungsgehilfe sowjetischer Siegerpolitik gegenüber seinen geschlagenen Landsleuten. Ulbricht wußte, daß der deutsche Kommunismus nur dann in diesem Land eine Chance hatte, an die Macht zu kommen, wenn er die Chance nutzte, die ihm die sowjetische

Besatzungsmacht bot, und er nutzte sie. Die SED bezahlte sie mit der bis heute fortdauernden nationalen Entfremdung.

Der Neubeginn, den die Gruppe Ulbricht in Berlin organisierte, hieß Übernahme der Verwaltung der Stadt. Und hier wurde eben nichts dem Zufall überlassen. Walter Ulbricht war Stalins Mann in Deutschland. Und dies nicht zufällig. Für Stalin war Politik »stets Personalpolitik und Politik zwischen den mannigfaltigen Institutionen der Partei und des Staates ... Das einzige Gesetz, an das er in der Innenpolitik glaubte, hieß: Ämter entwickeln ihre eigene Dynamik.«[31] Das Stichwort »Ämter entwickeln« sollte man nicht vergessen, wenn man sich nachfolgenden Bericht von Erich W. Gniffke vergegenwärtigt, den er über die unterschiedliche Organisationsverfassung von SPD und KPD nach einer Rundreise in der sowjetisch besetzten Zone für den Zentralausschuß am 3. Oktober 1945 verfaßte. Gniffkes Bericht zeichnet »ein ungeschminktes Bild der bedrohlichen Situation«, die im Herbst 1945 für die Sozialdemokratische Partei in der SBZ entstanden war:

»Ein Organisationsmißverhältnis zwischen SPD und KPD besteht überall. Dieses Mißverhältnis ist darauf zurückzuführen, daß bei der SPD das ehrenamtlich tätige Element im Funktionärskörper überwiegend ist, während kommunistischerseits selbst im kleinsten Ort der Parteiapparat großzügig aufgebaut ist. In vielen Orten (20–30000 Einwohner) hat man auf kommunistischer Seite drei bis vier hauptamtlich bezahlte Sekretäre, während bei uns manchmal ein hauptamtlich eingesetzter Genosse tätig ist, in der Hauptsache aber immer nur ehrenamtlich tätige Genossen tätig sind.

Daraus ergeben sich in der Zusammenarbeit stets Fehlleitungen der von kommunistischer Seite entfalteten Aktivität. Zwangsläufig kann der SPD-Apparat die kommunistische Aktivität nicht auffangen. Die Vorschläge, die von Seiten der KPD gemacht werden, kommen nicht zur Bearbeitung. Sie können einfach nicht zur Bearbeitung kommen, weil nur bei einem ungefähr gleich großen Organisationsapparat die Möglichkeit vorliegt, die seitens der KPD gemachten Vorschläge aufzufangen, zu kompensieren und schließlich auch seitens der SPD Initiative zu entfalten. Besonders in den mittleren und kleinen Städten und vor allem in den kleinen Orten liegt die Führung fast ausschließlich bei der KPD. Sie wird erzeugt und gewährleistet durch den ausgebauten großen Organisationsapparat.«[32]

Damit haben wir die ungleichen organisatorischen Startchancen von SPD und KPD namentlich in der SBZ und in Berlin hinreichend beschrieben, aus denen heraus der spätere Vereinigungsprozeß geradezu zwangsläufig ablaufen konnte.

Ein zuverlässiger Apparat war für die Kommunisten eine unabdingbare Voraussetzung, bevor sie die Einheit zwischen KPD und SPD ernsthaft diskutieren wollten. Ulbricht verließ sich in seiner Politik ebensowenig auf die Überzeugungskraft der kommunistischen Idee, wie sein Genosse Generalissimus Stalin; er vertraute der Macht eines eingespielten Apparates, der ja bekanntlich mehrere Abteilungen hat und vom Sicherheitsapparat über die Gewerkschaftsabteilung bis zur Ideologieverwaltung reicht. Gerade auf dem Gebiet der Ideologie wurde auch nichts dem Zufall überlassen, denn wie Ulbricht an Pieck in Moskau am 17. 5. 1945 schrieb: »Wir müssen uns Rechenschaft ablegen darüber, daß die Mehrheit unserer Genossen sektierisch eingestellt ist und . . .diese kurzen Andeutungen zeigen Dir, welche Bedeutung die ideologische Umerziehung unserer Genossen hat.«[33] Im nächsten Brief vom 30. Mai, ebenfalls an Wilhelm Pieck, meldet Ulbricht nicht nur Kaderwünsche an, sondern teilt uns auch mit, wo die Materialien für diese Umerziehung erstellt wurden: »Ich wünsche Dir volle Gesundheit und nehme an, daß Ihr tüchtig mit der ideologischen Arbeit, vor allem auf dem Gebiet der Übersetzungen und der Schulmaterialien, beschäftigt seid.«[34]

Der politisch zuverlässige Apparat der KPD war die Voraussetzung um die Eroberung der SPD praktisch durchzuführen und um anschließend die so gewonnenen Funktionäre und Mitglieder auszusieben und auszurichten.

Hierbei hatte die ideologische Abteilung eine überragende Bedeutung. Die deutsche Arbeiterbewegung war immer besonders stolz darauf gewesen, daß sie eine wissenschaftliche Weltanschauung besaß: den Marxismus. Diese Weltanschauung gab den Parteien der Arbeiterbewegung das Gefühl, die

Zukunft auf ihrer Seite zu haben und gab ihren Mitgliedern ein Überlegenheitsgefühl über den politischen Gegner und Feind auch dann, wenn dieser Gegner bzw. Feind siegte bzw. gesiegt hatte. Ein vergleichsweise harmloses Beispiel: Otto Brenner, Vorsitzender der IG Metall und geprägt von der alten Arbeiterbewegung vor 1933, rief voller Zorn den demonstrierenden Studenten auf dem Hamburger Rathausmarkt am 1. 5. 1969 entgegen: »Die Nazis haben uns nicht klein gekriegt und ihr werdet das auch nicht schaffen!« Otto Brenner saß unter den Nazis zwei Jahre im Gefängnis, er hat das »Kleinkriegen« persönlich erlitten. In diesem Weltverständnis waren Niederlagen nur schwer denkbar – und wenn, hatten im Zweifel die anderen Schuld. Wegen dieser Rolle der Weltanschauung brauchte die KPD einen zuverlässigen ideologischen Apparat, bevor sie die SPD erobern konnte. Der ideologische Apparat lieferte die Welt- und Geschichtserklärungen, die Formeln für den Tageskampf und die Feindbilder. Wir werden noch sehen, welche Rolle die ideologische Propaganda in diesem Eroberungsfeldzug spielte: Umerziehung, Schulung, Schulungsleitfäden und -materialien waren um so mehr »materielle Gewalt« als die Sozialdemokraten in der Regel pragmatische Tagespolitiker waren, die der Theorie und der Tradition in Sonntagsreden ihre Reverenz erweisen mußten – es war halt Brauch! In der Situation 1945/46 war diese Haltung gegenüber einer ideologisch begründeten Machtpolitik seitens der KPD tödlich; die Kommunisten nahmen die Reverenz vor der Weltanschauung wörtlich. Frank Moraw schreibt über die Rolle der Sozialdemokraten in den programmatischen Diskussionen mit der KPD Anfang 1946, als sich der Zentralausschuß auf den Vereinigungsprozeß eingelassen hatte:

»In diesem Punkt fühlten sich die führenden Sozialdemokraten im übrigen generell der KPD-Spitze unterlegen. Die Mängel an ›theoretischem‹ Wissen, an Kenntnis der Problemstellungen in der Geschichte der Arbeiterbewegung bei den ZA-Mitgliedern verstanden die Kommunisten sich sehr wohl zu Nutze zu machen und zwar nicht nur bei programmatischen Diskussionen, sondern auch in der Alltagsarbeit.« Frank Moraw zitiert dann Erich W. Gniffke: «Den Kommunisten fiel der Arbeitsablauf leichter als uns Sozialdemokraten. Ihnen war die Materie vertraut, wir mußten uns erst hineinfühlen, hineinlesen. Nicht sie, sondern wir mußten uns anpassen. Sie hatten für jede Gelegenheit und zur Illustration jeder Lage ein passendes Lenin- oder Stalin-Wort parat, wir mußten ziemliche Anstrengungen machen, um unsere Wissenslücke zu schließen. So waren wir einem ständigen Assimilierungsprozeß unterworfen.«[35]

Das Aussieben begann schon im Prozeß der Eroberung, man brauchte ja Feindbilder, um die Widerspenstigen »fertigzumachen«, auf die Unentschlossenen Druck auszuüben und den eigenen Leuten handhabbare Gut und Böse-Schemata zu liefern. Bezogen auf die SPD hatten es die Kommunisten 1945 einfach, es gab tatsächlich einen personalisierbaren sozialdemokratischen Feind ihrer »Einigungspolitik«, der saß in Hannover und war beseelt vom Willen, die SPD wieder aufzubauen, und hieß Dr. Kurt Schumacher. Er wagte den prinzipiellen Kampf mit der KPD. Auf ihn konzentrierte sich in den folgenden Jahren der ganze Haß, den der kommunistische Propagandaapparat mobilisieren konnte.

4. Die Konferenz von Wennigsen im Oktober 1945

1943 entließen die Nazis Kurt Schumacher nach zehnjähriger Haft zu seiner Schwester nach Hannover und nicht ins heimatliche Württemberg. Durch diesen Zufall wurde Hannover die politische Zentrale, von der aus nach 1945 der Wiederaufbau der SPD in den Westzonen des besetzten Deutschlands betrieben wurde.

Albrecht Kaden hat in seinem Buch über die Wiedergründung der SPD 1945/46 Ausschnitte der Rede zitiert, die Schumacher am 6. 5. 1945 auf der Gründungsversammlung des Ortsvereins Hannover der SPD gehalten hat und in der er illusionslos begründete, warum eine einheitliche Arbeiterpartei nicht möglich sei:

»Dann sprach Schumacher von der Frage, die ›uns Sozialisten am meisten in der Zusammenarbeit mit anderen Parteien am Herzen liegt‹, dem Verhältnis zu den Kommunisten. Jeder habe den Wunsch, daß ›die starken Spannungen aus der Zeit vor 1933 nicht wiederkehren mögen‹. Auch schwebe vielen deutschen Arbeitern eine einheitliche Arbeiterpartei als ideale Lösung vor. Aber die innere Logik der Entwicklung sei gegen eine Einheitspartei:

›Sie ist nicht möglich kraft der machtpolitischen Gegebenheiten und der außenpolitischen Bindungen. Die Trennungslinie ist dadurch gezogen, daß die Kommunisten fest an eine *einzige* der großen Siegermächte und damit an Rußland als Staat und an seine außenpolitischen Ziele gebunden sind. Wir demokratischen Sozialisten dagegen gehen nicht von der Auffassung ab, daß wir uns nach den politischen und sozialen Notwendigkeiten der deutschen arbeitenden Klassen zu richten und von diesem Standpunkt aus die internationale Zusammenarbeit mit allen Arbeiterparteien der Welt zu betreiben haben, die dazu bereit sind. Wir können nicht und wollen nicht das autokratisch gehandhabte Instrument eines fremden imperialen Interesses sein‹.«[36]

Nach dieser Einschätzung konnte es nur darum gehen, die SPD wiederaufzubauen. Im Sommer 1945 bereitete Schumacher für den 5.–7. Oktober eine Konferenz der Sozialdemokraten aus den drei Westzonen in Wennigsen bei Hannover vor, und zwar mit der Zustimmung der Bezirksorganisationen. Es ging darum, sich über die Ziele sozialdemokratischer Politik zu verständigen und den Parteiaufbau zu koordinieren. An dieser Konferenz nahmen auch drei Vertreter des Zentralausschusses aus Berlin teil, und zwar Otto Grotewohl, Gustav Dahrendorf und Max Fechner. Die Konferenz bestätigte Schumachers These, daß eine zentrale Reichsinstanz der SPD unter den Bedingungen von dem in vier Besatzungszonen zerfallenen Deutschland nicht möglich sei. »So unmöglich es sei, Deutschland von einer Besatzungszone aus zu regieren, so unmöglich sei es auch, die SPD ›zentral von Berlin aus zu leiten›.«[37] Die Konferenz beschränkte den Anspruch des Zentralausschusses auf die Leitung der SPD in Berlin und der SBZ und sie erhob Kurt Schumacher in den Rang eines politischen Beauftragten der drei westlichen Besatzungszonen. Grotewohl und Schumacher verabredeten:

»Über alle gemeinsame Interessen berührenden Fragen soll durch möglichst häufige persönliche Rücksprache und sonstigen Kurierverkehr die größtmögliche Übereinstimmung und Abstimmung der gegenseitigen Politik durch die Genossen Grotewohl und Dr. Schumacher erfolgen.«[38]

Auf der Wennigser Konferenz waren die Würfel gefallen: »Grotewohl, die Kommunisten und die russischen Politoffiziere erkannten, daß sie in der Frage der Vereinigung an Kurt Schumacher einfach nicht vorübergehen konnten, Schumacher aber niemals einer Vereinigung von Kommunisten und Sozialdemokraten zustimmen würde. Für die Ostzone war damit die Entscheidung für eine separate Vereinigung gefallen.«[39]

Die Tatsache, daß in Wennigsen bereits die Würfel gefallen waren – einerseits zum Wiederaufbau der SPD in den Westzonen, anderseits zur unausweichlichen Auflösung der SPD in der Zwangsvereinigung mit der KPD in der SBZ – dies war im Herbst 1945 nicht so ohne weiteres klar. Zunächst kämpfte die SPD in der SBZ weiter um ihre Identität und Selbstbehauptung.

5. Verschmelzung heißt Selbstaufgabe

Auf einer Revolutionsfeier der KPD am 9. 11. 1945 hatte Wilhelm Pieck dazu aufgerufen, so bald wie möglich die völlige Vereinigung der Kommunisten und Sozialdemokraten in einer einzigen Arbeiterpartei herbeizuführen.[40] In seiner Rede zum Jahrestag der deutschen Revolution vom November 1918 antwortete Otto Grotewohl mit vier Thesen auf die Frage, wie die Einheit der beiden Arbeiterparteien herzustellen sei:

1. Die Einheit könne nicht einfach von den Instanzen beschlossen werden, »sondern müsse der eindeutige ›Wille aller deutschen Klassengenossen‹ sein.«[41] 2. Die Einheit kann nicht das Ergebnis von Zwang sein. »Mit der Freiheit der Entscheidung ›auch des letzten Klassengenossen‹ sei es unvereinbar, daß eine Partei mit ›Ansprüchen eines

Erstgeburtsrechtes an die Frage der Einigung‹ herangehe.«[42]

3. Vor dem organisatorischen Beschluß der Vereinigung muß das gemeinsame «Werk des sozialistischen und demokratischen Aufbaus«[43] bewältigt werden.
4. Die deutsche Arbeiterklasse habe die Einheit Deutschlands zu bewahren, damit verbunden sei die »Schaffung einheitlicher Reichsparteien der deutschen Arbeiterbewegung.«[44] Und: »Eine zonenmäßige Vereinigung würde vermutlich die Vereinigung im Reichsmaßstab nicht fördern, sondern nur erschweren und vielleicht das Reich zerbrechen.«[45]

Albrecht Kaden bemerkt dazu: »Grotewohl lieferte nicht nur den Kommunisten, sondern zugleich den Sowjets einen nicht zu übersehenden Anlaß, sich Gedanken über die Gefügigkeit der sozialdemokratischen Führung zu machen.«[46]

Die SMAD und die KPD machten sich Gedanken und eröffneten eine Kampagne zur Vereinigung der beiden Arbeiterparteien. In dieser Kampagne zahlten sich die organisatorischen Vorbereitungen der SMAD aus, die sie auf dem Gebiet der politischen Ordnung in der SBZ getroffen hatte. Am 19. Juni 1945 hatten das Zentralkomitee der KPD und der Zentralausschuß der SPD eine Vereinbarung über Zusammenarbeit geschlossen und einen gemeinsamen Arbeitsausschuß gebildet, der im Oktober 1945 die Bildung einer Arbeitsgemeinschaft KPD/SPD in Berlin folgte. Beide Parteien waren Bestandteil des »Antifaschistischen Blocks der politischen Parteien in der sowjetischen Besatzungszone«, der am 14. Juli 1945 gegründet wurde und dem neben KPD und SPD noch CDU und LDPD angehörten.

War der sich voll auf die SMAD stützende Parteiapparat der KPD der eine Hebel der Zange, in die die SPD in der SBZ genommen wurde, so wurde der andere durch das Prinzip der Einmütigkeit im Block der antifaschistischen Parteien gebildet, das von den Politoffizieren der SMAD kontrolliert wurde.

6. Die Sechziger-Konferenz am 20./21.12. 1945 in Berlin

Die Geschichte der Einheitskampagne der KPD im November/ Dezember 1945, deren erstes Ziel eine gemeinsame Funktionärskonferenz der beiden Parteien war, liest sich in der »Geschichte der SED« so:

»Ende 1945/Anfang 1946 rückte der Kampf um die Vereinigung von KPD und SPD in den Mittelpunkt des politischen Ringens. Er wurde zur zentralen und dringlichsten Aufgabe aller revolutionären Kräfte. In dieser entscheidenden Situation ergriff die KPD erneut die Initiative. Nachdem sie schon seit September/Oktober 1945 verstärkt darauf hingewirkt hatte, die Vereinigung beider Parteien in einer revolutionären Einheitspartei vorzubereiten, schlug das Zentralkomitee der KPD dem Zentralausschuß der SPD vor, hierüber nun eine gemeinsame Konferenz durchzuführen. Daran nahmen etwa je 30 Vertreter beider Parteien – Mitglieder der zentralen Leitungen und die führenden Funktionäre der Parteiorganisation der Länder und Provinzen der sowjetischen Besatzungszone – teil. Die Konferenz tagte am 20. und 21. Dezember 1945 in Berlin und ging unter der Bezeichnung Sechziger-Konferenz oder Dezember-Konferenz in die Geschichte ein.

Nach gründlicher Diskussion der Referate von Wilhelm Pieck und Otto Grotewohl, in der eine Reihe von Bedenken und Vorbehalten sozialdemokratischer Genossen ausgeräumt wurden, beschloß die Konferenz, die ›Verschmelzung der sozialdemokratischen Partei Deutschlands und der Kommunistischen Partei Deutschlands zu einer einheitlichen Partei‹ vorzubereiten. ... Mit der Dezember-Konferenz begann eine neue Etappe im Kampf um die Einheit der Arbeiterklasse, die Etappe der politisch-ideologischen und organisatorischen Vorbereitung der Sozialistischen Einheitspartei.«[47]

Der »Abriß der Geschichte der SED« von 1978 tut so, als hätte es auf der Konferenz nur »eine Reihe von Bedenken und Vorbehalte sozialdemokratischer Genossen« gegeben, die ausgeräumt worden wären. Dies ist gegenüber der Darstellung, wie sie in der »Geschichte der deutschen Arbeiterbewegung«

von 1966 enthalten ist, eine Geschichtsfälschung. Die Fassung von 1966 lautet:

»Auf der Dezember-Konferenz spiegelte sich der große Fortschritt der Aktionseinheit wider, aber auch die Tatsache, daß ihre Gegner aktiver geworden waren. Die Erfolge der Aktionseinheit und der Drang der Massen nach Einheit war so groß, daß die Notwendigkeit einer einheitlichen Arbeiterpartei auf der Konferenz nicht mehr grundsätzlich in Frage gestellt werden konnte. Trotzdem war der Einfluß der Einheitsfeinde in der Sozialdemokratie deutlich zu spüren. Einige Vertreter der SPD, so Gustav Dahrendorf und Gustav Klingelhöfer, versuchten, nicht das Einigende, sondern das Trennende in den Vordergrund zu rücken. Sie benutzten da und dort aufgetretene Schwierigkeiten in der Zusammenarbeit, um die tatsächlichen Fortschritte der Aktionseinheit in Abrede zu stellen. Sie konnten jedoch nicht verhindern, daß die Konferenz zu einem entscheidenden Schritt auf dem Weg zur Sozialistischen Einheitspartei wurde.«[48]

Wie in Harz gegossen hat hier die SED-Geschichtsschreibung zwei Namen bewahrt, die auf dieser Konferenz den Kampf um die Selbstbehauptung der SPD offensiv aufgenommen haben. In dieser Aufzählung wird ein Name verschwiegen, und zwar der von Otto Grotewohl, der am 20. 12. 1945 eine Rede gehalten hat, die eigentlich die sofortige Auflösung der Konferenz zur Folge hätte haben müssen. Wir konzentrieren uns in diesem Kapitel darauf, diese Zeugnisse sozialdemokratischer Selbstbehauptung vorzustellen. Beginnen wir mit Otto Grotewohl, dessen Rede vom 20. Dezember 1945, die von Gustav Dahrendorf und Gustav Klingelhöfer mit vorbereitet wurde, man vergeblich in der Sammlung von Reden und Aufsätzen suchen wird, die unter dem Titel »Im Kampf um die Einige Deutsche Demokratische Republik« ab 1954 im Ostberliner Dietz-Verlag publiziert wurden. Sinniger- und bezeichnenderweise beginnt der Band mit einem Artikel vom 23. Dezember 1945, in dem er die Sechziger-Konferenz »einschätzt« und schreibt, »der 21. Dezember 1945 wird einmal in die Geschichte der deutschen Arbeiterbewegung als der Tag eingehen, an dem 60 Vertreter der beiden Arbeiterparteien in kameradschaftlicher Einmütigkeit und voller Einstimmigkeit den Grundstein zum Aufbau der einheitlichen deutschen Arbeiterpartei legten.»[49]

Wie sagte doch der Vernehmungsoffizier von Artur London im Gefängnis von Ruzyňe bei Prag 1951, als er London aufforderte, Dinge zu gestehen, die er 1937 in Spanien überhaupt nicht getan hatte: »Wir müssen die Dinge und Aktivitäten der Vergangenheit im Lichte der heutigen Ereignisse sehen und sie nicht mit der damaligen Lage in Verbindung bringen.«[50] Es ist feinsinnig, die Auswahl von Grotewohls Reden mit der Abschwörung der eigenen Vergangenheit beginnen zu lassen.

Erinnern wir uns an den Otto Grotewohl vom 20. Dezember 1945: In seinem Referat sprach er all die Punkte an, die in der Politik der KPD für die Sozialdemokraten unklar und offen waren und im Grunde gegen eine Vereinigung beider Parteien sprachen, wie z. B. der Parteiaufbau der KPD und die Frage, »ob unsere kommunistische Bruderpartei sich als eine deutsche sozialistische Arbeiterpartei betrachtet«. Gegen den Eindruck, den die KPD in der Einheitskampagne zu erwecken suchte, als ob sich die SPD gegen die Einheit sperren würde, erinnerte er daran, daß die Kommunisten die Einheitsinitiativen der Sozialdemokraten vom Frühjahr 1945 ignorierten oder zurückwiesen. Grotewohl ging dann auf die ungleiche Behandlung von SPD und KPD in der SBZ durch die SMAD ein, sprach die »Mißstimmung« an, die sich unter den Sozialdemokraten gegen die Kommunisten ausbreitete und sprach über die »Zweifel, ... ob die von der kommunistischen Partei angestrebte Einheit von denselben Gefühlen der Kameradschaftlichkeit getragen ist, wie die der Sozialdemokratischen Partei.« Wenn auch nicht als Beratungsgrundlage brachte er schließlich einen wahrscheinlich von Gustav Dahrendorf verfaßten 10-Punkte-Katalog ein, der die Besorgnisse des Zentralausschusses noch einmal festhielt und Aussagen machte über die nächsten Schritte der SPD. Der Zentralausschuß sprach sich entschieden gegen gemeinsame Wahllisten und -programme aus und hielt daran fest, daß die »Herstellung der organisatorischen Einheit beider Parteien« nicht zonenmäßig entschieden werden kann. In seiner Antwort auf Grotewohl verwies Pieck auf die gerade stattgefundenen österreichischen Parlamentswahlen, wo die SPÖ 76 Mandate errungen hatte und die KPÖ 4. Auf diesem Hintergrund argumentierte er für die Einheit der beiden Parteien und für gemeinsame Wahllisten. Er war gegen eine Überprüfung des Vertrauens, das beide Parteien beim Wähler genossen, und gegen ein Kräftemessen von SPD und KPD in den anstehenden Kommunalwahlen. Auf der Konferenz hatte die KPD zwei *organisatorische Ziele:*

1. Zustimmung der Sozialdemokraten zu ersten praktischen Schritten der organisatorischen »Vereinheitlichung« beider Parteien und
2. gemeinsame Wahlprogramme und -listen für die bevorstehenden Kommunalwahlen.

Um diese Ziele zu erreichen, war man beim Text der gemeinsamen Entschließung zu weitgehenden Zugeständnissen an die Sozialdemokraten bereit. Wir haben die gemeinsame Erklärung, d. h. den überarbeiteten Entwurf der KPD ebenso wiedergegeben wie den Entwurf der SPD und den Katalog der Veränderungen, die die SPD gegenüber dem KPD-Entwurf durchgesetzt hat und die der Zentralausschuß in seinem Rundschreiben am 12. 1. 1946 den Landesausschüssen und Bezirksverbänden zuschickte. Entscheidend ist aber, daß es der KPD auf diese programmatischen Aussagen gar nicht ankam. Entschließungen kann man auch widerrufen, dies wußte man aus der eigenen Parteigeschichte nur zu gut – was bleibt, und dafür stand Walter Ulbricht, war der Apparat. Der würde seine neuen Mitglieder schon umerziehen, wenn er sie erst hatte! Die Einheitspropaganda hatte für die KPD ausschließlich funktionale Bedeutung. Wolfgang Leonhard schreibt dazu:

»Es gab nur noch ein Thema: die Einheit. ... In der Schulungsabteilung hatten wir zunächst die Aufgabe, unsere eigenen Mitglieder endgültig auf ›Linie‹ zu bringen, um so mehr, als einige Genossen von den neuen Formulierungen keineswegs begeistert waren. Zur Überraschung vieler Parteimitglieder wurden nämlich in Hunderttausenden von Exemplaren die alten sozialdemokratischen Programme – das Eisenacher Programm 1869, das Gothaer Programm 1875 und das Erfurter Programm 1890 – unter die Mitglieder verteilt, und in der Schulungsabteilung fanden wir uns plötzlich mit der für uns seltsamen Aufgabe betraut, aus den Schriften von August Bebel, Wilhelm Liebknecht und, falls möglich, sogar von Kautsky und Hilferding Zitate zu finden, die für die Einheitskampagne zu brauchen waren. Danach erhielten wir Anweisung zu noch größeren Konzessionen. Während wir bisher die Hauptschuld an der Niederlage der Arbeiterbewegung in der Weimarer Republik der SPD zugeschrieben, bei der KPD aber nur einige taktische Fehler zugegeben hatten (beim Volksentscheid 1931, in der Einschätzung der nationalen Frage und bei der Formulierung der Haltung gegenüber der SPD), wurde jetzt die Bedeutung der Fehler beider Parteien gleichgestellt. Die Niederlage sei deshalb möglich gewesen, hieß es nun, weil es keine einheitliche Arbeiterbewegung gegeben habe.«[51]

Wilhelm Pieck demonstrierte dann, wie er die prinzipielle Einheitszusage von Grotewohl in praktische Tagespolitik umzusetzen gedachte. Er führte den Feind Schumacher ein und sortierte unverhohlen in der Konferenz die Sozialdemokraten in Einheitsbefürworter und Einheitsfeinde:

»Ich bin der Überzeugung, daß hier keiner im Saale ist, der etwa mit diesen Richtlinien einverstanden ist, wie sie ein Herr Dr. Schumacher in Hannover aufgestellt hat. Ich weiß vom Genossen Grotewohl, daß er in keiner Weise damit konform geht. Aber, Genossen, wenn wir seine Richtlinien studieren, was kommt dort bei ihm in stärkster Weise zum Ausdruck? Die absolut sowjetfeindliche Einstellung, die so weit geht, daß er die Sowjetunion als die reaktionärste Macht der Welt darstellt und daß er die moralische Intervention der anderen Nationen gegen die Sowjetunion aufruft, daß selbst ein britischer Offizier in Hannover in einer Konferenz diesem Mann mit einer sofortigen Verhaftung gedroht hat, wenn er seine antisowjetische Hetze nicht einstellt. Genossen, das ist auch ein Sozialdemokrat, der dort diese Propaganda treibt und der natürlich mit der gleichen Unverschämtheit den Kommunisten alles unterstellt, was sich nur an Verleumdungen erdenken läßt. Ich denke, das sind immerhin Anzeichen, die wir sehr wohl beachten müssen und die auch in den Bereich der immer frecher auftretenden Reaktion gehören.«

Diskussion mit einer sozialdemokratischen Position kann man

diese Mischung aus Fälschung, Lüge, Denunziation bei den Besatzungsmächten wegen Verleumdung einer Siegermacht, verbunden mit unverhüllten Drohungen, nicht nennen. Eigentlich wäre es notwendig, diese Sätze Wort für Wort zu interpretieren, dies kann hier allerdings nicht geschehen. Nur die Hervorhebung von Schumachers »Antisowjetismus« soll kurz kommentiert werden, damit bezweckte Pieck offenbar zweierlei:

a) Er wollte den Sowjets zeigen, daß nur die KPD unnachsichtig die russischen Interessen hütete und
b) der russischen Führung damit auch den möglichen Gedanken austreiben, mit einer selbständigen sozialdemokratischen Arbeiterbewegung als Garanten, einen Verständigungsfrieden mit den Deutschen abzuschließen – denn daß der deutsche Militarismus und Imperialismus ausgerottet werden mußte, daran ließ ja gerade Schumacher nicht den geringsten Zweifel.

Mit dem sächsischen SPD-Vorsitzenden Otto Buchwitz trat dann auch ein Einheitsbefürworter ans Rednerpult, der die Anti-Schumacherhetze aufgriff und feststellte: »Wenn er aber tatsächlich so zu der Frage steht (der Einigung mit der KPD, M. W.), kann eine Zusammenarbeit in Zukunft unmöglich in Frage kommen.«

Gustav Klingelhöfer sprach dann von den Dingen, »die nicht ausgesprochen werden«: »Freunde von der KPD, Ihr könnt reden, Ihr habt nichts zu befürchten, Ihr könnt überall reden, was Ihr wollt, Euch zieht niemand zur Verantwortung ...Genossen, Ihr könnt handeln, Ihr könnt mehr tun, Ihr könnt auch kühn sein. Es ist nicht für jeden Genossen gleich, ob er handeln kann und kühn sein kann. Es hat nicht jeder die Wahl, ob er handeln darf oder kühn sein darf.« Klingelhöfer berichtete dann davon, daß in Sachsen ein Sozialdemokrat vor einen Ort geführt und in den Hals geschossen wurde. Klingelhöfer fuhr fort: »Seht, Genossen, warum ich frage: Warum sind diese Sorgen nicht auch Eure Sorgen? ... Wenn wir eine gemeinsame Aktion machen, warum vertreten wir diesen Gesichtspunkt nicht auch gemeinsam bei der Sowjetadministratur?«

Gustav Klingelhöfer sprach als letzter Redner am 20. 12., er bekam seine Antwort nicht unmittelbar. Aber diese Rede dürfte für die KPD und die sowjetischen Politoffiziere die richtige Einstimmung gewesen sein für die Nachtsitzung der gemeinsamen Kommission, die die Aufgabe hatte, sich auf einen Entschließungstext zu einigen. Von dieser Nachtsitzung haben wir leider keine Niederschrift, wir kennen nur das Ergebnis: Um den Preis von Formulierungskorrekturen bekam die KPD die gemeinsamen Unterschriften von 59 der 60 anwesenden Funktionäre. Die Vereinigungsmaschinerie der KPD konnte in Gang gesetzt werden.

7. Die Vereinigungsmaschinerie rollt

Vertiefung der Aktionseinheit, gemeinsame und rege ideologische Aussprachen, Bildungskomitees zwischen beiden Parteien und die Schaffung einer gemeinsamen theoretischen Zeitschrift waren die organisatorischen Verabredungen zwischen ZA der SPD und ZK der KPD auf der Sechziger-Konferenz.

Der ZA hatte auf der Konferenz keiner zonalen Vereinigung zugestimmt, sondern beharrte auch im Januar 1946 noch auf einer Reichskonferenz. In einem Rundschreiben des ZA vom 12. 1. 1946 heißt es geradezu beschwörend:

»Die Einheitlichkeit der Auffassung und des Auftretens unserer Partei in allen Bezirken, Unterbezirken, Kreisorganisationen und Ortsvereinen ist eine unbedingte Notwendigkeit. Es besteht vor allem volles Einverständnis mit der KPD, daß Einzelzusammenschlüsse von Abteilungen, Ortsvereinen, Unterbezirken und Bezirken nicht erfolgen und daß ›der organisatorische Zusammenschluß auf einem Reichsparteitag beschlossen werden muß‹, wie Genosse Fechner am 12. Januar 1946 im Zentralorgan ›Das Volk‹ noch einmal ausdrücklich festgestellt hat. Genosse Fechner fährt in diesem Artikel fort:

›Denn es ist auch unseren kommunistischen Genossen daran gelegen, die künftige deutsche Einheitspartei im ganzen Reich zu schaffen. Was hätte es für einen Sinn, wenn diese Einheitspartei nur im russischen Gebiet zustande käme?‹«[52]

Der Damm, den der ZA mit der Reichskonferenz gegen die

kommunistische Einigungsdruckwelle in der SPD errichten wollte, hielt gerade bis zum Februar 1946, und bereits aus den Sätzen von Max Fechner vom 12. Januar spricht die pure Verzweiflung, denn die Vereinigung begann genau in den Ortsvereinen. Dort drängten die sowjetischen Kommandanten auf die Vereinigung.

Nach dem 21. Dezember rollte die Maschinerie der Vereinigung, so wie sie von der KPD konzipiert worden war. Werner Müller hat in seiner Arbeit: »Die KPD und die ›Einheit der Arbeiterklasse‹« die einzelnen Zahnräder dieser Maschine beschrieben:

»Für den Prozeß der Vereinigung formulierte die KPD folgende Maximen:

- Gemeinsamkeit der Versammlungen von Kommunisten und Sozialdemokraten, d. h. für die KPD Zugang zu sozialdemokratischen Mitgliedern und deren Schulung nach Programmen der KPD;
- Parität der Organisationen, d. h. keine Berücksichtigung der zahlenmäßigen Größen der Organisationen;
- bei zukünftigen Wahlen Aufstellung von Einheitslisten. Eine Feststellung der Resonanz und der Anhängerschaft einer Partei in der Bevölkerung sollte ausgeschlossen sein.
- Eine Vereinigung sollte zunächst nicht in ganz Deutschland, sondern lediglich in der sowjetischen Besatzungszone stattfinden.«[53]

Dieser Prozeß der Vereinigung auf organisatorischer Ebene wurde verbrämt mit Versprechungen: Walter Ulbricht gab in seiner Rede auf der Betriebsrätekonferenz der städtischen Arbeiter und Angestellten Berlins am 11. Januar 1946 eine »offene Antwort an sozialdemokratische Genossen«. Ulbricht: »Einige sozialdemokratische Genossen haben die Befürchtung ausgesprochen, daß es in der einigen Partei der Arbeiterklasse eine Diktatur geben werde ... Die sozialdemokratischen Genossen können sich in nächster Zeit selbst davon überzeugen, in welch demokratischer Weise unsere Bezirksparteitage vorbereitet werden.«[54] An dieser Stelle ist es gut und richtig, diesen Versprechungen von 1946 die späteren Fakten entgegenzusetzen:

»Schon die Vorgeschichte der Vereinigung von KPD und SPD im sowjetischen Besatzungsgebiet war durch Verfolgungen solcher Sozialdemokraten mitgeprägt worden, die eine Fusion mit den Kommunisten für übereilt hielten oder grundsätzlich ablehnten. Nach der Verschmelzung beider Parteien richteten sich die Säuberungen bald um so heftiger gegen ehemalige Sozialdemokraten, je offener die Kommunisten ihren monopolistischen Herrschaftsanspruch in der ›geeinten‹ Partei durchsetzten. Hauptsächlich in den Jahren 1948/1950 sind schätzungsweise 200000 frühere Sozialdemokraten aus der SED entfernt, durch die Parteikontrollkommission gemaßregelt, vielfach zur Flucht genötigt und nicht selten in Haft genommen, jahrelang interniert, von sowjetischen Militärtribunalen oder mitteldeutschen Landgerichten verurteilt worden. Belege dafür sind in der Publizistik der SED nur vereinzelt zu finden. Nach der parteiamtlich verfaßten achtbändigen ›Geschichte der deutschen Arbeiterbewegung‹ scheint es überhaupt keine Verfolgung ehemaliger Sozialdemokraten in der DDR gegeben zu haben. Indizien sind lediglich Parteibeschlüssen und Reden führender Funktionäre zu entnehmen ... Wie in einem Brief des Freundeskreises ehemaliger politischer Häftlinge aus den Reihen der sozialdemokratischen Partei Deutschlands vom 31. März 1971 an das Zentralkomitee der SED entnommen werden konnte, waren es ›mehr als 5000 Mitglieder und Funktionäre der deutschen Arbeiterbewegung, die lange Jahre in menschenunwürdiger Haft ihrer Freiheit beraubt wurden. Über 400 von ihnen sind dabei in den Zuchthäusern der sowjetisch besetzten Zone und in den Zwangsarbeitslagern der Sowjetunion umgekommen.‹ Und es waren wohlgemerkt keineswegs nur ehemalige Mitglieder der SPD, ›einfache Genossen‹, sondern ebenso führende Männer, häufig genug Verfolgte des Naziregimes, die den Verhaftungs- und Säuberungsaktionen zum Opfer fielen. Wer heute die Mitglieder des 1946 auf dem Vereinigungskongreß gewählten Parteivorstandes der SED überprüft, entdeckt unter ihnen eine ganze Reihe späterer politischer Häftlinge.«[55]

Am Schicksal zweier Teilnehmer der ersten Sechzigerkonferenz, die sich für die Vereinigung ausgesprochen hatten und auf dem 1. Parteitag der SED in den Parteivorstand gewählt wurden, soll diese Verfolgung von Sozialdemokraten illustriert werden:

»Als erstes Mitglied des Parteivorstandes ist *Willi Jesse* in Haft genommen worden. Geboren 1897, Mitglied der SPD seit 1915, hatte er schon in den zwanziger Jahren Funktionen in der mecklenburgischen Parteiorganisation innegehabt – in den letzten Jahren vor 1933 als SPD-Bezirkssekretär. Unter der nationalsozialistischen Diktatur illegal politisch tätig, mußte er nach dem 20. Juli 1944 über Dänemark nach Schweden flüchten ... Nach dem Zusammenbruch des Dritten Reiches wurde Jesse Landessekretär und zweiter Vorsitzender der SPD in Mecklenburg-Vorpommern.« Jesse wurde Landessekretär der SED und am 13. 7. 1946 verhaftet. Vier Jahre blieb er in Haft in der SBZ/DDR, um dann im Herbst 1950 ohne Verurteilung nach Sibirien deportiert zu werden. Erst im Januar 1954 kam er nach Hause.

Stanislaw Trabalski, »ehemals Kreisvorsitzender der Sozialdemokratischen Partei in Leipzig und nach der Fusion Sekretär des Landesverbandes Sachsen der SED. Am 31. August 1950 wurde er, damals 54jährig, festgenommen und bald darauf zu acht Jahren Zuchthaus verurteilt«.[56]

Im Winter 1945/46 glaubten diese Sozialdemokraten aber noch, daß jetzt mit der einigen Partei in Deutschland der sozialistische Aufbau beginnen wird. Ein Stück näher dem programmatischen Ziel eines jahrzehntelangen Kampfes! SMAD und KPD ließen den Sozialdemokraten wenig Zeit zum Überlegen und Abwägen:

Anfang Februar 1946 wurde Otto Grotewohl zu Marschall G. K. Shukow nach Karlshorst bestellt. Der Chef der Sowjetischen Militäradministration eröffnete dem Vorsitzenden des ZA der SPD, daß eine einheitliche deutsche Verwaltung über alle Zonengrenzen hinweg nicht in Sicht sei, daß die Spaltung andauern werde und die SPD in den Westzonen die Vereinigung mit der KPD ablehne. Er verlange jetzt vom ZA bis Ende Februar eine Entscheidung.

Am 10. Februar tagte in Berlin der ZA mit den Vertretern der Landesverbände. In dieser Sitzung stellte sich heraus, daß der ZA nicht mehr Herr seiner Entschlüsse war. Vier Landesvorsitzende, Bruno Böttge/Halle, Otto Buchwitz/Dresden, Karl Moltmann/Schwerin und Heinrich Hoffmann/Weimar, sprachen sich für die sofortige Vereinigung in der Ostzone aus. »Von diesen Stellungnahmen wurden die Mitglieder des ZA überrascht: die Entwicklung in den Landesvorständen war schon sehr viel weitergegangen, als man angenommen hatte.«[57]

Auf dem zur gleichen Zeit tagenden 1. FDGB-Kongreß behandelte Walter Ulbricht in einer höhnischen Rede die Frage des Drucks auf die Sozialdemokraten:

»Gewisse Leute haben uns gefragt: Aber diese Vereinigung geschieht doch unter Druck? Ich sage ganz offen: Jawohl, sie geschieht unter Druck! Seht mal an, diese Thüringer haben die Vereinigung beschlossen, ohne uns vorher zu fragen. Ich sage ganz offen: Sie haben einen Druck auf uns ausgeübt: Man hat dort ein gemeinsames Organisationskomitee für die Vereinigung der beiden Parteien geschaffen. Aus Halle-Merseburg kommt eine gleiche Mitteilung. Der Druck ist gegenwärtig schon so stark, daß die beiden Zentralvorstände in diesen Tagen darüber beraten werden, zu welchen Terminen die Vereinigung durchgeführt werden soll.«[58]

Nachdem die SMAD Hermann Brill in Thüringen ausgeschaltet hatte, besaß sie in Heinrich Hoffmann einen willfährigen SPD-Vorsitzenden, und General Kolesnitschenko verlangte von der thüringischen SPD-Spitze bereits am 2. 1. 1946 »auch in Thüringen den Vollzug der Einheit«.[59]

Gustav Dahrendorf drängte in der Sitzung des ZA auf eine Entscheidung, die SPD in der SBZ aufzulösen, der Antrag fand eine Mehrheit und löste Tumult aus, man vertagte ihn, um am nächsten Tag weiterzuberaten. Am 11. 2. beschloß man, dem Einheitsdruck nachzugeben! Grotewohl fuhr zum Kongreß des FDGB und gab bekannt, daß der ZA sich entschlossen habe, »der Mitgliedschaft der Partei alsbald die Einheit der beiden Arbeiterparteien zur Entscheidung vorzulegen«.[60]

Am 26. Februar 1946 verabschiedete die 2. Sechzigerkonferenz bereits Entwürfe zum Programm und Statut der SED, die nur noch den beiden Parteitagen von KPD und SPD vorgelegt werden brauchten, die am 19./20. April 1946 tagten, um sich am 21./22. April zum Gründungsparteitag der SED zu vereinigen. In den darauffolgenden Jahren wurde die Parole von der Einheit in der SED durch die der Säuberung ersetzt.

8. Die Einheitsgewerkschaft FDGB

Die Kapitulation des ZA in der Vereinigungsfrage mußte Otto Grotewohl auf dem 1. Kongreß des FDGB am 11. 2. 1946 verkünden. In diesem Akt wird deutlich, welche Rolle der FDGB als Teil der Maschinerie, mit der die KPD die Zwangsvereinigung durchsetzte, gespielt hat. Diese Rolle des FDGB wird gern vergessen.

Bereits auf der erwähnten Funktionärskonferenz der KPD Großberlins vom 25. Juni 1945 hatte Walter Ulbricht sein Gewerkschaftsprogramm vorgestellt:

»Während die Gewerkschaften vor 1933 unter sozialdemokratischer Führung standen, müssen die neuen Gewerkschaftsorganisationen zu einheitlichen freien Gewerkschaften werden. Die Schaffung des Gewerkschaftsausschusses von Großberlin, die vertrauensvolle Zusammenarbeit der Anhänger verschiedener früherer Gewerkschaftsströmungen mögen in allen Orten als Beispiel dienen für die Schaffung einheitlicher freiheitlicher Gewerkschaftsorganisationen.«[61]

Diese programmatische Proklamation wurde auch organisatorisch »abgesichert«. In der vom DGB-Landesbezirk Berlin herausgegebenen Berliner Gewerkschaftsgeschichte von 1945 bis 1950 heißt es über die Zusammensetzung des in der zweiten Maihälfte 1945 formierten Gründer-Kreises der neuen Gewerkschaften: »Die KPD war in diesem Gründerkreis von 8 Personen mit 3 Mann vertreten, obwohl sie, gemessen an dem früheren Stärkeverhältnis der RGO zu den übrigen Gewerkschaften von 300000 zu 5890000 Mitgliedern, also von 1 : 20, bestenfalls nur einen Vertreter hätte beanspruchen können. Es wurde aber noch drastischer mit dem politischen Kräfteverhältnis in diesem Gremium, weil sich herausstellte, daß der angebliche SPD-Mann Otto Braß während der Nazizeit Mitglied der illegalen KPD geworden war. So standen also tatsächlich vier Vertretern der KPD/RGO nur vier Vertreter von SPD/ADGB und CDU/Christen und Hirschen gegenüber. Nach der Übersiedlung des Gründerkreises in die Parochialstraße gesellte sich diesem Acht-Männer-Kollegium noch ein neunter Mann hinzu, der fortan in diesem Kreis eine entscheidende Rolle spielen sollte: Walter Ulbricht.«[62]

Von Walter Ulbricht stammte auch der Entwurf des Aufrufs zur Schaffung freier Gewerkschaften vom Juni 1945. 1968 wurde dieser Entwurf mit Notizen über Einwände publiziert, sie enden:

»Am 4. Juni sollte die endgültige Abfassung des Aufrufs erfolgen. Durch meine Reise nach Moskau wurden die Verhandlungen vertagt.«[63]

Durch zwei Instrumente bekam die KPD dominierenden Einfluß auf die Politik des FDGB:

1. Durch den hauptamtlichen Apparat, in dem sie überproportional Posten besetzte, und

2. über die Betriebsgruppen der KPD. Die Betriebsgruppen organisierten die Gewerkschafts- und Betriebsrätewahlen vor Ort im Betrieb. Die Betriebsgruppen beriefen während der Vereinigungskampagne auch die Betriebsversammlungen ein, und sie produzierten den resolutionären Massendruck. Gegen die Betriebsgruppen der KPD hatte die SPD kein wirksames Mittel, da die sozialdemokratische Dominanz im hauptamtlichen Apparat der Gewerkschaften beseitigt war und die Untergliederungen der SPD – im Gegensatz zur KPD mit ihren Betriebsgruppen – die Ortsvereine waren.

Wie die Politik in dieser von der sozialdemokratischen Führung befreiten Einheitsgewerkschaft gemacht wurde, dies hat Hermann Schlimme in einem Brief vom 2. Oktober 1945 an Hans Vogel in London geschildert:

»Mit Bernhard Göring sitze ich nun in einem Kreis mit Kaiser von den christlichen und Lemmer von den Hirsch-Dunckerschen Gewerkschaften und mit vier ehemaligen Führern der RGO gemeinsam in dem sogenannten vorbereitenden Ausschuß und versuche nun, eine einheitliche Linie zu finden. Das ist allerdings schwer und kostet viel Nerven ... Die KPD hat ihre Leute in der Bundesleitung am Band, und es ist kaum ein Beschluß möglich, der nicht zuvor durch das Zentralkomitee sanktioniert worden ist. Ich habe mich dagegen gewehrt, daß die Parteien die Oberhoheit über die Gewerkschaften erhalten, weil ich darin den Beginn der Aufspaltung erblicke.«[64]

Hermann Schlimmes Mut, solche Briefe über den wirklichen Zustand des FDGB abzufassen, hielt nicht lange vor. Auf der Sechzigerkonferenz konnte Max Fechner »im Einverständnis mit dem Gen. Ulbricht sagen, daß wir beide in der Gewerkschaftsfrage so einig sind, daß wahrscheinlich keine Debatte entstehen wird«.

Hermann Schlimme durfte sich auch äußern:

»Ich darf hier erklären: Als durch Genossen Ulbricht der Ruf an uns erging zusammenzukommen, um über die Fragen der Gewerkschaften zu reden, und wir selbstverständlich vorbehaltlos, und zwar aus allen drei Richtungen, zusammengekommen sind, waren wir uns in wenigen Tagen über die geistigen Grundlagen der Schaffung freier Gewerkschaften einig.«

Aber nicht nur der ehemalige Sekretär des Bundesvorstandes des Allgemeinen Deutschen Gewerkschaftsbundes (ADGB) gab eine Probe seiner Zuverlässigkeit ab, auch Bernhard Göring, der Vorstandssekretär des Allgemeinen freien Angestelltenbundes (AfA) von vor 1933 und der zweite wirkliche Sozialdemokrat im Gründerkreis wollte nicht zurückstehen: »Die Arbeit der kleinen Gewerkschaftskommission der Parteien, auf die der Genosse Ulbricht hingewiesen hat, hat zweifellos das große Verdienst, Spannungen, die in der Gewerkschaftsbewegung und besonders in der Berliner Gewerkschaftsbewegung aufgetreten waren, zu beseitigen.«

In seiner Rede auf dem ersten Nachkriegsparteitag der SPD am 9. Mai 1946 hat Kurt Schumacher das Verhalten von Sozialdemokraten wie Göring und Schlimme in Verbindung gebracht mit ihrer früheren Politik:

»Es ist seelisch sehr interessant, daß es Menschen gewesen sind, die ihr ganzes vergangenes Leben lang ausgesprochene Reformisten waren. Ich möchte jetzt das Wort Reformismus nicht als Gegensatz zwischen einem rechten und linken Flügel der Sozialdemokratie verstanden wissen. Ich glaube, daß wir es auch nicht so falsch verstehen. Ich meine Reformismus als die Geisteshaltung, die mit der Taktik der Anpassung und des Nachgebens das Größtmögliche erreichen möchte. Und diese Männer waren solche Reformisten im kapitalistischen System im Kaiserreich. Sie waren oder wollten solche Reformisten am 1. Mai 1933 sein. Sie sind solche Reformisten jetzt im Frühling 1945 gewesen. Sie haben damit die dritte Gleichschaltung glücklich überstanden. Friede ihrer Asche.«[65]

Aber auch in den Gewerkschaften gab es Leute, die Schwierigkeiten machten. Walter Ulbricht auf der erweiterten Sekretariatssitzung des Zentralkomitees der KPD am 19. und 20. November 1945: »Wir haben in den Betrieben und in den Gewerkschaften unsere Positionen nur ungenügend, auf noch nicht genügend breiter Basis gefestigt. Wir haben Beispiele dafür, daß zwar die Einheitsfront zwischen KPD und SPD im Landes-, Stadt- oder Ortsmaßstab besteht, aber vielfach in den Massenorganisationen, vor allen Dingen in den Gewerkschaften, Gegner der Einheit in verantwortlicher Funktion sind und von dort aus die Einheitsfront der beiden Arbeiterparteien torpedieren. Manche Parteileitungen widmen dem nicht genügend Aufmerksamkeit.«[66] Dieser Mangel war dann bereits im Februar 1946 behoben, denn wie die Geschichte der SED feststellt: »Der erste Kongreß des FDGB vom 9. bis 11. Februar 1946 in Berlin stand im Zeichen des Kampfes um die Einheitspartei. In einer Entschließung sprachen sich die Delegierten dafür aus, beide Parteien bis zum 1. Mai zu vereinigen.«[67] Kurt Schumacher hat in der Rede vom 9. Mai 1946 zu dieser Rolle der Einheitsgewerkschaft FDGB in der sowjetischen Besatzungszone bemerkenswerte Worte gefunden:

»In diesem Zusammenhang ein Wort über die traurige *Rolle der Gewerkschaften in der Ostzone*. Es ist eine schöne Sache, daß in einer Einheitsgewerkschaft alle Richtungen zusammenlaufen, und ich respektiere den Willen zur parteipolitischen Neutralität. Aber in Wahrheit waren die Gewerkschaften in der Ostzone das Instrument der Eroberung der Sozialdemokratie durch den Kommunismus. Und ich möchte hier den Gewerkschaften der Westzone das eine sagen: Von Euch hoffen wir mehr, und von Euch erwarten wir mehr. Wir werden in Euren Reihen gute Gewerkschaftler sein. Wir werden Euch sozialdemokratische Politik nicht aufzuzwingen versuchen. Aber wir werden nicht dulden, daß irgendeine andere politische Richtung das Instrument der Gewerkschaften auch nur andeutungsweise zu beeinflussen versucht.

Ich will Euch sagen, *wir brauchen starke Gewerkschaften.* Wir brauchen mutige Gewerkschaften, mutig nicht nur gegenüber dem deutschen Publikum, sondern auch gegenüber den Besatzungsbehörden. Stärker als bisher müssen die Gewerkschaften das Wort ergreifen für die Bergarbeiter, für die Bauarbeiter und die Landarbeiter. Wir wollen bei der Beurteilung der Gewerkschaften im Osten nicht verweilen. Ich glaube, die schlimmste Beschimpfung, die diese Menschen in ihrem Leben erfahren haben, war nicht einmal die Verprügelung oder die Lästerung durch die Nazis; die schlimmste Beschimpfung war die, daß sie, die 40 oder 30 Jahre als Verräter von den Kommunisten gebrandmarkt worden waren, auf einmal als bewährte alte Vorkämpfer der Arbeiterklasse gelobt worden sind. Von dieser Beschimpfung, glaube ich, kann sich ein Mensch mit Ehrgefühl nicht mehr erholen.«[68]

9. Selbstbehauptung der SPD

Das Echo auf die Sechziger-Konferenz kam zunächst unüberhörbar aus dem Westen: »Am 3. Januar 1946 lehnten die Delegierten der Partei in der britischen Zone die Vereinigung mit den Kommunisten einstimmig ab. Am 6. Januar 1946 stimmten die Delegierten der Landesvorstände der drei Länder der amerikanischen Zone mit 144 gegen 6 Stimmen gegen die Vereinigung mit den Kommunisten.«[69]

Diese Demonstration des Selbstbehauptungswillens der SPD blieb nicht ohne Antwort seitens der KPD. Auf der Reichsberatung der KPD in Berlin am 9. Januar 1946 ging Walter Ulbricht auf den Prozeß der Vereinigung der beiden Parteien ein, in seinen Ausführungen ist auch nicht die Spur einer Achtung vor dem Selbstbestimmungsrecht der Sozialdemokraten zu verspüren, im Gegenteil: die SPD ist Objekt der KPD-Politik!

»Es wurde gefragt, ob es möglich ist, die Vereinigung der beiden Parteien durch einen Reichskongreß oder besser durch einen gemeinsamen Kongreß zu vereinbaren und dort zu beschließen. Genosse Grotewohl hat in seiner heutigen Rede die gegenwärtige Lage sehr real eingeschätzt, und er stellte fest, daß dieses Bestreben, die Vereinigung für ganz Deutschland durch einen gemeinsamen Kongreß zu vollziehen, auf bestimmte Schwierigkeiten stößt, die zu überwinden nicht allein in unserer Macht liegt ... Angesichts der ungleichmäßigen Entwicklung müssen wir wahrscheinlich den Weg gehen, alles zu tun, um in allen Gebieten die Aktionseinheit schneller zu festigen und die Einigung der beiden Parteien durchzuführen, damit nicht eine solche Lage eintritt, daß über sie die rückständigsten Gebiete entscheiden. Es könnte sonst der Fall eintreten, daß Oldenburg oder Nordbayern letzten Endes einen ausschlaggebenden Einfluß in der Frage der Einigung ausüben. Das geht nicht! Deshalb müssen wir diese besondere Lage berücksichtigen, und unsere Genossen müssen die Gedankengänge, die Genosse Grotewohl entwickelt hat, unterstützen. Er sagte, daß wahrscheinlich Kurs darauf genommen wird, die SPD auf der Basis der Politik, wie sie der Zentralausschuß beschlossen hat, zu einigen, auch im Reichsmaßstab. Unsere Genossen müssen diesen Kurs unterstützen, d. h., nicht die Spaltungspolitik anerkennen, wie sie Schumacher durchführt. Man muß aber – darüber werden wir uns noch mit unseren sozialdemokratischen Freunden verständigen – eine Vereinigung der beiden Parteien im Gebietsmaßstabe für wahrscheinlicher halten. Ich kann mir sehr gut vorstellen, daß es zum Beispiel in der englisch besetzten Zone bestimmte Schwierigkeiten in Hamburg gibt, daß aber im Ruhrgebiet die Vereinigung vollzogen wird und daß sich die Sozialdemokratische Partei im Ruhrgebiet mit dem Zentralausschuß in Berlin in Verbindung setzt und ihn anerkennt, während Schumacher ihn nicht anerkennt ... Soweit ich die Lage in der sowjetisch besetzten Zone einschätzen kann, würde dort auf den gemeinsam von den Bezirksleitungen der SPD und der KPD einzuberufenden Konferenzen zweifellos die übergroße Mehrheit für die Einheit sein. Das wäre ein gutes Beispiel, aus dem die Genossen der SPD und unsere kommunistischen Genossen des Ruhrgebietes bestimmte Konsequenzen ziehen könnten.«[70]

Wie diese Politik in der SPD umgesetzt wurde, dazu noch einmal Hermann Brill. Auf einer Vorstandssitzung der thüringischen SPD sechs Wochen vor den zitierten Ausführungen Walter Ulbrichts, die erst zu Ehren des 20. Jahrestages der Vereinigung von KPD und SPD 1966 in der DDR veröffentlicht wurden, sagte er mit aller Eindringlichkeit:

»Man versucht heute, Spaltungstendenzen in die SPD hineinzutragen. Dieser Versuch wird mit bewährten bolschewistischen Methoden unternommen: Man versucht, einzelne Genossen zu isolieren; man versucht, von den Russen oder von der KPD aus Gruppen zusammenzustellen und ausfindig zu machen, die dann mit einer bestimmten Marke – rechter Flügel oder linker Flügel – versehen werden ... (Man hat) dem Genossen Grotewohl zu erkennen gegeben, daß man ihn künftig als Sozialfaschisten behandeln werde. (Lachen) Ich war gestern in Leipzig, ich hatte da zu sprechen; da wurde mir von dem Bezirksvorstand mitgeteilt, daß dort das gleiche Manöver unternommen wird –, (da) versucht man, die Landesleitung Sachsen, die bei der Abgabe einer Erklärung etwas weit gegangen ist ..., gegen die Bezirksleitung auszuspielen ...«[71]

IV. Der Kampf der Berliner Sozialdemokraten um ihre Unabhängigkeit

1. Kurt Schumachers Beispiel

Die Selbstbehauptung der Berliner Sozialdemokraten stützte sich nicht zuletzt auf das überzeugende Beispiel, das Kurt Schumacher gegeben hat:

»Als sich am 8. Februar 1946 Kurt Schumacher, begleitet von Herbert Kriedemann, mit Otto Grotewohl und Gustav Dahrendorf in Braunschweig traf, war die in den Westzonen und in der Ostzone entstandene neue Lage zu besprechen. Im Verlaufe dieses Gesprächs richtete Kurt Schumacher an Otto Grotewohl die Aufforderung, die Partei vor einer Zwangsvereinigung mit den Kommunisten aufzulösen, worauf dieser resigniert antwortete: ›Es ist bereits zu spät.‹ Die schlaue Taktik Grotewohls war zu diesem Zeitpunkt bereits vollkommen gescheitert. Der Prozeß der Zwangsvereinigung ging in der sowjetisch besetzten Zone unaufhaltsam weiter; durch Überredung, durch Einschüchterung, durch Bestechung, durch Ausschaltung widerstrebender sozialdemokratischer Genossen aus dem politischen Leben, durch Verhaftungen.«[72]

Am 11. Februar 1946 beschloß der Zentralausschuß die Einberufung eines Parteitages für die sowjetische Besatzungszone einschließlich Berlins, und dieser Parteitag sollte über eine Vereinigung von KPD und SPD entscheiden. Diese Entscheidung des Zentralausschusses, der ja sich keinem innerparteilichen Wahlprozeß gestellt hatte, traf auf den Widerstand namentlich der Kreis- und Abteilungsleiterfunktionäre des Berliner Landesverbandes. Auf ihrer Konferenz am 17. Februar 1946 lag ihnen eine Resolution vor, die dem Zentralausschuß das Mißtrauen aussprach, die schnellstmögliche Einberufung eines Bezirksparteitages zur Neuwahl des Bezirksvorstandes verlangte und sich »für die Einheit der deutschen Arbeiterklasse, für die Einheit der deutschen Sozialdemokratie und gegen ihre opportunistischen Zerstörer«[73] aussprach. In einer angenommenen Entschließung wird der Bezirksvorstand aufgefordert, »bei wesentlichen Veränderungen erneut eine Konferenz in der gleichen Zusammensetzung abzuhalten«.[74]

Am 19. Februar 1946 kam Kurt Schumacher nach Berlin, um mit den Gegnern der Selbstaufgabe der SPD in Berlin Kontakt aufzunehmen. »Einen Tag später fuhr er in den sowjetisch besetzten Sektor der Stadt Berlin, in das Hauptquartier Grotewohls in der Behrenstr.; er stellte an Grotewohl die Frage, ob der Zentralausschuß bereit sei, wenigstens in den drei Westzonen Berlins die Selbständigkeit der Partei aufrechtzuerhalten und weiter, ob Grotewohl den Entschluß fassen könne, die Partei aufzulösen, bevor sie von den Kommunisten mit Gewalt und List erobert würde. Diese Fragen Schumachers an Grotewohl waren rein formaler Natur. Als Schumacher diese Fragen stellte, wußte er bereits, daß ihm Grotewohl nur eine einzige Antwort geben konnte, ›Nein‹. Die Reise Schumachers nach Ostberlin war für die weitere Entwicklung der Partei entscheidend.«[75]

2. »Der Tagesspiegel« wird Forum

Wenn die Selbstbehauptung der SPD in Berlin beschrieben wird, muß spätestens im zweiten Satz die Rolle des »Tagesspiegel« gewürdigt werden. In einem »Tagesspiegel«-Interview vom 26. 2. 1946 nimmt Schumacher unmißverständlich Stellung zur Frage der Vereinigung von SPD–KPD:

Frage: Halten Sie eine sozialistische Enheitspartei für wünschenswert?

Antwort: Als leuchtendes Ziel muß jedem Sozialisten der Zusammenschluß wünschenswert sein. Aber in einer Epoche der historischen Abhängigkeiten kann das Ziel nicht verwirklicht werden.

Frage: Was denken Sie über die Zusammenschlußbewegungen im gegenwärtigen Moment?

Antwort: Parteivereinheitlichung ist nicht vor den Wahlen möglich, bevor nicht das Stärkeverhältnis der beiden Parteien bekannt ist. Anderenfalls handelt es sich nicht um Vereinheitlichung, sondern um Eroberung.

Frage: Wie sollte in einer Sozialistischen Einheitspartei – dieser Name wird vorgeschlagen – die Führung zusammengesetzt sein?

Antwort: Auch das könnte erst durch die Wahlen entschieden werden.

Frage: Wissen Sie, daß behauptet wird, wer nicht für die Verschmelzung sei, fördere separatistische Tendenzen?

Antwort: Eine zentrale Partei ist erst dann möglich, wenn es zentrale Regierungsinstanzen gibt. Alles andere schlägt der Realität ins Gesicht, wenn es nicht Dolus ist.

Frage: Wie sehen Sie die Zukunft einer jetzt verwirklichten Verschmelzung?

Antwort: Die neue Partei bekommt eine bestimmte Physiognomie, die eine Fortsetzung der KPD in anderer Form ist.

Falls der Versuch gemacht würde, eine Sozialistische Einheitspartei (SEP) zu gründen, so würde diese Partei von der SPD des Westens als Fortsetzung der kommunistischen Partei betrachtet werden.

Frage: Welche Definition, die geeignet wäre, breite Kreise des Volkes zu vereinen, geben Sie dem Worte Sozialismus?

Antwort: Für die Sozialdemokratie der westlichen Zonen sind Sozialismus und Freiheit der Persönlichkeit in Dingen des Bekenntnisses und der Kritik unlösbar verbunden. Unter dem Gesichtspunkt der Persönlichkeit ist Sozialismus das ökonomische Mittel, sie auf allen Gebieten zu entfalten. Wir fürchten, daß der bei der Verschmelzung offerierte Sozialismus die Ignorierung der Persönlichkeit und die Vermassung bedeutet. Das allein würde genügen, ihn abzulehnen, auch wenn keine taktischen Gründe dafür vorhanden wären.

Die parteieigenen Medien waren im Besitz des ZA und Teil der Propagandamaschinerie für die Einheit. Kritik fand im Zentralorgan der Partei nicht statt. Die Berliner Sozialdemokraten waren in ihrem Kampf um Selbstbehauptung ohne eigene Medien. Karl J. Germer, einer der Hauptakteure damals, schreibt: »Uns stand weder eine Zeitung noch der Rundfunk zur Verfügung. Beide Massenmedien nahmen aber unsere Gegner in jener informationshungrigen Zeit intensiv in Anspruch. Uns blieb nur die – allerdings sehr gut funktionierende – Mund-zu-Mund-Information. Das konnte und durfte nicht so bleiben, und so suchte ich Anfang Februar 1946 Erik Reger im ›Tagesspiegel‹ auf. ›Der Tagesspiegel‹ erschien als erste, nicht von den Sowjets lizensierte Berliner Tageszeitung ab 28. September 1945. ... ›Der Tagesspiegel‹ aber war betont überparteilich und ohne jede sozialistische Tendenz aufgezogen; durch die alt-sozialdemokratische Brille gesehen ein typisch bürgerliches Blatt. Erst als uns das Wasser buchstäblich am Halse stand und jeder denkende Genosse sich davon überzeugt hatte, daß in unserer eigenen offiziellen Zeitung kein Raum für uns zur Verfügung stand, konnte ich es wagen, mich mit Erik Reger in Verbindung zu setzen, ohne in den Verdacht zu geraten, mit einem Klassenfeind gegen einen sozialistischen Bruder konspirieren zu wollen.«[76]

Erik Reger, einer der Lizenzträger und Chefredakteur des »Tagesspiegel«, hat im »Tagesspiegel« einen Leitartikel veröffentlicht mit dem Titel: Fiktives Leben. Erik Regers Argumentation ist nicht nur klar und überzeugend, sie ist bis heute gültig: »In acht oder neun Jahrzehnten, da fortwährend die Titel wie schmutzige Hemden gewechselt wurden, blieb der Geist unverändert steril und illusionsgenährt, als habe man bloß zu beweisen gehabt, was John Locke, der englische Philosoph, schon 1690 bewiesen hatte, daß wir nämlich keine angeborenen Ideen und Prinzipien haben. Es ist nötig, davon zu sprechen – in einer Zeit, da das fiktive Leben traurige Triumphe feiert. Parteien zu trennen und zu vereinigen, hat niemals einen Sinn, wenn es sich um nichts weiter als um Personen- oder Organisationsfragen und um Differenzen oder Übereinstimmungen bei einem einzelnen Tagesproblem handelt. Als im vorigen Kriege die Unabhängigen von der Mehrheit der Sozialdemokratie absplitterten, erreichten sie in der Tat nichts als eine Spaltung. Denn was zuerst so ausschlaggebend erschien, die Verweigerung der Kriegskredite, verlor mehr und mehr an Bedeutung, je entschiedener auch die Mehrheitssozialisten auf Beendigung des Krieges mit allen Mitteln drängten. Sogar der Spartakusbund schien anfangs nur eine Nuance mehr zu sein. Erst durch den Sieg Lenins in Rußland gewann diese Bewegung Gesicht und geistiges Fundament. Von diesem Augenblick an aber hingen die Unabhängigen vollends in der Luft. Sie waren lediglich ein ›weiter links‹, was sie auch innerhalb der alten Partei hätten sein können. Folgerichtig lösten sie sich auf. Sie kehrten entweder in den Schoß der Sozialdemokratie zurück oder schlossen sich, bis auf ein paar zukunftslos Unentwegte, den Kommunisten an. Kommunisten und Sozialdemokraten jedoch sind nicht zwei aus einfacher Spaltung oder Nuancierung hervorgegangene Gruppen. Es sind selbständige, auf selbständige Anschauungen, Maximen und Methoden gegründete Parteien, es sind keine Sezessionisten, die je nach Wunsch oder Befehl getrennt oder vereint zu leben imstande wären. Sie können sich gelegentlich verbünden, in dem oder jenem sich einig sein; sie können miteinander marschieren, wenn denn durchaus ›marschiert‹ werden muß; siegen dagegen können nur die einen *oder* die anderen. Die Gründe, die für eine rasche Fusion jetzt genannt wurden, sind wiederum fiktiver Natur. Man sagt uns, Hitler wäre nie allmächtig geworden, hätten wir vor 1933 die sozialistische Einheitspartei gehabt. Aber gerade, daß wir sie nicht hatten, beweist ja, daß sie kaum möglich ist.«[77]

3. Die SPD bleibt bestehen

Geben wir noch einmal Theo Pirker das Wort, der kurz und bündig die Ergebnisse der Reise Kurt Schumachers nach Berlin zusammenfaßte:

»Die Reise Kurt Schumachers nach Berlin war für die weitere Entwicklung der Partei entscheidend. Am 1. März 1946 setzten die Anhänger Schumachers in Berlin in einer Funktionärsversammlung unter der Führung von Franz Neumann eine Urabstimmung gegen die Intervention Grotewohls für eine Vereinigung mit den Kommunisten durch.«[78] Und am 31. März 1946 legitimierten die Westberliner Sozialdemokraten dies durch ihre Abstimmung.

Das Abstimmungsergebnis wird seit 1946 zu relativieren versucht. Man führt ins Feld, daß immerhin 14636 Sozialdemokraten für eine Zusammenarbeit mit der KPD gestimmt hätten. Aber Zusammenarbeit war schließlich nicht gleichbedeutend mit Vereinnahmung! Es ging und geht darum, daß diese Vierzehntausend Sozialdemokraten bleiben und nicht Mitglieder der »russischen Partei« in Deutschland (K. Schumacher) werden wollten. Die Sozialdemokratie, insbesondere die sozialliberale Koalition hat bewiesen, daß dies nicht bedeutet, daß wir das Gespräch mit der sowjetischen Führung meiden. Im Gegenteil, daß dieses Gespräch eine elementare Notwendigkeit der deutschen Politik ist, das wissen die Deutschen spätestens seit dem 8. Mai 1945.

Stenographische Niederschrift der Sechziger-Konferenz am 20./21. Dezember 1945 in Berlin

Brief Wilhelm Piecks an Otto Grotewohl vom 27. Dezember 1945

Kommunistische Partei Deutschlands
Zentralkomitee
Berlin C 2, ... 27. Dezember . . . . . . 1945. . .
Wallstraße 76–79

Lieber Genosse Grotewohl!

Ich übermittle Dir hiermit ein Exemplar der stenographischen Niederschrift über die Beratungen unserer gemeinsamen Konferenz am 20./21. Dezember 1945. Ich bitte Dich, das Stenogramm in Deine persönliche Verwahrung zu nehmen, damit es nicht in andere Hände außerhalb Eures engeren Kreises kommt. Es ist nichts in dem Stenogramm enthalten, was irgendwie die Öffentlichkeit zu scheuen hätte, aber es sind über die Beziehungen unserer beiden Parteien zu den Besatzungsbehörden hier und da Ausführungen gemacht worden, die es nicht opportun erscheinen lassen, das Protokoll in weiteren Umlauf zu setzen.

Bei nächster Gelegenheit werden wir uns über die Arbeit der Studienkommission verständigen müssen, die von der Konferenz eingesetzt wurde. Vor allem werden wir in der 2. Nummer unserer gemeinsamen theoretischen Zeitschrift Artikel für die Propagierung der gemeinsamen Entschließung und des Wahlprogramms veröffentlichen müssen, um die Kampagne in den Organisationen der beiden Parteien zu beginnen und zu steigern.

Mit bestem Gruß

Anlage.

Wir veröffentlichen dieses Stenogramm als zeitgeschichtliches Dokument. Dieser Brief von Wilhelm Pieck an Otto Grotewohl wurde uns von Harold Hurwitz und Klaus Sühl zur Verfügung gestellt. Dafür haben wir herzlich zu danken. Das »Berlin Projekt« am Zentralinstitut für sozialwissenschaftliche Forschung der FU Berlin steht unter der Leitung von Prof. Dr. Harold Hurwitz und untersucht die Entstehung, Tradierung und den Wandel der antikommunistischen Abwehrhaltung der Berliner Bevölkerung unter der Einwirkung der Ereignisse und Entwicklungen in der Zeit von 1945 bis 1972. Der erste Band einer Veröffentlichungsreihe mit dieser Thematik erscheint 1982.

Inhaltsverzeichnis

*Stenographische Niederschrift
über die
gemeinsame Konferenz des Zentralkomitees der KPD
und des Zentralausschusses der SPD mit den Vertretern
der Bezirke am 20. und 21. 12. 1945 in Berlin,
SPD-Haus, Behrenstraße.*

*Erster Sitzungstag: Donnerstag, 20. 12. 45
nachmittags 3 Uhr.*

Gen. Wilhelm *Pieck*: Genossen und Genossinnen, gestattet mir, daß ich als einer der beiden Vorsitzenden unserer gemeinsamen Beratungen – Vorsitzende sind der Gen. Fechner und ich – unsere Sitzung eröffne.

Unseren gemeinsamen Beratungen kommt zweifellos in der Geschichte der deutschen Arbeiterbewegung eine besondere Bedeutung zu. Nicht ohne tiefe innere Bewegung stelle ich fest, daß seit der unglückseligen Spaltung der alten Sozialdemokratie in den Jahren des ersten Weltkrieges, also vor mehr als 30 Jahren, diese Beratung die erste größere zentrale Zusammenkunft der verantwortlichen führenden Funktionäre der beiden Parteien ist, die es sich zur Aufgabe stellt, die Spaltung zu überwinden und wieder eine einheitliche Arbeiterpartei zu schaffen. Wie sich nichts in der Geschichte wiederholt, sondern sie sich immer neu gestaltet unter anderen Bedingungen, auf einer höheren Stufe, auf Grund neuer Erfahrungen, so auch unser Werk der Schaffung einer neuen deutschen einheitlichen Arbeiterpartei, der neue, höhere Aufgaben als vordem gestellt sind, wohl die höchsten, die bisher vor dem deutschen Volke standen. Die Bedingungen, unter denen wir sie erfüllen müssen, sind gewiß, um ein berüchtigtes Wort anzuwenden, »einmalig«. Die Hitlerbande hat unser Volk in die schlimmste Katastrophe seiner Geschichte geführt. Das Land ist verwüstet, ist von fremden Truppen besetzt, Not und Elend in unermeßlichem Ausmaß. Wohl wurde die Hitlermacht von den Siegermächten zerschlagen, die Hitlerpartei, die Armee, die Gestapo; die Kriegsverbrecher wurden von ihnen vor Gericht gestellt, und man ist daran, die Konzerne ebenfalls zu zerschlagen und zu vernichten, alle die Werkzeuge, die der Hitlerbande dazu gedient haben, diesen unseligen Krieg vorzubereiten, zu entfalten und mit der größten Niederlage zu beenden.

Aber, Genossen, die Vernichtung des Nazismus, Militarismus und Imperialismus ist nur die eine Seite. Die anderen Aufgaben liegen beim deutschen Volke, liegen bei uns, den beiden Arbeiterparteien, und das ist: unser Volk freizumachen von dem verhängnisvollen Einfluß der barbarischen Naziideologie und es zu befähigen, den Weg zur Neugestaltung seines gesellschaftlichen Lebens, zum Aufbau einer neuen Wirtschaft, zur Schaffung eines neuen, demokratischen Deutschlands, zur friedlichen und freundschaftlichen Zusammenarbeit mit den anderen Völkern zu führen.

So liegt eine größere Verantwortung auf uns, und wir werden diese vor uns stehenden Aufgaben als Arbeiterpartei nur erfüllen, wenn wir gemeinsam in einer einigen, einheitlichen Arbeiterpartei an sie herangehen. Das ist, Genossen, der große Geist dieser Stunde, in der wir uns zusammengefunden haben, und von dem wir uns bei unseren Beratungen leiten lassen sollen. Dann wird auch das Ergebnis dieser unserer ersten größeren zentralen Zusammenkunft zum größten Nutzen unseres Volkes werden.

Als Tagesordnung wurde vereinbart zu behandeln

1) die Einheit der Arbeiterklasse,

mit je einem kurzen Referat von einer halben Stunde des Gen. Grotewohl und meiner Wenigkeit, daran anschließend,

2) die Wahlen in der amerikanischen Zone,

ebenfalls mit zwei kurzen Referaten der Gen. Lehmann und Dahlem. Die beiden ersten Punkte sollen dann gemeinsam diskutiert werden, wobei wir eine Diskussionszeit von je 10 Minuten für jeden Redner zu beschließen vorschlagen. Dann Punkt

3) wie helfen die Arbeiterparteien beim Aufbau der Gewerkschaften?

mit kurzen einleitenden Referaten von je einer halben Stunde der Gen. Fechner und Ulbricht, daran anschließend dann die Diskussion. Wir denken, daß wir diese Tagesordnung heute und morgen gut werden bewältigen können.

Als Material *für unsere Beratungen* liegt zunächst vor eine Resolution der beiden Zentralvorstände und je eine Wahlplattform. Diese wird noch zur Verteilung gelangen. Wir haben sie abziehen lassen, damit sie jeder Genosse vor sich hat. Sie entspricht aber im großen ganzen den Linien, wie sie schon in der Entschließung zur Einheit der Arbeiterklasse entwickelt wurden. Wir nehmen also dieses Material als Grundlage der Beratung und werden zum Schluß eine Redaktionskommission einsetzen, die auf Grund der Beratungen versuchen wird, eine gemeinsame Fassung auszuarbeiten.

Von jeder Partei sind 30 Genossen anwesend: die Mitglieder des Zentralkomitees, Mitglieder aus den Bezirken, und wir haben einige Mitarbeiter aus dem ZK mitgebracht.

In der Hoffnung, daß unsere Beratungen uns auf dem Wege zur Schaffung einer einheitlichen Arbeiterpartei ein großes Stück vorwärtsbringen und die Verwirklichung dieser einheitlichen Partei sichern, können wir mit unseren Besprechungen beginnen. Als erster wird Gen. *Grotewohl* das *Referat über die Einheit der Arbeiterklasse* halten.

Gen. *Grotewohl*: Genossinnen und Genossen! Über die Einheit der Arbeiterklasse gibt es keine Diskussion: sie ist notwendig. Wo gesellschaftliche Produktionsverhältnisse zur Ausbeutung arbeitender Menschen führen und der Staat ein soziales Herrschaftsinstrument ist, stehen einander Klassen gegenüber. Ist das Klassenbewußtsein lebendig geworden, dann ist die unterdrückte Klasse sich auch des Zustandes des Klassenkampfes bewußt. Stehen zwei Klassen einander im Kampfe gegenüber, so ist die herrschende durch die Verfügung über den Staat eine geschlossene herrschende Klasse, ihr kann die unterdrückte

Klasse nur geschlossen gegenüberstehen, oder sie hat keine Aussicht auf Befreiung. Das gilt besonders für die Produktionsverhältnisse in der kapitalistischen Gesellschaft, das gilt auch für Deutschland und für die deutsche Arbeiterklasse. Seit die klassenbewußte deutsche Arbeiterschaft sich in Gotha vereinigte, war das Bewußtsein der Notwendigkeit der Einheit der Arbeiterklasse nicht in Frage gestellt. Über den Weg zum Sozialismus durch Entwicklung oder Revolution, durch Reformen oder Diktatur gab es Meinungsverschiedenheiten, die Einheit blieb erhalten; die Frage der Kriegskredite hätte zu einer langdauernden Spaltung nicht ausgereicht, weil die Oktober-Revolution 1917 die revolutionäre Situation von 1918 zu einer weltrevolutionären machte, die ihre Lösung in der Weltdiktatur des Proletariats von Sowjetrußland aus suchte, weil die Kommunistische Partei und die Kommunistische Internationale die zentralistisch geführte Avantgarde des Proletariats wurde, die die Nichtkommunisten als Verbündete des kapitalistischen Klassenfeindes ansah, kam es zu langandauernden Spaltungen und zum Bruderkampf. Die klassische Parole gegen den Imperialismus, »Klassenkampf gegen Völkerkampf«, die sozialdemokratisch und revolutionär war, kam nicht zum Zuge. Die Oktober-Revolution siegte gegen das eigene Erwarten der russischen Genossen auch ohne die Weltrevolution. Dagegen erwuchs aus dem Bruderkampf der Arbeiterklasse ein stärkerer kapitalistischer Imperialismus als jemals zuvor.

In Deutschland, wo das Zentrum des Bruderkampfes lag, wurde er am stärksten. Durch die Fehler der kämpfenden Bruderparteien kam in Deutschland der Monopolkapitalismus und der Hitlerfaschismus zur Macht. Ihr Griff nach der Weltherrschaft konnte nur durch das Bündnis der imperialistischen Mächte und der Sowjet-Union zerschlagen werden.

Die Deutsche Arbeiterklasse hat aus ihren Fehlern gelernt. Sie will die Einheit der Arbeiterklasse, das Ende der Spaltung, das Ende des Bruderkampfes, die *eine* sozialistische Einheitspartei.

Der deutsch-russische Nichtangriffspakt von 1940 war ein Vertrag zwischen Todfeinden zur Sicherung des Friedens. Das Bündnis zwischen der Sowjet-Union und den imperialistischen

Mächten war ein Akt der Not und diente der Niederschlagung des Faschismus. Man muß abwarten, ob der Bund der Freien Nationen das wird, was der Völkerbund nicht war: im Zeitalter des Hoch- und Spätimperialismus eine Garantie des Weltfriedens zu schaffen. Jedenfalls hat die Arbeiterklasse ihre Bastionen zu beziehen. Ihre Parole kann nur sein: Klassenkampf gegen Völkerkampf. Die Beseitigung der kapitalistischen Produktionsverhältnisse und der Friede bleiben das Ziel in allen kapitalistischen Ländern der Welt.

Inzwischen hat sich nun einiges verändert, worauf geachtet werden muß. Der zweite Weltkrieg hat dieselbe revolutionäre Weltsituation zurückgelassen wie der erste; sie ist sogar verschärft. Der Imperialismus Deutschlands, Italiens und Japans ist ausgelöscht. Machtzentren der Welt sind in zweiter Linie USA und die Sowjetunion. Von den Konsequenzen, die sich daraus ergeben, ist heute nicht zu sprechen. Jedenfalls besteht ein tiefgehender Unterschied zwischen USA und der Sowjetunion. Deutschland, Italien und Japan haben mit gewissen Unterschieden ihre Souveränität verloren. Die Arbeiterklassen dieser Länder sind unfrei geworden. Sie stehen nun im Kampfe gegen ihre eigene Bourgeoisie und im Kampfe um ihre nationale Freiheit. Mehr oder minder sympathisieren die kapitalistischen Siegermächte mit den kapitalistischen Bourgeoisien der unterworfenen Mächte, wenn es um Klassenfragen geht. Die Sowjetunion sympathisiert mit den Arbeiterklassen. Die Arbeiterklasse der unterworfenen Länder bezieht ihre Kampfbastion unter noch nicht dagewesenen Vorzeichen. Auch diese Frage brauchen wir heute hier nicht zu untersuchen. Tatsache ist, daß die Klassengegensätze in der ganzen Welt, auch in den siegreichen kapitalistischen, imperialistischen Mächten, mit Ausnahme der Sowjetunion sich verschärfen müssen. Auch Deutschland wird keine Ausnahme machen.

Wichtig ist, daß die weltrevolutionäre Situation nach dem zweiten Weltkriege ein ganz anderes Bild bietet als die nach dem ersten. Es besteht kaum eine Ähnlichkeit. Die Kommunistische Internationale ist aufgelöst, und unsere kommunistischen Freunde versichern: sie ist wirklich aufgelöst. Wir glauben es. Wir sehen ferner die Kommunistische Partei z. B. in

Frankreich in äußerst starker Position. Frankreich ist ein unabhängiges Land; die französische Arbeiterklasse ist frei; dennoch steht die französische kommunistische Partei, wie es nach dem Vorgang von 1918 zu erwarten gewesen wäre, nicht im revolutionären Angriffskampf gegen die französische Bourgeoisie. In allen kapitalistischen Ländern ist die Bourgeoisie geschwächt, die Position der Arbeiterklasse geschwächt. Aber nirgends steht die Kommunistische Partei zur Ausnutzung der revolutionären Situation zur Zeit im Angriffskampf. Wir fragen nicht, warum, wir stellen es aber fest, wie wir die Tatsache der aufgelösten Kommunistischen Internationale feststellen. Die Kommunistische Partei Frankreichs hat den Vorwurf de Gaulles, sie arbeite mit einer auswärtigen Macht zusammen, empört zurückgewiesen. Auch das stellen wir fest, wenn wir auch gern von unserer deutschen Bruderpartei wüßten, was sie antworten würde, wenn wir diese Frage an sie stellen. Alle diese Dinge sind für unsere Beratung von großer Bedeutung. Es muß daraus der Schluß gezogen werden, daß sich im Programm der Kommunistischen Partei etwas geändert hat. Das gänzlich andere Verhalten der kommunistischen Parteien gerade in den souverän gebliebenen kapitalistischen Ländern zwingt zu diesem Schluß. Deutschland könnte ja, weil es nicht souverän geblieben ist, ein Sonderfall sein.

Es bleibt eine Frage, die sich für den organisatorischen Zusammenschluß der sozialistischen Arbeiterparteien in Deutschland als sehr wichtig erweisen wird. Trotz der zweifellos veränderten Politik der Kommunistischen Partei in Deutschland ist der zentralistische, nicht-demokratische Parteiaufbau derselbe geblieben. Wir wissen nicht, ob es notwendig ist, uns fällt es auf, und wir können uns vorstellen, daß die kommunistischen Genossen zum demokratischen Parteiaufbau zurückkehren könnten, wie er auch den Bolschewiki einst selbstverständlich gewesen war. Über diese Frage müssen wir von unseren kommunistischen Freunden Auskunft erbitten. Sie wird einer der wichtigsten Gegenstände der ideologischen Klärung sein, die nach dem Willen der kommunistischen Freunde dem Zusammenschluß vorangehen soll. Das Interesse dieser Frage ist in unserer Mitgliedschaft begreiflicherweise sehr lebendig. Sie erblickt in ihrer Beantwortung einen Gradmesser für den Willen und die Möglichkeit, das Selbstbestimmungsrecht unserer Partei kameradschaftlich zu achten.

Die Frage Demokratie und Partei ist verschieden von der Frage: Demokratie und Diktatur des Proletariats. Man kann die Diktatur des Proletariats bejahen, ohne die Demokratie und die freie Diskussion in der Partei unbedingt verneinen zu müssen. Wenn wir heute eine gemeinsame Kommission einsetzen werden, so wird sie auch diese Frage zu klären versuchen müssen. Wir sind uns einig, daß die organisatorische Einheit der deutschen Arbeiterklasse notwendig ist. Wir sehen diese Notwendigkeit in erster Linie in den deutschen Verhältnissen begründet. Die Kommunistische Partei bezeichnet sich in ihren öffentlichen Kundgebungen als die Partei des deutschen Volkes. Wir stellen das mit Befriedigung fest. Vielleicht ist die ausdrückliche Frage an unsere kommunistischen Freunde, ob unsere kommunistische Bruderpartei sich als eine deutsche sozialistische Arbeiterpartei betrachtet, heute schon überflüssig. Weil es aber viele gibt, die es gern hören möchten, und weil die Anziehungskraft einer gemeinsam operierenden deutschen Arbeiterklasse sicher außerordentlich wachsen würde, wenn diese Frage ausdrücklich bejaht würde, ob die Komm. Partei sich als deutsche Arbeiterpartei betrachtet, so würden auch wir eine positive Beantwortung begrüßen. Es handelt sich hier nämlich nicht um eine platonische Frage, die ohne praktische Bedeutung wäre. Es handelt sich darum, ob das Selbstbestimmungsrecht des deutschen Volkes und der deutschen Arbeiterklasse auch von der Komm. Partei zu treuen Händen genommen wird.

Vielleicht ist heute auch die Frage nach der Stellung der Komm. Partei zur parlamentarischen Demokratie überflüssig. Die parlamentarisch-demokratische Republik ist ja im Statut von Berlin als zukünftige deutsche Staatsreform festgelegt. Sie ist ebenfalls wie die Forderung der Sozialdemokratie. Auch hierin möchten wir mit unseren Freunden kompromißlos einig sein.

Alle diese Fragen sind wichtig, aber sie sind programmatischer Natur, sie gehören in das Programm, das die vereinigten Partner sich geben werden. Ihre Klärung ist, weil sie Zeit erfordert, nicht Voraussetzung für jene kameradschaftliche Zusammenarbeit, in der wir schon jetzt gebunden sind und die wir heute vertiefen wollen.

Bevor wir davon sprechen, müssen wir noch etwas klarstellen. Aus den öffentlichen Kundgebungen der Komm. Partei kann leicht der Eindruck entstehen, als ob die Sozialdemokratische Partei sich in der Einheitsfrage zurückhalte und als ob die Initiative zur Einheit nicht auch bei der Sozialdemokratie gelegen hätte, sondern nur bei der Komm. Partei. Dieser Eindruck wäre falsch. Wir wollen die tatsächlichen Zusammenhänge hier darlegen, um sie für die Geschichte festzuhalten.

Erstens: Noch während der Kampfhandlungen in Berlin, als der nordwestliche Teil Berlins bereits von der Roten Armee besetzt war, schrieb Gen. Max Fechner in seiner Eigenschaft als Mitglied der 1933 eingesetzten illegalen Kampfgruppe der SPD am 28. April an den Gen. Walter Ulbricht:

> Wie ich von einigen politischen Freunden hörte, bist Du mit der siegreichen Roten Armee wieder in der Heimat angekommen und hast, wenn ich richtig informiert bin, sofort die politische Arbeit aufgenommen. Darf ich Dir zunächst auch namens meiner politischen Freunde unseren sozialistischen Gruß darbieten. Ich weiß nicht, ob Du mich noch kennst. Gestatte, bitte, daher, daß ich mich in Erinnerung bringe. Ich war sozialdemokratischer Landtagsabgeordneter und Redakteur unserer kommunalpolitischen Zeitung, gehörte zu dem 1933 eingesetzten illegalen Ausschuß der SPD und habe in dieser Eigenschaft auch viel mit ehemaligen KPD-Mitgliedern hier zusammengearbeitet. Heute schreibe ich Dir, um darzutun, daß sich meine Freunde gern bei dem, wie ich hörte, bereits durch Deine Initiative in Gang befindlichen Wiederaufbau der kommunalen Verwaltungen zur Verfügung stellen. Persönlich hätte ich Dich auch sehr gern bald gesprochen. Ich sehe keinen anderen Weg als diesen über das Neuköllner Bezirksamt und hoffe, daß der Brief Dich erreicht. Ich hätte gern mit Dir darüber gesprochen, wie es möglich wäre, die so ersehnte Einheitsorganisation der deutschen Arbeiterklasse zu schaffen. Meine politischen Freunde und ich stehen auf dem Standpunkt, daß bei der ersten Mög-

lichkeit, sich wieder politisch betätigen zu können, über alle Vergangenheit hinweg der neu zu beschreitende Weg ein gemeinsamer sein muß zwischen KPD und SPD. Ich möchte sagen, daß es bei Beginn der politischen Tätigkeit leichter sein wird, die Einheit zu schaffen, als wenn wir erst bei den Nachwirkungen der Kriegshandlungen angelangt sind. Ich würde, wie gesagt, mich freuen, bald mit Dir oder einem anderen Genossen von Euch dieses Fragengebiet besprechen zu können. Bitte, gib mir Nachricht an meine Adresse: Berlin-Neukölln die und die eine Antwort auf diesen Brief haben wir leider nicht erhalten. Wir wissen auch nicht, ob er in die Hände des Gen. Ulbricht in den Kriegsunruhen der damaligen Tage gelangt ist.
(Ulbricht: Er kam nicht in meine Hände!)
Zweitens! Am 14. Mai 1945 besuchten die Gen. Gniffke, Grotewohl und Graf den Gen. Artur Pieck im inzwischen eingesetzten Magistrat der Stadt Berlin in den Diensträumen Parochialstr. Die drei Genossen stellten die Mitarbeit der ... in der Frage der organisatorischen Einheit geklärt werden sollte. Gen. Artur Pieck sagte zu, unseren Antrag den dafür in Frage kommenden Genossen der Komm. Partei zuzuleiten und dafür Sorge zu tragen, daß am 17. Mai mittags 12 Uhr die Vertreter der Komm. Partei in unserem Aktionsbüro Bülowstr. 7 zu einer gemeinsamen Besprechung erscheinen werden. Die Besprechung fand nicht statt, da die Genossen von der Komm. Partei zu dieser Besprechung nicht erschienen. Am gleichen Tage baten wir die Genossen von der Komm. Partei brieflich durch den Gen. Artur Pieck zu einer neuen Besprechung zu Donnerstag, d. 24. Mai. Zu dieser Besprechung erschien wiederum kein Vertreter der Komm. Partei. Darauf beauftragten wir die Gen. Gniffke und Graf nochmals, persönlich beim Gen. Artur Pieck zur Herbeiführung der Besprechung vorstellig zu werden. Die beiden Genossen begaben sich am 25. Mai zum Gen. Pieck, wurden jedoch wegen Arbeitsüberlastung nicht empfangen. Sie wiederholten ihren Besuch am 29. Mai mit der gleichen Ergebnislosigkeit. Der Gen. Pieck ließ den beiden Genossen durch seinen Sekretär sagen, daß er sie schnellstens zu einer Besprechung

einladen werde. Diese Besprechung hat dann leider nicht stattgefunden.

Am 12. Juni 1945 unterbreitete die Komm. Partei ihr Aktionsprogramm vom 11. Juni im Gebäude der Stadtverwaltung der Öffentlichkeit. Für die von uns anwesenden Genossen sprach der Gen. Dahrendorf im Auftrage des Zentralausschusses. Dahrendorf erklärte damals:

Ich spreche im Namen der neuen wiedererstandenen Sozialdemokratischen Partei. Ihre politische Linie ist klar und eindeutig. Diese Linie ergibt sich aus dem Bewußtsein, daß wir ein unerhörtes Vermächtnis der zahlreichen und besten Toten zu erfüllen, die aus dem Lager der Sozialdemokratischen Partei gekommen sind. Dieser neuen Linie steht voran: die neue Sozdem. Partei Deutschlands will die politische und, wenn es sein kann, auch die organisatorische Einheit der Werktätigen, aller Antifaschisten in Stadt u. Land. Wir sind bereit, über alle Fragen der Einheit mit unseren komm. Freunden zu sprechen und fragen, wenn ein solches entscheidendes Wort zu sprechen möglich ist.

Am 15. Juni veröffentlichte die SPD ihren Aufruf. In diesem Aufruf sagte der Zentralausschuß:

Wir wollen vor allem den Kampf um die Neugestaltung auf dem Boden der organisatorischen Einheit der deutschen Arbeiterklasse führen. Wir sehen darin eine moralische Wiedergutmachung politischer Fehler der Vergangenheit, um der jungen Generation eine einheitliche politische Kampforganisation in die Hand zu geben.

Am 17. Juni unterbreitete der Zentralausschuß den Aufruf vom 15. 6. in einer Funktionärversammlung der Öffentlichkeit. Im Auftrage des ZA begründete damals ich diesen Aufruf in einer Rede, und ich führte dabei im Auftrage des ZA folgendes aus:

Darum wollen wir auch, daß niemals wieder die aus der Uneinigkeit der Arbeiterschaft entstandenen Fehler von 1918 wiederholt werden. In der Einheit liegt die große Kraftentfaltung der arbeitenden Bevölkerung und aller freiheitsliebenden Kreise. Wir sind darum bereit und entschlossen, mit allen gleichgesinnten Menschen und Parteien zusammenzuarbeiten. Ja, wir sind bereit, den Kampf um die Neugestaltung auf dem Boden der organisatorischen Einheit der deutschen Arbeiterklasse zu führen.

Soweit diese Tatsachen! Man erkennt aus ihnen, daß die Sozdem. Partei die Initiative zur Einheit ergriffen hatte und daß sie sich sehr viel Mühe geben mußte, um mit der Komm. Partei überhaupt zu einer Unterhaltung zu kommen. Das Zentralkomitee hat dann die organisatorische Einheit in einer Sitzung, die wir hatten, aus folgenden Gründen abgelehnt: Die Einigung sei verfrüht; sie berge die Gefahr neuer Zersplitterung in sich. Für längere Zeit komme zunächst nur eine Zusammenarbeit in Frage: gemeinsame Beratungen zur Klärung ideologischer Fragen müßten der Vereinigung vorangehen. – Diese Feststellung ist notwendig, damit angesichts der heute scheinbar umgekehrten Lage wir uns nicht auseinanderreden.

Seit dem 19. Juni 1945, an dem die Komm. Partei unser Angebot des sofortigen Zusammengehens der deutschen Arbeiterklasse abgelehnt hatte, waren gestern genau 6 Monate vergangen. In diesen 6 Monaten haben die beiden Arbeiterparteien ihre Organisation aufgebaut. In diesen 6 Monaten hat sich an unserer Bereitschaft zur organisatorischen Einheit der Arbeiterklasse nichts geändert. Aber in diesen 6 Monaten haben wir leider erfahren müssen, daß die Komm. Partei anders handelte, als wir zu handeln bereit waren und anders behandelt wird als die Sozdem. Partei. Das hat die Voraussetzungen zum Zusammenschluß und zur Zusammenarbeit nicht gerade verbessert. In unseren Mitgliedschaften ist eine tiefgehende Mißstimmung gegen die komm. Bruderpartei zutage getreten, und Zweifel sind aufgetaucht, ob die von der Komm. Partei angestrebte Einheit von demselben Gefühl der Kameradschaftlichkeit getragen ist wie die der Sozdem. Partei. Unser Zentralausschuß läßt sich von solchen Stimmungen nicht leiten. Wir halten es aber für nötig, daß die Dinge so ausgesprochen werden unter uns, wie sie sind, und daß alle Unklarheiten zwischen uns beseitigt werden.

Uns lagen neben anderen Beratungsentwürfen für die heutige Konferenz auch 10 Punkte eines jener Genossen vor, der vor 6 Monaten sich mit ganz besonderem Nachdruck für die alsbaldige organisatorische Einheit der beiden eben gegründeten Parteien ausgesprochen hat und der von der Notwendigkeit der Einheit so fest überzeugt ist wie je. Der ZA hat diese 10 Punkte nicht als Beratungsgrundlage für die heutige Konferenz vorgeschlagen. Diese 10 Punkte geben aber den Sorgen, die in weiten Kreisen unserer Mitgliedschaft bestehen, sehr klar Ausdruck. Alle die Dinge, die sich in den vergangenen 6 Monaten angesammelt haben, haben in diesen 10 Punkten ihren Niederschlag gefunden, und ich möchte sie mindestens zur Kenntnis bringen und sie hier aussprechen, um die ganze Situation vollkommen eindeutig zu schildern. Die 10 Punkte lauten:

Nach 6 Monaten der Zusammenarbeit beim Aufbau eines neuen Deutschland stellt der ZA der SPD für die sowjetrussische Besatzungszone einschließlich Berlin folgendes fest:

Ich bitte nochmals: der ZA hat es nur zur Kenntnis genommen und unterbreitet es nicht als Verhandlungsgrundlage. Nur wegen des materiellen Inhalts halte ich es für notwendig, sie hier vorzubringen!

1. Die KPD erfährt durch die sowjetrussische Besatzungsmacht eine wesentlich weitergehende und nachdrücklichere Förderung als die SPD. Das drückt sich aus in einer schnelleren und weitergehenderen tatsächlichen Hilfsbereitschaft und Erleichterung beim organisatorischen Aufbau der KPD, ihrer Presse und sonstigen Publikationen. – Das äußert sich vor allem auch in der Einräumung eines wesentlich stärkeren zahlenmäßigen und auch sonstigen Einfluß der KPD in allen Organen der sowjetrussischen Besatzungszone wie z. B. in den Zentralverwaltungen, den Länder- und Provinzialverwaltungen sowie in den Verwaltungen der Kreise und Gemeinden.
2. Die KPD handelt vielfach nicht im Geiste der von ihr selbst bekundeten demokratischen Grundsätze und der vereinbarten guten Zusammenarbeit. Es mehren sich die Zeugnisse eines undemokratischen Drucks auf Sozialdemokraten.
3. Durch die unter 1 und 2 festgestellten Abweichungen von Geist und Buchstaben der Bekundungen der KPD und der gemeinsamen Vereinbarungen ist die vorbehaltlose Bereit-

schaft großer Teile der Funktionäre und Anhänger der SPD einem zunehmenden Zweifel an der Ehrlichkeit des Bekenntnisses der KPD zur Demokratie und des Willens zur Zusammenarbeit und zur Einheit ohne betonten Führungsanspruch der KPD gewichen.

4. Der ZA der SPD erklärt danach, daß erst nach voller Berechtigung der Vorzugsstellung der KPD und nach vorbehaltloser Aufgabe aller unzulässigen Einflußnahme auf die SPD und auf einzelne Sozialdemokraten eine gute Zusammenarbeit und die Vorbereitung der Einheit beider Parteien möglich sind.
5. Der ZA der SPD erklärt weiter, daß er entschlossen ist, die Vertreter der SPD aus allen verantwortlichen Stellungen in den Organen der Selbstverwaltung zurückzuziehen, wenn nicht alsbald die unter 4) bezeichneten Voraussetzungen der Zusammenarbeit und der Einheit erfüllt werden.
6. Der ZA der SPD ist insbesondere erst nach Erfüllung der genannten Voraussetzungen in der Lage, zu der Frage eines gemeinsamen Wahlprogramms und gemeinsamer Listen bei etwaigen Wahlen Stellung zu nehmen.
7. Schon jetzt macht der ZA darauf aufmerksam, daß die SPD vor der Bildung der SPD im ganzen Reich und ihrer ungehinderten Entfaltung und vor der ordnungsgemäßen Wahl ihrer Instanzen durch eine Reichskonferenz bzw. einen Reichsparteitag keine verbindlichen Erklärungen über die Zusammenarbeit, die Herausgabe gemeinsamer Wahlprogramme und die Aufstellung gemeinsamer Wahllisten *in der englischen, amerikanischen und französischen Besatzungszone* abgeben kann und will.
8. Zur Frage eines gemeinsamen Wahlprogramms und gemeinsamer Wahllisten *in der russischen Besatzungszone einschl. Berlin* erklärt der ZA folgendes: Ohne seiner endgültigen Entscheidung vorzugreifen, die erst nach Erfüllung der dargelegten Voraussetzungen möglich ist, ist der ZA der Auffassung, daß es sich aus gewichtigen Gründen verbietet, für etwaige Wahlen gemeinsame Listen aufzustellen. Diese Frage kann ebensowenig zahlenmäßig entschieden werden wie die Herstellung der organisatorischen

Einheit beider Parteien, ohne daß die politische Einheit Deutschlands und damit zugleich die Einheit der SPD im gesamten Reiche gefährdet würde. – Überdies sprechen auch wesentliche taktische Gründe gegen die Aufstellung gemeinsamer Wahllisten.

9. Der ZA der SPD drückt erneut seinen Willen aus, auf der Basis absoluter Gleichberechtigung mit der KPD beim Aufbau einer parlamentarisch-demokratischen Republik aufs engste zusammenzuarbeiten. Er ist dabei vorbehaltlos zu einer Politik entschlossen, die die Fehler und Schwächen der Vergangenheit vermeidet. Er verspricht und erwartet, daß die SPD und die KPD in ihrer öffentlichen Wirksamkeit, also auch bei der Vorbereitung von Wahlen jede gegenseitige Bekämpfung unterlassen, insbesondere auf alle Angriffe und Auseinandersetzungen, die auf Differenzen der Vergangenheit beruhen, verzichten.
10. Der ZA wird sich bei allen seinen Beschlüssen und Maßnahmen von der Überzeugung leiten lassen, daß die Einheit der deutschen Arbeiterbewegung eine geschichtliche Notwendigkeit ist. Sie vorbereiten zu helfen, betrachtet er als seine besondere Verpflichtung. Er ist der Auffassung, daß die SPD und die KPD unablässig das Ziel verfolgen müssen, zum geeigneten Zeitpunkt sich selbst zugunsten einer neuen und geeinten, unabhängigen deutschen Arbeiterpartei, die auf dem Grundsatz der inneren Partei-Demokratie beruht, aufzulösen.

Genossen! Warum habe ich diese 10 Punkte, die keine Verhandlungsgrundlage sind, vorgelesen? In diesen 10 Punkten kommen die Sorgen deutlich zum Ausdruck, die weiteste Kreise unserer Genossen bewegen, aber auch der unerschütterliche Wille, die Einheit der Arbeiterklasse zu einer tragfähigen Wirklichkeit zu machen. Die Beratungsgrundlage, die unser ZA dieser Konferenz vorgelegt hat und die wohl auch verteilt ist, geht von den gleichen Sorgen, aber von anderen Voraussetzungen aus. Unser Vorschlag ist von vornherein so formuliert, daß er nicht den Standpunkt unserer Partei allein hervorhebt, sondern von vornherein berücksichtigt, was die Komm. Partei uns gegenüber verlangen könnte, besonders hinsichtlich der wesentlichen Gebiete Deutschlands. Er will eine Plattform für die zukünftige gemeinsame Arbeit in ganz Deutschland darstellen. Er berücksichtigt insbesondere die ernsten politischen und wirtschaftlichen Umstände, die für Deutschland und die deutsche Arbeiterklasse durch den Vertrag von Berlin und durch die beiden Proklamationen des Interalliierten Kontrollrates geschaffen worden sind und begründet aus den Aufgaben und Gefahren, die vor uns stehen, die besonderen aktuellen Gründe für die Notwendigkeit der Einheit der deutschen Arbeiterklasse.

Zu diesen Gefahren gehört auch die Bedrohung des einheitsstaatlichen Charakters der zukünftigen deutschen demokratischen Republik durch die föderalistischen Bestrebungen in den westlichen und südlichen Gebieten des Reiches. Diese Bedrohung rechtzeitig und tatkräftig abzuwehren und ihr durch gemeinsame Aktion den Boden zu entziehen, ist eine besonders vordringliche Aufgabe der beiden Parteien.

Ich habe schon gesagt, daß der ZA der SPD die von mir vorgelesenen 10 Punkte mit ihrer Einleitung, die genau so wie wir selbst von der tiefsten Leidenschaft für die Notwendigkeit der Einheit der Arbeiterklasse getragen sind, nicht zur Beratungsgrundlage für unsere heutige Konferenz gemacht hat. In diesen 10 Punkten klingt zuviel von jener Erbitterung durch, die sich in den letzten 6 Monaten gerade in der breiten Masse unserer Mitgliedschaft durch die vielfach unkameradschaftliche Politik besonders der mittleren und unteren Instanzen der KPD und besonders auch durch die Bevorzugung der KPD durch die unteren und mittleren militärischen Sowjetinstanzen angehäuft hat. Der ZA hat es für notwendig gehalten, dieser Delegiertenkonferenz eine Beratungsgrundlage vorzulegen, die zwar in aller Klarheit die Voraussetzungen umreißt, unter denen nach der Auffassung der SPD nach Abstimmung mit all ihren Instanzen die Einheit der deutschen Arbeiterklasse durch Verschmelzung der Reichsorganisationen herbeigeführt werden kann, die aber auch alle bisher gesammelten Erfahrungen und den Interessen der KPD selbst Rechnung trägt. Dieser Vorschlag des ZA will aber auch vor allen Dingen den Gesichtspunkten Rechnung tragen, die eine einheitliche Arbeiterbewegung berücksichtigen muß, wenn die deutsche Arbeiterklasse wirklich tragfähige Garantien dafür schaffen will, daß Deutschland ein fester Block für die Sicherung des Friedens in Europa und der Welt werden kann.

Damit komme ich zu den Vorschlägen, die das ZK der KPD uns gestern abend um 7 Uhr zugeleitet hat und deren bedauernswerte so späte Zuleitung uns zwang, den erst heute eingetroffenen auswärtigen Delegierten unserer Partei davon Kenntnis zu geben und entsprechend den Beginn unserer Konferenz auf den heutigen Nachmittag zu verlegen.

Zu den allgemeinen Ausführungen des Vorschlages des ZK haben wir im großen und ganzen nichts hinzuzufügen; sie stimmen im wesentlichen mit dem vollkommen überein, was wir selbst zu sagen hätten. Der Vorschlag spricht allerdings mit keinem Wort von den großen Sorgen, die im Kreise unserer Mitgliedschaft in Stadt und Land im Verlaufe der vergangenen 6 Monate entstanden sind, denen ich selbst schon Ausdruck gegeben habe, für welche die von mir vorgetragenen 10 Punkte ein lebhaftes Zeugnis sind und die im Laufe dieser Konferenz von unseren Delegierten im einzelnen ja noch dargelegt werden können. Es ist keineswegs so, daß dem ZK der KPD oder der sowjetischen Militärverwaltung diese Sorgen unbekannt waren. Wir haben sie in zahlreichen gemeinsamen Sitzungen der beiden Parteileitungen immer wieder vorgetragen. Wir haben sie auch dem Gen. General Bokow und seinem Stabe zur Kenntnis gebracht, und die verantwortlichen Genossen der sowjetischen Militäradministration waren von unseren Darlegungen sicher sehr beeindruckt, haben Abhilfe versprochen und sind auch gegen die örtlichen Kommandenturen vorgegangen, soweit diesen eine ungerechte, ungleichmäßige Behandlung der beiden Parteien nachzuweisen sei. Wir sind überzeugt davon, daß die leitenden Genossen in der militärischen Sowjetadministration unseren Beschwerden Rechnung tragen werden, ebenso wie wir davon überzeugt sind, daß auch das ZK der KPD alles tun wird, um die unteren Parteiinstanzen überall da auf den rechten Weg zurückzuführen, wo ihr Verhalten gegenüber unserer Partei des Geistes der kameradschaftlichen Zusammenarbeit, der Gleichberechtigung und des Selbstbestimmungsrechtes unserer Organisation ermangelt.

Wir sind aber nicht überzeugt davon, daß der Weg, den das ZK der KPD für die Herbeiführung der Einheit der deutschen Arbeiterklasse vorgeschlagen hat, der richtige ist. Der Vorschlag des ZK der KPD sagt mit Recht, daß es den beiden Arbeiterparteien gelingen muß, bei den bevorstehenden Kommunalwahlen, die ja auch in der sowjetischen Besatzungszone nicht sehr lange auf sich warten lassen werden, eine Stimmenmacht zu sichern, die der Arbeiterklasse nicht nur die Führung im antifaschistischen Kampfe sichert, sondern auch den bestimmenden Einfluß beim Wiederaufbau in einer lebensfähigen Demokratie und einer friedlichen deutschen Nation. Gerade diese Zielsetzung ist es, die uns zu der Überzeugung gebracht hat, daß der vom ZK vorgeschlagene Weg der gemeinsamen Listen für die Kommunalwahlen nicht der richtige ist. Die gemeinsamen Listen können bei der gegenwärtigen Lage nicht zu einer Stärkung der Front der Arbeiterparteien führen; sie müssen unbedingt zu einer Schwächung dieser Parteien und zu einer Stärkung der bürgerlichen Front und damit schließlich zu einer Stärkung der reaktionären Tendenzen in Deutschland führen. Es ist keineswegs so, daß die SPD Rücksicht nehmen will auf das Bürgertum, das gern für die Sozialdemokratie stimmen würde, das uns aber seine Stimme versagen wird, wenn wir mit der Komm. Partei gemeinsam auftreten. Es ist auch nicht so, daß wir den Eindruck fürchten, der ja vielfach besteht, daß die SPD bei der Aufstellung gemeinsamer Listen nicht aus freier Entschließung, sondern unter einem gewissen Druck gehandelt hätte. Aber es ist zweifellos so, daß wir durch gemeinsame Listen die Stimmenzahl nicht erreichen können, die wir bei getrennten Listen besonders beim ersten Wahlkampf erreichen können. Man darf ja nicht übersehen, daß Gerechtigkeit und Parität erst dann wirklich gewahrt sind, wenn auch das tatsächliche Stärkeverhältnis jeder der Parteien mit in Rechnung gesetzt wird. Dieser Gesichtspunkt allein rechtfertigt die Forderung getrennter Listen. Erst durch die Wahl mit getrennten Listen kann das Stärkeverhältnis der beiden Arbeiterparteien festgestellt und dem Gesichtspunkt der Gerechtigkeit und Parität, die unmöglich eine mechanische Parität sein kann, Rechnung getragen werden. Wir verstehen auch nicht, weshalb sich die KPD nicht von vornherein selbst auf diesen Standpunkt gestellt hat, nachdem die Stärke ihrer eigenen Organisation in der Sowjetzone doch hinlänglich bekannt ist. Darüber hinaus haben wir viele Zeugnisse dafür, daß die Gefahr einer Stimmenthaltung unserer Anhänger vorhanden ist. Jede Stimme aber, die wir auf diese Weise verlieren würden, würde das Bürgertum stärken und die faschistischen Elemente in Deutschland ermutigen. Die Verantwortung, die die beiden Parteien für die zukünftige demokratische und friedliche Entwicklung Deutschlands tragen, macht es uns unmöglich, auch nur auf eine Stimme zu verzichten, die uns bei den Kommunalwahlen verlorengehen könnte.

Der Vorschlag des ZK der KPD geht selbst davon aus, daß noch eine gewaltige ideologische Arbeit zu leisten ist, um die Voraussetzungen zum Zusammenschluß der beiden Arbeiterparteien zu einer einzigen, einigen deutschen sozialistischen Partei zu schaffen. Wir würden die Voraussetzung zur Schaffung dieser Einheitspartei selbst gefährden, wenn wir heute schon gemeinsame Listen vorlegen würden in einem Augenblick, in dem die Trennungswände in der Arbeiterklasse auch ideologisch noch nicht niedergelegt sind. Das sind die Gesichtspunkte, die es für die SPD zur unabdingbaren Forderung machen, daß die Aufstellung getrennter Listen notwendig ist.

Mit Bedenken stehen wir auch dem Wege gegenüber, den das ZK zur Vorbereitung der organisatorischen Verschmelzung der beiden Parteien vorgeschlagen hat. Auf diesem Wege leitet uns ein einziger Gesichtspunkt: die SPD ist davon überzeugt, daß es uns gelingen muß, beide Parteien im ganzen Reich zu vereinigen. Das ZK der KPD geht von der Auffassung aus, daß die Einheit jeweils dort vollzogen werden muß, wo die Situation für die Herstellung der Einheit reif ist. Sie kommt damit zu dem Vorschlage, daß die Einheit auch örtlich, bezirklich und in den Provinzen und Ländern durchgeführt werden kann, nachdem die entsprechende Vorbereitung der Mitgliedschaft in gemeinsamen Veranstaltungen durchgeführt worden ist. Wir sagen, daß derartige gemeinsame Veranstaltungen und örtliche Zusammenschlüsse sachlich unmöglich sind. Eine solche Regelung müßte eine unerträgliche Buntscheckigkeit der Organisation herbeiführen, bei der eine einheitliche politische Führung auf lange Zeit hinaus in Frage gestellt ist. Es ist kein Zufall, kein Eigensinn und auch keine eigensüchtige Absicht, wenn wir die Schaffung einheitlicher Reichsorganisationen für die beiden Parteien und den Zusammentritt der ersten Reichsparteitage zur Voraussetzung machen, um die organisatorische Verschmelzung der beiden Parteien herbeizuführen. Es leitet uns dabei einzig und allein die Erkenntnis, daß wir zu einer Einheit der deutschen Arbeiterklasse unmöglich kommen können, wenn wir diese Einheit zuerst in der sowjetrussischen Besatzungszone schaffen. Wir wollen auch über diesen Punkt mit aller Offenheit sprechen. Die Einheit der gesamten deutschen Arbeiterklasse und die größtmögliche politische Stärke der deutschen Arbeiterklasse ist die entscheidende Voraussetzung dafür, daß die uns befreundete Sowjetunion sicher sein kann, daß das deutsche Volk ein friedliches Volk ist und sich in aller Zukunft von niemand mißbrauchen lassen wird zu Absichten, die den Friedenswünschen der Sowjetunion gefährlich werden können. Wir haben als Sozialdemokratische Partei den dafür zuständigen Genossen und Vertretern der Sowjetunion darüber keinen Zweifel gelassen, daß wir unsere ganze Kraft und unseren ganzen Einfluß dafür einsetzen wollen, daß Deutschland diejenigen Garantien für die Erhaltung des Friedens bieten wird, die die Welt und besonders die Sozialistische Sowjetunion in der Zukunft gebrauchen.

Im Bewußtsein unserer eigenen Stärke haben wir auf jeden Parteiegoismus verzichtet und uns dazu entschlossen, die Einheit der Arbeiterklasse auch in den westlichen Zonen vorwärtszutreiben und dafür zu sorgen, daß nicht Einflüsse zur Geltung kommen können, die in der Frage des Friedenswillens des deutschen Volkes eine Einseitigkeit erzeugen müßten. Wir sind davon überzeugt, daß auch die KPD jeden Parteiegoismus zurückstellen will, wenn es sich um die Frage handelt, ob Deutschland die Garantien zur Aufrechterhaltung eines dauernden Friedens erhöhen kann und soll. Wir sind davon überzeugt worden, daß es für die Sozialistische Sowjetunion eine

Lebensfrage ist, daß die deutsche Arbeiterklasse einig und stark gemacht werden muß. Wenn wir glauben würden, daß der vom ZK der KPD vorgeschlagene Weg der richtige wäre, um den von mir aufgezeigten Gesichtspunkten zu genügen, so würde uns kein Parteiinteresse davon abhalten können, den vom ZK vorgeschlagenen Weg sofort und bedingungslos einzuschlagen. Wir sind aber der Überzeugung, daß die Herstellung der Einheit der Arbeiterklasse in der Sowjetzone allein unter den heute gegebenen Verhältnissen es unmöglich machen wird, die Einheit der Arbeiterklasse im übrigen Deutschland mindestens durch uns herbeizuführen. Gen. Ulbricht kennt unsere Gründe genau. Er weiß selbst, daß im Westen Deutschlands auch sehr schwerwiegende politische Momente der Herbeiführung der Einheit der Arbeiterklasse hindernd im Wege stehen. Es darf in der Welt nicht der Eindruck entstehen, daß die Herbeiführung der Einheit der Arbeiterklasse anderen Zwecken dienen soll und könnte, als das ganze deutsche Volk einheitlich und ohne einseitige Zielsetzung zu einer Friedensnation zu machen. Die Herstellung der Einheit der Arbeiterklasse in der Sowjetzone allein würde nicht nur in der Welt den Eindruck erwecken, daß die SPD nicht aus freier Entschließung, sondern unter einem gewissen Druck gehandelt habe. Sie würde auch nicht die innere Kraft besitzen, die sie haben könnte, wenn zur Vorbereitung der Einheit die notwendige Zeit gegeben wäre und wenn sie als Beschluß der Reichsparteitage der beiden Parteien zustandekommen würde. Auch der KPD ist bekannt, daß das unser Standpunkt ist. Sie hat bisher niemals erkennen lassen, daß sie die Auffassung, nur die Reichsparteitage können die organisatorische Verschmelzung der beiden Parteien vollziehen, ablehnen würde. Wir mußten bisher der Überzeugung sein, daß das auch der Standpunkt der Genossen von der KPD ist. Wir sind darum überrascht und vor eine vollkommen neue Situation gestellt durch die Tatsache, daß die KPD unsere Auffassung nicht nur nicht teilt, sondern im strikten Gegensatz dazu den Weg gehen wird, der die Einheit der deutschen Arbeiterklasse verhindert und sie in aktionsunfähige Stücke zerreißen muß. Es ist das Bewußtsein, daß der richtigen Haltung der deutschen Sozialdemokratie in dieser Frage eine zentrale Bedeutung weit über Deutschland hinaus zukommt, das es uns unmöglich macht, dem Vorschlage des ZK zu folgen. Hier liegen nach der Auffassung des ZA der SPD Auffassungen von einer Gegensätzlichkeit zutage, für die es eine Brücke vielleicht nicht gibt, wenn das ZK der KPD auf seinem Standpunkt strikt beharren würde.

Daraus ergibt sich für unsere heutige Delegiertenkonferenz eine Verantwortung, deren Tragweite außerordentlich groß ist. Die heutige Delegiertenkonferenz kann den Vorschlag des ZK der KPD nicht zum Beschluß erheben. Es war auch nicht die vom Arbeitsausschuß der beiden Parteien vorgesehene Zielsetzung für die heutige Konferenz, daß sie Beschlüsse fassen solle, die etwa von Mehrheitsverhältnissen abhängen. Die heutige Konferenz soll – das ist jetzt die Meinung des ZA nach den internen Verhandlungen mit den Genossen aus der Provinz – eine Kommission einsetzen, die die weitere Zusammenarbeit der beiden Parteien und die Voraussetzungen für den Zusammenschluß der beiden Parteien studieren und entsprechende Vorschläge machen soll. Der vom ZK gemachte Vorschlag bringt die Bedeutung der hier zu ernennenden Kommission auf eine Ebene von historischer Bedeutung. Ich bin der Überzeugung, daß es der Kommission gelingen wird, uns Vorschläge zur intensiven weiteren Zusammenarbeit der beiden Parteien und auch zur Überbrückung der heute bestehenden gegensätzlichen Auffassungen zu machen.

Wir halten es aber auch für notwendig, mit den zuständigen Genossen der militärischen Sowjetadministration und darüber hinaus mit den zuständigen Genossen der politischen sowjetischen Vertretung die hier vorliegenden Fragen so zu besprechen, daß die Einheit der deutschen Arbeiterbewegung in dem von uns vorgetragenen Sinne und auf dem von uns für richtig gehaltenen Wege gefördert wird.

Genossinnen und Genossen! Warum habe ich im Auftrage des ZA die vorhandenen Schwierigkeiten so umrissen und geschildert? Aus dem einfachen und notwendigen Grunde, daß wir nicht einen Schritt weiterkommen würden, wenn wir nicht die innere kameradschaftliche Kraft hätten, alle Dinge so beim Namen zu nennen, wie es erforderlich ist. Diese Kennzeichnung der Verhältnisse ist ja erst die Vorassetzung für die Klärung, die in unserem Kreise erforderlich ist, und wir müssen schon darum bitten, daß die von uns vorgetragenen Dinge so beurteilt werden, daß es uns wirklich nur darauf ankommt, die vorhandenen Schwierigkeiten zu meistern, sie zu beseitigen, um ein Plateau zu schaffen, auf dem sich die Dinge entwickeln können, um die wir alle wirken und streiten. In der Beurteilung unserer Stellungnahme erbitten wir von den komm. Freunden genau dasselbe, was wir getan haben am 19. Juni 1945, als unser Vorschlag auf sofortige organisatorische Vereinigung der beiden Parteien von den Kommunisten abgelehnt wurde. Damals haben wir uns den Auffassungen der komm. Genossen gebeugt und haben sie kameradschaftlich anerkannt, sind den Weg der gemeinsamen Aktion gegangen. Wir haben unsere gemeinsamen Beschlüsse gefaßt. Wir sind *leider* auf diesem Wege nicht mehr zueinander gekommen, sondern in den unteren Ausläufern der Organisation haben sich Schwierigkeiten gebildet, die wir heute wieder beseitigen müssen, an deren Beseitigung wir alle mithelfen und mitarbeiten wollen. Wir bitten nur darum, daß dasselbe Recht der Beurteilung, das wir kameradschaftlich Euch am 19. Juni eingeräumt haben, dem wir uns gebeugt haben, auch heute von Euch in der gleichen Kameradschaft uns zugebilligt wird. Dann sind wir überzeugt, daß wir auch als Ergebnis dieser Konferenz einen Weg finden werden, der die weiteren notwendigen Voraussetzungen schaffen wird für das, was die deutsche Arbeiterklasse unbedingt braucht, was sie unbedingt haben muß, woran wir alle entschlossen arbeiten wollen, nämlich die organisatorische Einheit der deutschen Arbeiterbewegung. (Lebhafter Beifall.)

Vors. Gen. *Fechner*: Das Wort hat nunmehr der Gen. Wilhelm Pieck.

Gen. Wilh. *Pieck*: Genossen und Genossinnen! Es gibt wohl keinen hier im Saal, der sich nicht der großen Verantwortung bewußt ist, die heute vor uns allen, vor den beiden deutschen Arbeiterparteien steht, der deutschen Arbeiterklasse den Weg zu weisen, auf dem sie aus den Trümmerstätten herauskommt, die der Hitlerkrieg hinterlassen hat und auf dem sie den Aufstieg zu einem neuen Deutschland findet, das sich in allen seinen Grundlagen wesentlich von dem unterscheiden wird, was bisher war.

Die Lage, in der sich das deutsche Volk befindet, ist wirklich katastrophal, und wenn wir heute nur von den Auswirkungen der 6 Monate ausgehen, von den Maßnahmen, die zum Teil doch schon große Schwierigkeiten aus dem Wege geräumt haben, so kommen wir immer wieder auf die Tatsache: um wieviel mehr muß noch vom deutschen Volke geleistet werden, wenn es aus eigener Kraft das überwinden will, was es in die Katastrophe geführt hat. Das lag nicht nur an den Kräften, die auf Grund ihrer ganzen wirtschaftlichen Stellungnahme die Treiber zum Kriege, die Träger des Militarismus und Imperialismus waren, sondern auch daran, daß im Wesen des deutschen Volkes vieles verwurzelt war, was es diesen Kräften ermöglichte, diese Katastrophe über das deutsche Volk zu bringen. Hier muß also eine tiefgehende Arbeit in der Umerziehung des deutschen Volkes geleistet werden, damit es wieder Selbstvertrauen gewinnt und mit Selbstvertrauen eigentlich die Aufgaben löst, die heute zum Teil von den Siegermächten in Angriff genommen worden sind. Und wer ist mehr verantwortlich dafür, daß das deutsche Volk diesen Weg findet, als gerade die beiden Arbeiterparteien! Daraus ergibt sich die große Verantwortung für unsere beiden Parteien, alle die Kräfte im deutschen Volke zu entwickeln, die fähig sind, unser Volk aus dieser Katastrophe so schnell wie möglich herauszuführen, damit es wieder Achtung, Vertrauen und Ansehen bei den anderen Völkern erwirbt und als gleichberechtigt im Rahmen ihrer Bände angesehen wird.

Wenn ich so diese Frage der Verantwortung stelle, Genossen, die auf uns liegt, so ist es klar, daß wir dabei alles beiseite lassen müssen, was irgendwie spekulativer Natur ist, sondern wir müssen mit den realen Tatsachen rechnen und unsere Aufgaben als Parteien erfüllen, daß wir nicht nur Stimmungen registrieren, sondern in der Weise führen, daß wir schlechte Stimmungen, Stimmungen der Schwachheit, des Kleinmuts, des Mißtrauens überwinden und über sie hinaus die Führung des deutschen Volkes fest in die Hand bekommen. Wenn uns das nicht gelingt, wird es anderen Kräften gelingen, die ja auch bereits sehr deutlich spürbar am Werke sind, die Aufmerksamkeit des deutschen Volkes von den wahren Ursachen abzulenken, die zu dieser Katastrophe geführt haben, die alles auf die Gegenwartsnöte konzentrieren und nun die Kräfte verantwortlich machen, die heute daran sind, die Wirkungen der Katastrophe zu beseitigen, und dazu gehören auch wir als Arbeiterparteien. Wir sehen, wie stark in dieser Linie gearbeitet wird, hier Stimmung gegen die aufbauenden Kräfte zu erzeugen, und das ganz besonders gegen die Kommunistische Partei.

Es ist nicht von ungefähr, daß wir sehr oft die Vergleiche hören, das Gleichsetzen der sowjetischen Besatzungsbehörde und der Kommunisten, und daß für all das, was eigentlich die Auswirkung des Hitlerkrieges ist, nicht nur die sowjetischen Besatzungsbehörden in dieser Zone verantwortlich gemacht werden, sondern auch die Kommunisten, obwohl diese alles tun, um die Not des Volkes zu mindern, dem deutschen Volke den Weg zu weisen, aus dem es aus dem Chaos herauskommt. Trotzdem aber hören wir, wie man die Kommunisten für das verantwortlich macht, was heute an Unannehmlichkeiten sich erweist. Ich glaube, hier sollen wir sehr deutlich den Dingen nachgehen und nachforschen. Dann werden wir aber feststellen, daß hier nicht die Freunde des deutschen Volkes, sondern seine Feinde am Werke sind, diese Stimmungen zu schaffen. Man fängt bei den Kommunisten an, um hier gegensätzliche Stimmungen und Unzufriedenheit zu erzeugen, und will damit in Wirklichkeit verhindern, daß die Einigung zustandekommt und aus der Vereinigung der Kommunisten und der Sozialdemokraten die Kraft wird, die nicht nur das deutsche Volk führt, sondern die auch Hand ans Werk legt, die Katastrophe zu beseitigen, und das deutsche Volk aus der Not herauszuführen.

Die Reaktion macht sich auf den verschiedensten Gebieten sehr stark bemerkbar. Wir sehen nicht nur den Versuch, von den wahren Ursachen der Katastrophe abzulenken, sondern es werden auch Gerüchte aller Art verbreitet, die sich im Westen sogar dazu versteigen, daß der Krieg gegen die Sowjetunion unmittelbar vor der Tür stehe und daß es gar keinen Sinn habe, sich um den Aufbau der Wirtschaft, um den Aufbau der Parteien zu kümmern; denn in den nächsten Wochen geht es ja doch wieder los, und alles ist beim Alten; wir brauchen die Kräfte gar nicht gemeinsam einzusetzen! Das ist zweifellos und ganz deutlich das Werk der Feinde des deutschen Volkes im Innern unseres Landes.

Dazu kommen alle die weiteren Maßnahmen, die von der Reaktion unternommen werden, um Schwierigkeiten zwischen dem deutschen Volke und den Besatzungsbehörden zu schaffen –, schlimmste Provokationen, die zu dem Zweck unternommen werden, um eben so eine Stimmung der Verzweiflung im deutschen Volke zu schaffen und damit überhaupt jede nützliche Aufbauarbeit zu verhindern. Das sind ganz deutliche Anzeichen dafür, wie die Reaktion bereits wieder beginnt, sich sicher im Sattel zu fühlen, und wie sie bereits wieder versucht, überall ihre Stützpunkte auch innerhalb der Arbeiterklasse zu schaffen. Aber weil das so ist, Genossen, stellen wir mit solcher Eindringlichkeit die Frage der schnellsten Herbeiführung der Einheit der beiden Arbeiterparteien, weil wir fest davon überzeugt sind, daß diese Einigung das einzige Mittel ist, mit der zusammengeballten Kraft der beiden Parteien nicht nur die reaktionären Versuche bereits im Keime zu ersticken, sondern damit vor allem die Möglichkeit zu geben, die größten Notstände schnell zu beseitigen und das Vertrauen zum Aufbau eines neuen demokratischen Staates im deutschen Volke zu stärken. Das ist der wirkliche und wahre Grund und die Antwort darauf, warum wir Kommunisten so eindringlich und nachdrücklich für die schnelle Herbeiführung der Einheit eintreten.

Genossen, hier ist angeführt worden, daß nach dem Zusammenbruch der Hitlermacht bereits solche Vorschläge gemacht worden sind. Gen. Grotewohl hat Briefe verlesen dahingehend, daß es zweckmäßig war, gleich am Anfang die Einigung der beiden Parteien zu vollziehen. Es ist müßig, heute darüber zu philosophieren, ob das damals einen Nutzen gebracht hätte oder nicht, ob nicht Schwierigkeiten aufgetreten wären, die sich besonders in den anderen Zonen bemerkbar gemacht hätten. Aber, Genossen, ich stelle die Frage: Was hat sich in diesen 5 oder 6 Monaten so geändert, daß dieselben Beweggründe, die damals die Genossen an der Spitze der SPD veranlaßt hatten, diese Vorschläge der Kommunistischen Partei zu machen, heute nicht mehr gelten sollen? Ich denke, die Bedingungen für die Einheit sind nicht schlechter geworden, sondern durch die Zusammenarbeit der Parteien hat sich ergeben, daß dort, wo der Wille zur Zusammenarbeit vorhanden ist, sie großen Nutzen bringt. Wir sehen das in vielen Orten, in vielen Bezirken der sowjetischen Besatzungszone, wo die Tätigkeit der Parteien erlaubt ist seit dem Juni. Es ist uns also eigentlich unverständlich, warum man jetzt nach 5 Monaten plötzlich solche Schwierigkeiten sieht, wie sie der Gen. Grotewohl in den 10 Punkten verlesen hat.

Ein Wort ist bezeichnend und macht uns außerordentlich bedenklich, das der Gen. Grotewohl ausgesprochen hat: »Wir wollen jetzt nicht die Einigung, weil wir erst die Stärke der beiden Parteien erproben wollen«, und zwar bei den Wahlen, die unter sehr ungünstigen Bedingungen vor sich gehen werden. Gen. Grotewohl weiß ebenso wie ich, daß die Bedingungen zu den Wahlen, wie sie in der amerikanischen Zone vor sich gehen sollen, äußerst ungünstige sind für die Antifaschisten und Demokraten und äußerst ungünstige für die Reaktion, für den nazistischen Einfluß. Denn in dieser Zone wurden bisher die Parteien nicht erlaubt oder wenigstens erst in der letzten Zeit der Aufbau erlaubt. Er befindet sich erst in den Anfängen. Es wurden keine Parteizeitungen erlaubt, keine Möglichkeit einer breiten schriftlichen und gedruckten Aufklärung war gegeben, so daß eigentlich hier, wie das Generalhauptquartier von General Eisenhower sagt, ein Experiment gemacht werden soll, und zwar eigentlich an einem völlig untauglichen Objekt. Man kann solch ein Experiment auch in demokratischer Hinsicht machen, aber die Arbeiterklasse und die werktätigen Massen sind doch in keiner Weise demokratisch beeinflußt, sondern leben noch unter dem Einfluß der alten nazistischen Vorstellungen.

Bei diesen Wahlen also will man eine Probe auf die Stärke der Parteien machen und nun sagt man, wenn wir zusammengehen würden, so würde das zum Nutzen der Reaktion ausschlagen. Wenn wir getrennt im Wahlkampf auftreten, dann wird die Sozialdemokratie der Magnet für das Bürgertum sein, die bürgerlichen Kräfte werden sich dort zur SPD konzentrieren, das würde aber verhindert werden, wenn wir zusammengehen. – Mir ist diese Überlegung vom Standpunkt der Arbeiterklasse nicht verständlich. Denn, Genossen, woran können unsere beiden Arbeiterparteien ein Interesse haben, daß wir aus diesem Wahlkampf beide zusammen so stark wie möglich hervorgehen und daß wir keine Wahlpropaganda machen oder dieser Überlegung auch nur Raum geben, die Kommunisten würden bei den Wahlen infolge von Belastungen verlieren, die Sozialdemokratie würde den Nutzen davon haben, und das könnte im Ausgleich der späteren Vereinigung auf dasselbe herauskommen. Ich glaube, das ist eine Milchmädchenrechnung, eine falsche Rechnung. Wir haben ein sehr drastisches Beispiel für diese falsche Rechnung, nämlich die österreichischen Wahlen. Dort war es so, wie der Gen. Grotewohl, wie Ihr Euch entscheiden wollt: Dort traten beide Parteien getrennt auf, und zwar die Sozialdemokratie auch in der Überlegung, daß die Kommunisten dabei infolge der Belastung durch die Vorkommnisse, durch die Auswirkungen der Besatzung usw. verlieren würden und die Sozialdemokratie dabei den Nutzen haben würde. Was ist eingetreten? Gewiß, die Kommunistische Partei hat sehr wenig Stimmen bekommen, aber die Sozialdemokratie hat diese Stimmen nicht bekommen, sondern es ist eine Tatsache, daß in Österreich dieses getrennte Marschieren bei den Wahlen den Sieg der Reaktion herbeigeführt hat. Denn so ist es. Die katholische Volkspartei ist die Verkörperung der schlimmsten Reaktion. Dort haben sich auch Faschisten und Heimwehrleute eine Unterkunft gesucht, und dort hat man eine solche Propaganda gemacht: man muß gegen die Kommunisten stimmen und wo man es schon nicht konnte, konnte man nicht der Abstimmung für die Sozialdemokratie entgegenwirken. Aber diese Rechnung ist nicht aufgegangen. Dasselbe ist in Bayern der Fall. Ich denke, es würde den Interessen der deutschen Arbeiterklasse viel mehr entsprechen, wenn bei den Wahlen in der amerikanischen Zone beide Parteien mit einem einheitlichen Wahlprogramm auftreten würden – wobei wir uns wahrscheinlich im Wahlprogramm gar nicht unterscheiden werden –, und mit gemeinsam aufgestellten Kandidatenlisten, unter der Voraussetzung, daß wir uns vorher wohlweislich gut überlegen, daß die Kräfte der Parteien für die zu erfüllenden Funktionen gleichmäßig verteilt werden, je nach der besonderen Fähigkeit des einzelnen und nach den örtlichen Bedingungen, unter denen die Wahlen dort vor sich gehen werden. Damit würden wir erreichen, daß sich in dieser Gemeinschaft dort wirklich die Aufmerksamkeit der ganzen Bevölkerung auf die Arbeiterklasse konzentrieren würde, und die Reaktion würde eine sehr schwere Arbeit haben, die Masse davon abzulenken. Denn es ist ja falsch anzunehmen, daß etwa die einige Arbeiterklasse und ihre Kraft abstoßend für das Bürgertum wirkt. Im Gegenteil, das Bürgertum, das heute in Deutschland überhaupt noch keine politische Konzentration gefunden hat, wird sich nur auf die Arbeiterklasse orientieren, wenn sie in ihrer Einigkeit die feste und unerschütterliche Kraft dokumentiert, die fähig ist, das deutsche Volk zu führen, seine Aufgaben durchzuführen und seine nationale Einheit zu sichern. Das ist das Wichtigste, daß wir bei den Wahlen nicht getrennt marschieren.

Ich setze dabei als selbstverständlich voraus, daß wir keinen Wahlkampf gegeneinander führen, nicht etwa so, daß nun die eine Partei gegen die andere auftritt und versucht, ihr Stimmen abzujagen. Ich setze das von vornherein voraus. Aber unser Wille von hieraus mag sehr ehrenhaft sein, in der Praxis wirken sich die Dinge anders aus, wie wir das auch in Österreich erlebt haben, nicht generell, aber an einzelnen Orten, auch nicht von der Führung gewollt. Aber in einzelnen Orten hieß es dann doch: Kommt schon alle zur Sozialdemokratie und stimmt nicht erst für die Kommunistische Partei! Die ist ja nur eine kleine Partei und hat sowieso keine Macht! – Den Vorteil hat dann die Reaktion gehabt, deshalb sollten wir gerade am Anfang unserer Arbeit, wo sich in Deutschland zum erstenmal die Möglichkeit bietet, daß die Volksmassen über die Zusammensetzung ihrer örtlichen Verwaltungen entscheiden, gerade bei diesen ersten Wahlen gleich mit einem einheitlichen Programm und einer einheitlichen Kandidatenliste auftreten. Damit werden wir allen Spekulationen des Bürgertums oder auch anderer Kräfte von vornherein ein Ende machen, und wir werden diesen Kreisen sogar die Lust nehmen, uns in Wahlen hineinzutreiben, bei denen nicht die nötigen Vorbereitungen zu demokratischen Erfolgen geschaffen worden sind.

Ich denke, es ist deutlich genug – auch in der Presse – zum Ausdruck gebracht worden, daß man die Einigung der Arbeiterklasse nicht wünscht, nicht einmal die Einheitsfront der vier antifaschistischen Parteien, weil man es gern sieht, wenn sich die Parteien gegenseitig bekämpfen und sich so das alte Spiel wiederholen läßt: Teile, um zu herrschen!

Dahinter stecken auch sehr reale Kräfte, die das unterstützen. Ich bin nun der Überzeugung, daß hier nicht einer im Saale ist, der etwa mit Richtlinien einverstanden ist, wie sie ein Herr Dr. Schumacher in Hannover aufgestellt hat. Ich weiß vom Gen. Grotewohl, daß er damit in keiner Weise etwa konform geht. Aber, Genosssen, wenn wir diese Richtlinien studieren, was kommt darin am stärksten zum Ausdruck? Die absolut sowjetfeindliche Einstellung, die so weit geht, daß Schumacher die Sowjetunion als die reaktionärste Macht der Welt darstellt und daß er die moralische Intervention der anderen Nationen gegen die Sowjetunion aufruft. Diese Hetze ist so stark, daß selbst ein britischer Offizier in Hannover auf einer Konferenz diesem Manne mit Verhaftung gedroht hat, wenn er seine Sowjethetze nicht einstellt. Genossen, das ist auch ein Sozialdemokrat, der dort diese Propaganda treibt und der natürlich mit der gleichen Unverschämtheit auch den Kommunisten alles unterstellt, was sich nur an Verleumdungen aufbringen läßt. Ich denke, das sind immerhin Anzeichen, die wir sehr wohl beachten müssen und die auch in den Bereich der immer frecher auftretenden Reaktion gehören.

Der Gen. Grotewohl hat zwei Gründe angeführt, die unserem Vorschlag, daß man sich so schnell wie möglich vereinigt, sozusagen hindernd im Wege stehen: einmal unkameradschaftliches Verhalten der Kommunisten gegenüber den Sozialdemokraten und zum zweiten die ungleichmäßige Behandlung der beiden Parteien durch die sowjetischen Besatzungsbehörden. Nun, für das letztere kann man uns doch wohl nicht verantwortlich machen! Denn die sowjetischen Besatzungsbehörden lassen sich von uns am wenigsten vorschreiben, wie sie in ihrer politischen Arbeit zur Durchsetzung der besonderen Aufgaben vorgehen sollen, und wo solche Tatsachen vorgetragen werden – Gen. Grotewohl hat das selbst gesagt –, hat man Abstellung zugesagt. Nun wissen wir ja: So viele Orte es in der sowjetischen Besatzungszone gibt, so viele Ortskommandanten gibt es, und hier spielen sich gewisse Dinge ab, die weder von der obersten Sowjetbehörde noch von uns Kommunisten gewollt oder gewünscht werden. Im Gegenteil, es wird alles getan, weil wir ja selbst wissen, welche Unruhe und Mißstimmung dadurch hervorgerufen wird, um das zu vermeiden. Das sind aber Dinge, auf die wir nur mittelbar einwirken können.

Nun die Frage des unkameradschaftlichen Verhaltens der Kommunisten! Genossen, von vornherein ist es meine Absicht gewesen, sich auf diese Beschuldigungen überhaupt nicht einzulassen, weil wir sofort mit gegenteiligen Beschuldigungen antworten müßten, und damit kommt man ja keinen Schritt weiter.

(Grotewohl: Ich habe damit auch nur erläutert, wie die Stimmung ist!)

– Ich verstehe. Ich habe es nicht für opportun gehalten, daß die 10 Punkte hier verlesen wurden. Aber das ist Deine Sache! Stimmungen sind natürlich da; wir wissen das. Aber wir brauchen sie nicht öffentlich zu plakatieren, sondern was ist unsere Aufgabe? Wir wissen es bei uns und ihr bei euch; wir ignorieren solche Stimmungen nicht, stellen uns aber in unserer ganzen politischen Arbeit darauf ein, ihnen den Boden zu entziehen und, wenn nötig, sehr energisch dagegen vorzugehen, wo wir fühlen, daß nicht nur Sorge die Ursache solcher Beschuldigungen ist, sondern auch andere Beweggründe eine Rolle spielen. So fassen wir unsere Aufgabe als Führung der Partei auf. Wir könnten auch sehr viele solche Punkte vorlesen, was alles dort gesprochen wird, aber das führt zu nichts. Wir wollen nicht auf diese Linie gehen, sondern wollen das hervorkehren, was uns zwingt, miteinander zu gehen, weil wir nur von diesem Gesichtspunkte aus nicht nur dem deutschen Volke aufzeigen können: was wollen wir Kommunisten, wir Sozialdemokraten mit unserer Einigung? Sondern schließlich damit auch alle kleinlichen Besorgnisse und Bedenken beiseiteschieben, die dabei auftreten.

Wir wissen, es sind Bedenken verschiedenster Art, die gegen das Zusammengehen zum Ausdruck gebracht werden. Wie sollen wir schließlich die Gretchenfragen des Gen. Grotewohl hier beantworten, die er an die Spitze seines Vortrages stellte, ob wir den revolutionären Geist verloren haben? (Heiterkeit) Nun, wir wissen aus alter Erfahrung die Vorwürfe, die uns wegen zu großen Revolutionärismus gemacht worden sind. Sie kamen nicht aus den Reihen der Kommunisten, sondern der Sozialdemokratie, und der Gen. Grotewohl hat in der ersten Kundgebung der Einheitsfrontparteien es gerade begrüßt, daß wir einen Grundsatz aufgestellt haben, der es der Sozialdemokratie ermöglicht, jetzt mit den Kommunisten zusammenzugehen. Das ist der bekannte Passus im Aufruf vom 11. Juni, daß wir nicht dafür sind, das Sowjetsystem dem deutschen Volke von irgendeiner Seite aufzuzwingen. Genossen, wollen wir unterscheiden den Sozialismus und den Weg dazu. Wir Kommunisten sind Marxisten und haben nicht umsonst die Nase in die Bücher gesteckt; wir kennen die Bedingungen und Voraussetzungen, die notwendig sind, um den Sozialismus zu verwirklichen. Für uns ist der Sozialismus nicht ein billiges Agitationsmittel, sondern eine der größten gesellschaftlichen Aufgaben, die vor dem deutschen Volke stehen, an deren Spitze steht die Notwendigkeit der Aufhebung des Privateigentums an den Produktionsmitteln. In wessen Händen sie sich heute befinden, das wißt Ihr alle. Sie befinden sich nicht in den Händen der Arbeiterklasse. Selbst wo Betriebe in die Hand der Selbstverwaltungsorgane überführt worden sind, ist das noch keineswegs die Macht der Arbeiterklasse, zumal für die Dokumentierung der Macht der Arbeiterklasse die allerwichtigste Voraussetzung fehlt: Die Einheitlichkeit der beiden Arbeiterparteien und die Erkenntnis der Notwendigkeit des schärfsten Klassenkampfes gegenüber den Mächten, die heute zwar zum Teil zerschlagen wurden, aber zweifellos noch fest im Sattel sitzen. Die Hitlerarmee wurde zerschlagen, der Hitlerstaat wurde zerschlagen, die Gestapo zerschlagen, die Konzerne sollen zerschlagen werden. Aber die Kräfte bemühen sich krampfhaft, das zu verhindern. Der junkerlich-feudale Großgrundbesitz wurde in der Sowjetzone enteignet, beseitigt, nicht gerade mit

Unterstützung – mit voller Unterstützung der anderen Parteien und des deutschen Volkes in seiner Gesamtheit, sondern hier müssen große Voreingenommenheiten und Auswirkungen früherer Propaganda erst beseitigt werden. Immerhin ist es eine wichtige Maßnahme, die in der sowjetischen Besatzungszone getroffen wurde, wo eins der wichtigsten Fundamente des preußischen Militarismus und Imperialismus zerschlagen worden ist. Aber das sind Anfänge, die mit stärkster Unterstützung der sowjetischen Besatzungszone unternommen wurden, und es sind Beispiele in dieser Zone geschaffen worden, die auf die Gebiete jenseits der Demarkationslinie anregend wirkten – ja oder nein? Ja, sie wirken sich aus. Die Schaffung der Selbstverwaltungsorgane, wie sie hier mit stärkster Unterstützung der sowjetischen Besatzungsbehörde geschaffen wurden, hat zum ersten Mal in Deutschland die Möglichkeit geschaffen, in gemeinsamer Zusammenarbeit der vier Parteien, vor allem der beiden Arbeiterparteien, wenigstens die Organisation der kommunalen Wirtschaft in die Hand zu bekommen – ein großes Beispiel, das damit gegeben wurde.

Hierbei steht die Frage der Verantwortung und der Parität. Hier ein Wort zu einer Sache, die sehr viel Unruhe schafft und viele Hemmnisse in der Zusammenarbeit hervorgerufen hat, ausgehend – es ist das auch ausgesprochen worden – von der ungerechten Verteilung der Posten usw.! Um was geht es hier bei der Besetzung der Posten? Glaubt Ihr, daß wir Kommunisten nicht wissen, daß wir eine große Verantwortung auf uns geladen haben, indem wir gleich am Anfang mit aller Kraft eingesprungen sind, um aufgrund der militärischen Besatzung in den Orten zu versuchen, Ordnung zu schaffen? Ich will hier nicht unterstellen, daß sich Eure Genossen zurückgehalten haben – das ist örtlich sehr verschieden gewesen –, aber es mußten doch Kräfte zupacken, und daß die Kommunisten dort waren, ist nur ein Beweis dafür, daß sie sofort Hand anlegten und nicht gesagt haben: Nun macht ihr anderen, daß ihr wegkommt! Sie waren zur Stelle. Aber damit haben wir eine große Verantwortung auf uns geladen, und wenn wir von Parität sprechen, so sprechen wir davon: Parität im Tragen der gemeinsamen Verantwortung. Wir sind in jeder Hinsicht dafür, das auch in der zahlenmäßigen Vertretung der beiden Parteien zu unterstützen. Ich begrüße außerordentlich das, was zwischen Buchwitz und Matern für Sachsen schriftlich niedergelegt worden ist. Dort sind 8 oder 10 Punkte festgelegt, die ich Wort für Wort unterschreibe, die diktiert sind vom Willen, zusammenzukommen und zusammenzuarbeiten, die Voraussetzung für die Einigkeit zu schaffen. Ja, Genosse Grotewohl, wenn solche Punkte hier als Grundlage unserer Beratung unterbreitet worden wären, hätte ich mich gefreut.

(Grotewohl: Sie sind ja in unserem Vorschlage enthalten!)

– Ihr beruft Euch auf Eure guten Absichten im Zentralausschuß und stützt Euch darauf, daß sie nicht durchzuführen sind, weil die Stimmung in der Provinz dagegen ist. Wir sagen das, was wir als Führung der Partei für notwendig halten im Interesse des deutschen Volkes. Dafür kämpfen wir und fallen wir.

Man hat uns oft gesagt: Ihr habt bei euch einen Zentralismus, der in der Partei alles durchzuführen erlaubt. Das ist eine falsche Vorstellung. Wohl aber haben wir eine gut marxistische Disziplin, und wir wissen, daß ohnedem eine Partei unfruchtbar bleiben muß und daß sich die verschiedensten Auffassungen breitmachen, daß sie dann nicht zum Handeln fähig ist. Haben wir nicht Erfahrungen genug in der Vergangenheit gesammelt? Erinnern wir uns des ersten Weltkrieges, wie gerade dadurch, daß die verschiedenen Auffassungen in der Partei Heimatrecht erlangten und gegeneinander kämpften, das große Unglück sich auswirken konnte. Wir wollen, nachdem wir nun einen zweiten Weltkrieg hinter uns haben, nicht zum drittenmal diese Erfahrungen machen. Daß das nicht ausgeschlossen ist, Genossen, sollten wir alle sehr wohl sehen. Wir glauben, daß es nicht mehr möglich sein wird, weil wir von dem Vertrauen und dem Bewußtsein beseelt sind: Wenn auch heute noch solche Bedenken hier in diesem Zimmer zum Ausdruck gebracht werden, sie werden morgen nicht mehr sein, sie werden morgen vor allen Dingen in den Massen das Gegenteil hervorrufen. Wir haben nicht die Absicht, wie uns unterstellt wird, wenn wir die Frage der Vereinigung örtlich oder bezirklich stellen, etwas zu tun, was die Einheit der Organisation der Partei irgendwie unterwühlen könnte. Aber, Genossen, wie können wir großen Gedanken zum Durchbruch verhelfen? Doch nur dadurch, daß wir die Massen von der Notwendigkeit überzeugen, und wenn wir heute darauf verzichten würden, nur in Rücksicht auf die Organisationsinteressen der beiden Parteien die Frage der möglichst schnellen Vereinigung zu einer Partei zu stellen, so würden wir doch nur der Reaktion Vorschub leisten. Nein, Genossen, wenn wir Euch unsere Entschließung unterbreiten, daß wir in den Organisationen örtlich, kreislich, provinzlich alles tun müssen, Beschlüsse für die Notwendigkeit der Vereinigung herbeizuführen, was soll dem entgegengesetzt werden, daß es schädlich wäre? Nichts, Genossen! Das ist doch die Notwendigkeit, und diese Konferenz ist doch berufen, den Organisationen den Impuls zu geben: Ja, hier oben ist diese Meinung vorhanden, nun sorgt dafür, daß unten alles, was an Hemmnissen und Schwierigkeiten da ist, beiseitegeräumt wird, damit die Bahn für die Vereinigung freigemacht wird! Das ist der Geist, von dem aus unsere Entschließung an Euch appelliert; das wird zum Ausdruck gebracht.

Wir können hier keinen Beschluß fassen – das ist richtig –, aber diese Konferenz soll den beiden Zentralausschüssen eine Direktive geben, wie sie in der Zukunft auch die Frage der Einheit der Partei stellen soll. Das ist das Entscheidende; mehr verlangen wir nicht.

Dann die andere Frage, es sei nicht zweckmäßig, in der Sowjetzone die Einheit der beiden Parteien herbeizuführen, weil das die Einheit im deutschen Reiche sprengen oder dieser Einheit im Wege stehen würde! Ich glaube nicht, daß das die Wirkung sein würde. Ich weiß, Genossen, daß im Westen der gegenseitigen Verständigung noch große Schwierigkeiten im Wege stehen. Welches ist aber unsere Aufgabe? Doch diese Schwierigkeiten aus dem Wege zu räumen, nicht aber ihnen Rechnung zu tragen, vor ihnen zu kapitulieren, sondern ernsthaft und mutig an diese Fragen heranzugehen, zu zeigen, was bei uns hier möglich ist, und zwar aus freiem Entschluß der Mitgliederorganisationen. Warum soll das selbst nicht im Westen möglich sein? Gerade *deshalb wollen wir nicht, daß hier von oben herunter jetzt die Einigung beschlossen wird*. Wir wissen, dafür muß noch gearbeitet werden, *aber gerade um dem unbegründeten Vorwand vorzubeugen, als ständen etwa die beiden Zentralausschüsse unter dem Druck der sowjetischen Besatzungsbehörde*, wollen wir, daß unten, in den unteren Organisationen dieser Beschluß gefaßt wird, damit so dokumentiert wird: Das ist nicht der Wille der paar führenden Genossen, sondern der Wille des deutschen Volkes. Und wer wollte bestreiten, daß dieser Wille unten in den Massen vorhanden ist! Die Schwierigkeiten liegen bei uns im Funktionärkörper. Die Massen wollen die Einigung, weil sie so viele bittere Erfahrungen gemacht haben, was dabei herauskommt, wenn die Kräfte im gegenseitigen Parteienkampf vergeudet werden. Die Funktionäre bei uns verstehen diesen Willen der Massen nicht, sie sehen, wie Gen. Grotewohl sagt, mehr das unmittelbare parteiorganisatorische Interesse. Genossen, erlaubt mir, in diesem Kreise das zu sagen: Ihr seid alle Funktionäre, aber in solchen Kreisen wird um Fragen gerungen, die Bagatellen sind gegenüber der Durchführung der großen Aufgaben zum Nutzen unseres Volkes. Das wird wie die Spreu vor dem Winde verfliegen, wenn wir praktisch an die Fragen herangehen.

Ich könnte mir vorstellen, wir wären heute eine einige Partei, eine einheitliche Partei. Was würde uns dann hindern, glaubt Ihr, in der gemeinsamen Zusammenarbeit das beste herauszubringen, was zum Nutzen unseres Volkes wäre? Das ist ja das geradezu Tragische, Genossen: Wir drücken uns die Hände, wir versichern uns der Freundschaft und können unten in der Partei nicht zusammenkommen. Ist es Heuchelei, wenn wir uns die Hände drücken? Ich streite das für mich ab, und ich nehme es auch nicht bei den Genossen des Zentralausschusses an. Nein, wir wollen das; dann müssen wir aber auch das tun, daß es Wirklichkeit wird und können uns nicht von solchen Beweggründen leiten lassen, wie sie hier durch den Mund des Gen. Grotewohl ausgesprochen worden sind. Davon können wir uns nicht leiten lassen, weil wir dann dem Ziele nicht einen Schritt näherkommen. *Was soll die Begründung heißen: Warten wir ab, bis wir Reichsparteien haben und Reichsparteitage einberufen können?* Ihr wißt so gut wie wir, welche Schwierigkeiten dafür bestehen. Wir wissen doch, welche Kräfte dort gegeneinander wirken und wie dort ganz bewußt versucht wird, den

Zwiespalt zwischen Kommunisten und Sozialdemokraten zu vertiefen, *dort durch die einseitige Begünstigung der Sozialdemokraten, – genau das, was man hier der sowjetischen Besatzungsbehörde zum Vorwurf macht*, was ich bestreite, daß es geschieht, daß sie die Kommunisten begünstigt. Wir könnten Beweise genug dafür erbringen, wie das zugunsten des Zentrums und der Sozialdemokraten im Westen geschieht, wie wenig Kommunisten in verantwortliche Funktionen berufen werden und wie wenig Parität von den Sozialdemokraten gewährt wird. Das nur nebenbei. Ich glaube nicht, daß wir von diesem Gesichtspunkt aus an die Frage herangehen sollten.

Ich will die Zeit nicht unnötig in Anspruch nehmen, Genossen. Wenn wir aber im Vortrage des Gen. Grotewohl die Frage bekommen haben, daß wir versuchen müssen, die Voraussetzungen für die Vereinigung zu schaffen, daß aber die Schaffung der Voraussetzungen schon bei der ersten günstigen Gelegenheit, sie zu dokumentieren, nicht geschehen soll, dann stimmt uns das sehr bedenklich. Wir haben gerade geglaubt, daß wir bei den Wahlen, wo sie auch sein werden – im Frühjahr sollen sie in der englischen Zone sein, möglicherweise auch hier bei uns – schon von vornherein dokumentieren: Hier handelt es sich um das nackte Interesse des deutschen Volkes, und hier kommt es darauf an, daß wir mit einem gemeinsamen Wahlprogramm auftreten, daß wir zeigen: Wir Sozialdemokraten sind so wie die Kommunisten, wir Kommunisten so wie die Sozialdemokraten; wir haben beide nur ein Interesse: dem deutschen Volke örtlich und im Reichsmaßstab zu helfen, wieder zur Gesundung emporzuführen, daß es so wieder in den Rat der Völker eintreten kann. Für die Aufstellung eines gemeinsamen Wahlprogramms bestehen ja, wie ich bei der ersten Aussprache hörte, keine Schwierigkeiten. Ich glaube das auch nicht; denn ich möchte sehen, worin wir uns bei der Aufstellung der Wahlprogramme unterscheiden werden! Zweifellos unterscheiden wir uns in taktischer Hinsicht, ob wir gemeinsame Wahllisten aufstellen wollen. *Wenn wir aber schon ein gemeinsames Wahlprogramm aufstellen, wer wird dann verstehen, daß wir bei der Wahl getrennt auftreten! Niemand wird es verstehen.* Man wird es verstehen in der Richtung, daß man den Kreisen

Rechnung tragen will, die ein Interesse daran haben, daß die Parteien sich bekämpfen. Aber wofür werden Sozialdemokraten und Kommunisten kämpfen? Für das gemeinsame Wahlprogramm! Und trotzdem will man die Kräfte messen. Das ist, gelinde gesagt, politisch ein Unsinn. Deshalb bin ich der Meinung: Wenn wir schon ein gemeinsames Wahlprogramm haben, und wenn in dieser Konferenz nicht nachgewiesen wird, daß wir getrennte, entgegengesetzte Wahlprogramme brauchen, dann besteht auch keinerlei Grund, nicht gemeinsame Kandidaten zu nominieren. Das ist meine Meinung zu der Frage, logisch gedacht, politisch gedacht!

Und dann, Genossen, der weitere Schluß: Treten wir bei den Wahlen mit gemeinsamen Kandidaten auf, was soll uns dann hindern, nicht in einer einheitlichen Partei zusammenzugehen? Das ist eine Kette, die in sich geschlossen ist, und zwar eine Kette, Genossen, mit der wir die größte Kraft entwickeln werden in dieser Zeit, wo es gilt, das deutsche Volk aus der Katastrophe herauszuführen.

Genossen, ob wir als Kommunisten nicht nur in Deutschland, sondern im Weltmaßstabe unser revolutionäres Programm aufgegeben haben, ob wir gegenüber der revolutionären Weltsituation – das ist mit ein etwas schleierhafter Begriff. Aber warum wir in dieser Situation nicht die Angriffskraft, nicht den Angriffsgeist gegenüber der Reaktion entfalten, solche Fragen an uns zu stellen, scheint mir doch reichlich überflüssig zu sein. Was unsere französische Partei, unsere englische Partei, unsere Parteien überall in den Vordergrund stellen, das ist der Kampf um die Vernichtung der Konzerne, des Großkapitals, und gegen wen könnte der Angriff schärfer organisiert u. geführt werden als gegen diese Kräfte der Reaktion, des Krieges und des Militarismus! Darin hat sich die Komm. Partei nie von irgendeiner Partei überspielen lassen, – nicht deshalb, um immer voranzumarschieren, sondern weil die Komm. Partei nicht existieren könnte, wenn sie nicht den Kampf gegen die gesamte Weltreaktion führen würde. Das ist ihr Weg; damit steht und fällt sie. Heute noch solche Fragen aufzuwerfen, wie es hier geschehen ist, scheint mir doch reichlich abstrus zu sein und auch nicht in der Fragestellung begründet, die wir heute hier entscheiden wollen.

So steht es auch mit der Frage der Demokratie, Genossen. – Das soll der Schluß sein. – Es werden Zweifel gesetzt in die Ehrlichkeit der Kommunisten im bezug auf die Einheit und im bezug auf die Demokratie. Es wird gesagt, daß die Sozialdemokratie mehr der Prätendent der Demokratie sei, ohne einen Blick in die Vergangenheit zu werfen. Die Demokratie, die wir heute entfalten müssen, kann nicht die von Weimar sein, sie muß ihrem ganzen Wesen nach ein anderes Gesicht tragen, und wenn wir dafür das Wort einer »kämpferischen« Demokratie geprägt haben, – nun, wir nehmen jedes Wort, das die Sache besser bezeichnet, gern an. Was sollen wir sagen? Eine Demokratie, in der wirklich das werktätige Volk den entscheidenden Einfluß auf die Innen- und Außenpolitik des Landes ausüben soll, wo nicht nur mit dem einmaligen Grunsatz demonstriert wird, sondern tagtäglich um die Erweiterung der Rechte und Freiheiten des werktätigen Volkes gerungen wird. Das nennen wir »Kämpferische Demokratie«. Hätten wir sie in Weimar geschaffen, wäre der Faschismus niemals zur Macht gekommen. Es ist ein Irrtum, daß wir die Demokratie von Weimar bekämpft haben, weil sie eine Demokratie war. Wir haben die Entmachtung der Demokratie bekämpft, wie sie betrieben wurde. Daraus ist dann die Vorstellung entstanden, als ob wir Gegner der Demokratie seien und gewesen wären. Nein, es ist unsere tiefste Überzeugung, daß wir ohne die Demokratie, wie wir sie uns vorstellen, überhaupt nicht in der Lage wären, dem werktätigen Volke die Machtpositionen zu verschaffen, von denen aus es auch an den Sozialismus herangehen wird, – daß wir also alle Kräfte entmachten müssen, die immer die Träger und Bringer des großen Unglücks für das Volk gewesen sind: Großkapital, Großgrundbesitz, Großbanken. Alle diese Kräfte gilt es zu entmachten und damit die Aufgaben der Produktion, der Gestaltung des wirtschaftlichen Lebens in die Hände des werktätigen Volkes zu bringen. Das ist unsere Demokratie. Ich bin überzeugt davon: Gen. Grotewohl wird antworten: Genau dasselbe wollen wir!

Nun Demokratie innerhalb der Arbeit und der Zusammenarbeit der Partei! Ich will nicht bestreiten, daß hier nicht Fehler gemacht worden sind. Wo wären sie nicht gemacht, bei beiden Parteien, und wo sie sind und auftreten, wir werden immer in gemeinsamer Beratung dafür eintreten, daß solche Fehler beseitigt werden und sich nicht wiederholen. Wenn in den Berliner Verwaltungsbezirken oder in anderen Bezirken das der Fall ist, lohnt es sich, sich an die Körperschaft zu wenden, damit solche Fehler abgestellt werden. Denn, um das noch einmal zu sagen, wir wollen diese Demokratie auch innerhalb unserer Zusammenarbeit, weil wir gemeinsam verantwortlich sind für das Ergebnis unserer Arbeit und dafür, daß wir in dieser Schicksalsstunde unseres Volkes das wirklich machen, die Einheit zu schaffen, um der Demokratie und dem Frieden zum Siege zu verhelfen. (Lebhafter Beifall)

Vors. *Fechner*: Verabredungsgemäß kommen wir nun zu Punkt 2 der Tagesordnung: Die Kommunalwahlen in der amerikanischen Zone.

Dahlem: Genossinnen und Genossen! Am 27. Januar 1946 finden in 8000 Gemeinden mit einer Einwohnerzahl bis zu 20000 Menschen Gemeindewahlen in der amerikanischen Zone statt. In den übrigen Stadtkreisen finden sie später statt. Wahlrecht haben Männer und Frauen über 21 Jahre. Die Gemeinderäte und Bürgermeister sollen auf zwei Jahre gewählt werden. Nach den Bestimmungen der Militärregierung sind vom Wahlrecht ausgeschlossen:

1. Alle ehemaligen Nazis, die der NSDAP vor dem 1. Mai 1937 beitraten, ferner alle später Eingetretenen, die sich als aktive Nazis betätigten, sowie alle Mitglieder der SS.
2. Amtsträger, Führer und Unterführer der SA, HJ, BDM und anderer Nazigliederungen.
3. Erklärte Anhänger und Mitarbeiter der Nationalsozialisten.

Zur Wahl zugelassen sind alle von der Militärregierung genehmigten politischen Parteien und jede Gruppe, die den für diese Parteien geltenden Bedingungen entspricht. Sie alle können Kandidaten aufstellen. Nach den letzten Meldungen gibt es 14 Parteien in der amerikanischen Zone. (Hört! Hört!) In der

Zeitung »Der Berliner« wurden folgende Parteien genannt: KPD, SPD, Bayrische Volkspartei, Christlich-Soziale Partei, Christlich-Demokratische Partei, Christlich-Soziale Volkspartei, Christlich-Soziale Bayrische Partei, Deutsch-Demokratische Partei, Antifaschistische Partei, Antifaschistisch-Sozialistische Partei. Aus Kassel erhielten wir die Nachricht, daß sogar die Möglichkeit besteht, daß Kulturgemeinschaften und Berufsgruppen Kandidaten aufstellen können.

Unter welchen politischen und wirtschaftlichen Bedingungen finden diese Wahlen statt? Dazu ist bemerkenswert festzustellen, daß die drei Ministerpräsidenten von Bayern, Württemberg, Oberhessen bei der amerikanischen Militärregierung beantragt haben – in Übereinstimmung mit den antifaschistischen Parteien –, die Wahlen um einige Monate zu verschieben. Sie begründeten das damit, daß die erst kürzlich erfolgte Genehmigung der Bildung der Parteien, deren Aufbau jetzt erst im Orts- und Kreismaßstab begriffen ist, noch nicht die Möglichkeit gab, eine öffentliche aufklärende Propaganda in der Bevölkerung durchzuführen, um die in 12 Jahren gezüchtete Naziideologie zu beseitigen.

Diese Auffassung der antifaschistischen Parteien – Kommunisten und Sozialdemokraten waren sich in dieser Frage absolut einig – entspricht genau der Meinung, wie sie Gen. Wilhelm Pieck bereits vor Wochen amerikanischen Journalisten gegenüber zum Ausdruck brachte, als er um seine Ansicht gefragt wurde. Die KPD ist für die Durchführung demokratischer Wahlen, weil diese der Bevölkerung die Möglichkeit geben, ihrer Meinung über den Aufbau der Selbstverwaltung Ausdruck zu geben und solche Gemeinderäte und Stadtverordnete zu wählen, die Garanten eines neuen demokratischen Lebens und einer neuen demokratischen Ordnung sind. Wirkliche demokratische Wahlen erfüllen diesen Zweck jedoch nur, wenn die Gemeindeverwaltungen von den Nazis gesäubert sind und wenn vorläufige Selbstverwaltungsorgane, für die die antifaschistisch-demokratischen Parteien die Verantwortung tragen, geschaffen werden. Das hat aber zur Voraussetzung, daß die antifaschistischen Parteien selbst bereits einen Aufbau ihrer Organisationen im Kreis- und Bezirksmaßstabe durchführen können, eigene Parteizeitungen herausgeben, öffentliche Versammlungen abhalten, kurzum, eine breite Aufklärungskampagne entfalten können, so wie das für uns in der sowjetischen Besatzungszone eine Selbstverständlichkeit war und ist. Solche Voraussetzungen fehlen aber bisher zum größten Teil vor den Januarwahlen in der amerikanischen Zone.

Trotz der Einwände der Ministerpräsidenten hat die amerikanische Militärregierung das Ersuchen um Verschiebung der Wahlen abgelehnt. Über die Gründe für das Festhalten an diesem frühen Wahltermin hier zu diskutieren, ist zwecklos. Das würde nichts an der Tatsache ändern, daß wir den Wahlkampf unter den nun einmal vorhandenen Bedingungen durchzuführen haben.

Welches sind diese Bedingungen? Die politische und wirtschaftliche Lage in den westlichen Besatzungszonen ist eine grundlegend andere als diejenige in der sowjetischen Besatzungszone. Nach dem militärischen Zusammenbruch des Nationalsozialismus erfolgte dort in der Hauptsache nur eine Entfernung der Spitzen der Nazipartei aus den Verwaltungen und der kompromittierten Kriegsverbrecher aus der Wirtschaft. An der Zusammensetzung der Verwaltungen und Behörden auf den Dörfern und in den kleinen Kreisstädten, wo jetzt die Wahlen stattfinden, hat sich relativ wenig geändert; es existiert im großen und ganzen der alte Zustand. Im Verwaltungsapparat sitzt ein großer Teil reaktionärer Kräfte; die antifaschistischen Kräfte stehen zum überwiegenden Teil abseits und ausgeschaltet. Aufgrund der späten Erlaubnis der Parteien und des Fehlens eines aktiven politischen Lebens steht das letztere auf einem ziemlich tiefen Niveau. Das wird selbst im Bericht des Generals Eisenhower festgestellt und damit begründet, daß der Kampf der Bevölkerung um die unmittelbaren Sorgen des Alltags für Ernährung, Wohnung, Kleidung usw. die Ursache dafür sei.

Die Ursachen liegen aber tiefer. In der Bevölkerung ist die Nazi-Ideologie noch nicht ausgerottet, der Nazigeist spielt noch eine große Rolle und ist noch ein aktiver Faktor im öffentlichen Leben und Treiben. Die Jugend aus HJ, BdM und Wehrmacht ist noch sehr von der Nazi-Ideologie beeinflußt. Jugendausschüsse, wie wir sie kennen, existieren in ersten Anfängen nur in den Großstädten. Auf dem Dorfe dominiert die katholische Jugendorganisation unter klar reaktionärer Führung.

Alle Berichte aus den Westzonen besagen, daß dort nach wie vor die Luft voller unsinniger Gerüchte über einen neuen Krieg ist, daß ein Gefühl der Unsicherheit und der Angst in den Volksmassen herrscht, da nazistische Gerüchtemacher und Kriegstreiber durch Flüsterpropaganda ihr Unwesen treiben. Diese Tatsache allein schafft schon einen Zustand des Abwartens und lähmt die Initiative der Massen, selbst einen Ausweg aus ihrer Lage zu suchen. Die Beispiele mehren sich, daß katholische reaktionäre Geistliche in den Kirchen die Parole propagieren: »Christentum oder Bolschewismus«, wobei sie unter Bolschewismus die sozialistische Arbeiterbewegung und die freien Gewerkschaften meinen (hört, hört).

Da eine aktive Rolle der antifaschistisch-demokratischen Kräfte in der Wirtschaft so, wie wir das in unserem Gebiet bereits als selbstverständlich betrachten, kaum vorhanden ist, liegt auch das wirtschaftliche Leben wie erstarrt da. Über eine Ingangsetzung der eigentlichen Friedensproduktion für den Innenbedarf kann kein annähernder Vergleich mit der Entwicklung in der sowjetischen Besatzungszone gemacht werden. Ein Beispiel: In der »Allgemeinen Zeitung« vom 12. 10. 1945 wurde vom Leiter der Abteilung Industrie des Zentralbüros der USA-Militärregierung eine Zwischenbilanz der industriellen Entwicklung der amerikanischen Besatzungszone gezogen. Dort heißt es u. a.:

> Zur Zeit sind 3264 Industrieunternehmungen – 15 % der insgesamt vorhandenen – wieder in Betrieb, und zwar 504 öffentliche Betriebe (Elektrizitätswerke, Gasanstalten usw.), 765 Schneidemühlen und nur 995 sonstige private Fabriken.

Man bekommt ein ähnliches Bild, wenn man weiter den Zustand des Aufbaus der zerstörten Städte, der Wiederherstellung der Wege, Bahnen, Brücken, des gesamten Transports betrachtet. In dem erwähnten Bericht heißt es:

> Eine Steigerung der gegenwärtigen industriellen Tätigkeit ist von den folgenden Faktoren abhängig: von den Kohlenlieferungen, von der Wiederherstellung des freien Interzo-

nenverkehrs, von der Wiederherstellung ausreichender Transport- und Nachrichtenverbindungen und von der Wiederaufnahme normaler finanzieller Transaktionen.

Einem Bericht eines Betriebsleiters aus Thüringen, der zwecks Einkäufe in die westliche Zone reiste, entnehmen wir folgende typische Beschreibung:

Kein Geschäftsgeist, kein sprühendes Leben, kein Pulsschlag der Arbeit, die sonst diesem Gebiet das Gepräge gaben. Industrie und Wirtschaft scheinen in tiefstem Dornröschenschlaf zu liegen. Bei gerechter Würdigung und Abwägung der Lebensbedingungen in der westlichen Zone muß man sagen, daß das Dasein in unserer Zone sichtbar den Stempel des Wiederaufbaus trägt.

Die soziale Lage der Arbeiterschaft ist die alte geblieben wie früher, wo die Betriebe arbeiten, vertreten die Unternehmer den alten Herren-im-Hause-Standpunkt. Von einer Mitbestimmung der Betriebsräte in den Lohn- und Arbeitszeitfragen oder gar in der Produktion, wie es bei uns in der Entwicklung begriffen ist, ist dort nicht die Rede. Die Gewerkschaften sind im ersten Stadium ihrer Entwicklung und spielen noch keine Rolle in der Leitung der Wirtschaft. Die aktive, mobilisierende Kraft der Arbeiterschaft, die Volk und Land zum Neuaufbau emporreißen könnte und müßte, ist noch gelähmt. Wer an das hiesige Partei- und Gewerkschaftsleben gewöhnt ist und es schon als selbstverständlich findet, daß man in öffentlichen Versammlungen frei reden und diskutieren, daß man seine Parteizeitung lesen kann, daß bereits ein eigenes deutsches Kulturleben sich bei uns entwickelt, der glaubt, in ein anderes Deutschland zu kommen, sobald er die Demarkationslinie überschritten hat.

Die bisherige mangelnde politische Aufklärung hatte zur Folge – allen Berichten nach –, daß ein großer Teil der Bevölkerung sich noch nicht der Tiefe und Schwere der Katastrophe bewußt ist, die das Hitlerregime als Erbschaft zurückgelassen hat. Wer Gold hat, kann über seine Bank- und Sparguthaben verfügen; wer durch den Krieg alles verloren hat, ist übel dran. Der Kontrast zwischen reich und arm ist noch ausgeprägter als früher, während man sich bis vor kurzem noch keine Gedanken darüber machte, wohin diese Finanzpolitik führen soll, laufen jetzt Gerüchte über eine inflationistische Entwicklung: die Flucht in die Sachwerte hat eingesetzt, und die Preise sind im fortdauernden, raschen Steigen.

Eine solche planmäßige Unterstützung der Friedenswirtschaft, wie sie in unserem Gebiet in den Verordnungen des Marschalls Shukow stattfindet und jetzt in den Befehlen zur Aufstellung des Wirtschaftsplanes 1946 den augenblicklichen Höhepunkt findet und ein solches Zusammenwirken der militärischen Administration mit den deutschen Selbstverwaltungsorganen und den antifaschistischen Parteien, findet keinen Vergleich mit dem dortigen Stand der Dinge.

Zum Abschluß dieser kurzen Skizze über den politisch-wirtschaftlich-sozialen Zustand noch ein Wort über die Lage auf dem Dorfe. Dort ist noch keine Neuordnung nach der alten Reichsnährstandsordnung durchgeführt. Es besteht z. B. das alte, für den Bauern ungünstige Abgabesoll. Deshalb spielt die Frage der in der Sowjetunion durchgeführten Bodenreform eine ständig wachsende Rolle in den Diskussionen der Bauern, die sich insbesondere für die in der Sowjetzone angeordnete freie Verfügung der Überschüsse über das festgelegte Ablieferungssoll auf dem freien Markt interessieren. Die Bauern – so melden Berichte – sind stark beeindruckt durch die Aufteilung des Großgrundbesitzes in unserm Gebiet. In einem solchen Bericht aus Hessen-Waldeck wird gesagt, daß der dort vorherrschende Typ der Klein- und Mittelbauern ausgesprochen landhungrig ist, da es auch dort in den Landkreisen Güter von Junkern gibt, die aufgeteilt werden könnten. Die Rundfunkübertragungen aus Berlin und Leipzig, besonders die »Tribüne der Demokratie«, werden viel von den Bauern abgehört. In dem dortigen Gebiet spielt zur Zeit in der Diskussion die Tatsache eine Rolle, daß man in Kreisstädten Unterlagen fand, wonach die Höfe in den Dörfern in den Händen einiger Nazi-Großbauern zusammengeschlossen werden und die enteigneten Kleinbauern entweder nach Kriegsende nach dem Osten gehen oder als Knechte auf ihren eigenen enteigneten Höfen arbeiten sollten. Dieses eine Beispiel zeigt, welche Möglichkeit der Aufrüttelung der Massen gegen die Nazis besteht, wenn den antifaschistischen Kräften die notwendige Zeit gelassen würde, in Versammlungen, mit Flugblättern und eigenen Zeitungen Aufklärungen zu bringen.

Bei den fortschrittlichen demokratischen Kräften, insbesondere bei der Arbeiterschaft, ist ein starker Drang vorhanden, einen Ausweg aus der Lage zu finden. Die Masseninitiative zum Neuaufbau zu wecken ist aber abhängig davon, daß größere demokratische Rechte und Freiheiten gewährt werden, daß neue Menschen aus dem Volk die Führung in den Verwaltungen, in den Betrieben, im öffentlichen politischen Leben bekommen, wirkliche Demokraten, die das Vertrauen der Bevölkerung genießen.

Bis jetzt bewegt sich aber das Leben der Menschen um die persönlichen Alltagssorgen, und die Politik geht kaum über die lokalen Kirchturmsinteressen hinaus. Es besteht eine große Teilnahmslosigkeit für die allgemeinen Fragen des Wiederaufbaus. Jeder sucht, so gut er kann, für sich selbst zu sorgen. Solche Fragen wie die Unterbringung der vielen Umsiedler sind schwer lösbar, da diese als unwillkommene Gäste nur widerwillig aufgenommen werden. Die fehlende Aufklärung macht bereits Massen zu einem Spielball der verschiedensten Gerüchte, und der nazistische Feind, die Saboteure des Neuaufbaus, haben leichtes Spiel. Kantönligeist und separatistische Absperrung gedeihen, und besonders die alte bayerische Reaktion, gestützt von einem großen Teil der katholischen Kirche, rechnet auf eine feste Stabilisierung ihrer alten Positionen bei den kommenden Wahlen.

Die bevorstehenden Wahlen, unter den geschilderten politischen und wirtschaftlichen Bedingungen als die ersten Gemeindewahlen in Deutschland, werden eine große Bedeutung für das übrige Land haben. Unsere Verantwortung für ihren Ausgang ist riesengroß. Durch die Wahlkampagne werden diese Gebiete entweder zum aktiven politischen und wirtschaftlichen Leben auf neuer demokratischer Grundlage emporgerissen werden oder alte reaktionäre Zustände werden sich wieder stabilisieren und die einheitliche Entwicklung eines demokratischen Lebens in ganz Deutschland hemmen.

So überstürzt und für die Antifaschisten ungünstig der Wahltermin auch festgelegt ist, wir müssen jetzt als die verantwortlichen zentralen Leitungen und Funktionäre der KPD und der SPD in unserer Verantwortung als Reichsorganisationen alles tun, um den Antifaschisten und Demokraten in diesen Gebieten des Landes zu helfen, den Kampf zur Liquidierung der Reste des Nationalsozialismus und gegen die alten reaktionären Kräfte, die dort noch stark sind, siegreich durchzufechten, – und zwar müssen und können wir das mit Hilfe derselben Politik, die wir im Juni dieses Jahres in unseren Aktionsprogrammen und in unseren gemeinsamen Abmachungen festgelegt haben. Aufgrund derselben Politik also, die wir in unserer Zone, wo es eine freie Entfaltung der demokratischen Kräfte gibt, mit wachsendem Erfolg durchführen. Denn unsere Politik ist keine lokale Zonenpolitik, sondern eine Politik im nationalen Rahmen und im Interesse der nationalen Einheit Deutschlands. Die Sicherung des Friedens und die nationale Einheit unseres Volkes erfordern die Durchführung der gleichen antifaschistisch-demokratischen Politik in allen Teilen Deutschlands, wozu die enge Zusammenarbeit aller antifaschistisch-demokratischen Kräfte und Parteien notwendig ist.

Es ist klar, daß es bei diesen Wahlen zu einer Kraftprobe zwischen der Arbeiterklasse und allen nazistischen und reaktionären Kräften kommen wird und daß dringender denn je die Notwendigkeit besteht, daß die Arbeiterschaft einheitlich, geschlossen und mit zusammengeballter Kraft diesen Kampf aufnimmt und durchficht. Diese folgenschwere Auseinandersetzung erfordert gebieterisch das geschlossene, einige Auftreten der beiden Arbeiterparteien, das seinen Ausdruck in der Gewinnung der überlegenen Mehrheit für die KPD und SPD finden muß. Deswegen ist es notwendig, daß beide Parteien, wie es schon Gen. Wilhelm Pieck begründet hat, auf der Grundlage einer gemeinsamen Plattform und mit gemeinsamen Kandidatenlisten in diesen Wahlen auftreten und daß eine kameradschaftliche Verständigung über die Besetzung der politischen Funktionen in der Gemeindeverwaltung erfolgt. Diese gemeinsamen Kandidatenlisten sollen in gemeinsamen Mitglieder- und Funktionärsversammlungen beider Parteien aufgestellt werden. Gegenüber den 14 verschiedenen Listen, deren Sinn nur Zersplitterung der Massen des werktätigen Volkes bedeutet, kann nur eine einzige einheitliche Liste der Arbeiterschaft den Anziehungspunkt für die breiten werktätigen Massen bilden. Eine solche Politik, durchgeführt von den Zentralen der beiden Parteien, wird den Enthusiasmus der Arbeitermassen, bei denen eine tiefe Sehnsucht nach der Einheit herrscht, entfachen und eine Massenmobilisierung aller demokratischen Kräfte auslösen, die uns helfen wird, die bestehenden Schwierigkeiten zu überwinden und den Durchbruch zum demokratischen Neuaufbau zu erzielen. Wir werden dabei allen Antifaschisten und Demokraten mit unseren eigenen Erfahrungen und Erfolgen helfen, mit unseren Erfahrungen der durchgeführten Säuberung in Verwaltung und Wirtschaft von Nationalsozialisten und Nazieinfluß in unserem Gebiet, des Aufbaus einer eigenen demokratischen Verwaltung, der durchgeführten Bodenreform, der fortschreitenden Mitbestimmung der Arbeiter, Angestellten, Techniker, Ingenieure in den Betrieben und der Gewerkschaften in der Leitung der Wirtschaft, unserer Schulreform, der Justizreform, der Neuordnung unserer Sozialversicherung, unserer Finanz- und Steuerpolitik und aller fortschrittlichen Maßnahmen, die noch die nächste Zukunft vor uns zur Lösung stellt. Wir werden also die ganze Bevölkerung in diesem Gebiet mit Hilfe des gemeinsamen Appells beider Arbeiterparteien aufrufen, damit sie die Gemeindeverwaltungen und -einrichtungen und das ganze öffentliche Leben von den nazistischen Einflüssen säubert und daß die Arbeiterschaft und die werktätigen Massen selbst auf Grund eigener Mitbestimmung und Mitwirkung den demokratischen Aufbau in die Hände nehmen.

Die neuen Kandidaten werden in der Wahlkampagne ihre Vorschläge für die beste Sicherung der Demokratie und des Neuaufbaus machen. Die Bevölkerung selbst soll dann ihr Urteil abgeben, welche Gemeinderäte und Bürgermeister die besten Garanten sein werden für die Vertretung und Verbesserung ihrer Lebensbedingungen und für den demokratischen Neuaufbau der Gemeinde. Nur eine solche Führung des Wahlkampfes wird alle die Kräfte entfalten, ohne die es unmöglich ist, aus dem Zustand der Stagnation und der Hoffnungslosigkeit zu einem neuen aktiven Leben zu kommen.

Das einheitliche Auftreten der beiden Arbeiterparteien wird ihnen die führende Rolle sichern, ihre Kraft und Autorität vervielfachen. Dieses Beispiel wird beschleunigt zur vollen Einheit der Arbeiterklasse führen, damit auch zu weiteren Schritten zur Einheit des Volkes und zur Einheit der Nation.

Auf der Grundlage einer solchen Politik des gemeinsamen Auftretens und gemeinsamer Wahllisten legen wir Richtlinien vor zu einem gemeinsamen Wahlprogramm, in denen die grundsätzliche Linie unseres gemeinsamen Aktionsprogramms zusammen mit unseren kommunalpolitischen Forderungen niedergelegt ist. Es soll einer Redaktionskommission nach Abschluß dieser Beratung überlassen sein, die endgültigen Formulierungen zu treffen. Ferner machen wir den Vorschlag, daß das ZK der KPD und der ZA der SPD einen gemeinsamen populären Aufruf zu den Gemeindewahlen in der amerikanischen Zone erlassen.

Vors. *Fechner*: Das Wort hat weiter zum Punkt 2 der Gen. Lehmann.

Lehmann (SPD): Genossinnen und Genossen: Der Gen. Dahlem hat in durchaus zutreffender Weise die wirtschaftlichen und politischen Verhältnisse in der amerikanischen Zone geschildert und hat durchaus zutreffend dargelegt, daß sie in wesentlichen Punkten von den Verhältnissen abweichen, wie sie sich in der sowjetischen Zone anzubahnen beginnen. Daraus ergibt sich auch eine wesentlich andere Taktik im Wahlkampf. Für uns als Sozialdemokratische Partei kommt aber noch ein weiterer Gesichtspunkt hinzu: Die Verbindung zwischen dem ZA der SPD und unseren Genossen in der amerikanischen Zone ist außerordentlich lose. Es gibt keine organisatorische Verbindung, und es fehlen uns infolgedessen – das muß ganz offen ausgesprochen werden – hinreichende Einflußmöglichkeiten auf die Genossen in diesen Bezirken, um sie zu verständigen, um die Möglichkeit einer entscheidenden Einflußnahme überhaupt zu geben. Vor dieser Schwierigkeit stehen wir, und es fragt sich infolgedessen: Welche Aktivlegitimation besitzen wir überhaupt, um hier von Berlin aus mit ganz bestimmten Direktiven an unsere Genossen in der amerikanischen Zone heranzutreten? Wir stehen vor der Gefahr, daß man uns von dort aus sagt: Ihr könnt von Berlin aus die Verhältnisse bei uns nicht hinreichend beurteilen, um uns irgendwelche Vorschriften zu machen! Genossen! Sie wissen, daß schon immer gewisse Gegensätze in den Auffassungen zwischen Süddeutschland und Berlin bestanden, daß sich die Berliner in Süddeutschland keiner allzugroßen Beliebtheit erfreuten, und ich glaube nicht, daß sich daran etwas Wesentliches geändert hat.

(Ulbricht: Aber wenn die Berliner jetzt mal etwas Vernünftiges machen!?)

– Die Berliner können es noch so vernünftig machen, wenn es nicht von einem naturgewachsenen Bayern kommt, taugt es nichts. Das ist aber kein Grund für uns, nun nicht mit einem Appell an die Genossen heranzutreten. Dieser Appell hat aber nicht die Bedeutung, die er hier in der sowjetischen Zone haben würde. Darüber müssen wir uns klar sein. Was wir tun können, ist im wesentlichen nur eine Empfehlung, in dieser Weise nach der gegebenen Marschroute zu marschieren. Über diese Bedeutung unserer Entschlüsse müssen wir uns klar sein.

Nichtsdestoweniger, glaube ich, ist es unsere Pflicht, eine solche klare Linie darzustellen und sie, soweit überhaupt technische Möglichkeiten dafür vorhanden sind, den Genossen zu übermitteln. Wahrscheinlich haben wir kein anderes technisches Mittel als die Mitteilung über den Rundfunk. Ich sehe im Augenblick kein anderes. Schon wegen der Kürze der Zeit wird es nicht möglich sein, mit Flugblättern oder irgendwelchen Direktiven schriftlicher Art an die Genossen in der amerikanischen Zone heranzutreten.

Nun kann ich zu meiner großen Freude sagen, daß das, was der Gen. Dahlem als eine gemeinsame Wahlplattform dargestellt hat, im wesentlichen mit dem übereinstimmt, was auch ich entworfen hatte und was ich an kommunalpolitischen Forderungen in Schlagzeilen niedergelegt hatte, wenn es auch Gen. Dahlem in seinen Richtlinien in etwas ausführlicherer Form dargestellt hat. Ich sehe also keinen grundsätzlichen Unterschied zwischen den Forderungen der SPD und der KPD. Das ist schon ein großer Fortschritt und ein großer moralischer

Gewinn. Ich glaube, daß man von diesem Gesichtspunkt ausgehend durchaus zu der Auffassung kommen könnte, daß eine solche gemeinsame und einheitliche Aktion möglich ist und daß auch den Genossen in der amerikanischen Zone in Süddeutschland klargemacht werden kann, daß eine enge Zusammenarbeit zwischen SPD und KPD möglich und nützlich ist und auch jene mitreißende Gewalt haben könnte, die der Gen. Pieck durchaus zutreffend vorhin als die notwendige Voraussetzung für jede Förderung der Einheit der Arbeiterbewegung dargestellt hat.

Die wirtschaftliche und politische Lage in der amerikanischen Zone zwingt uns geradezu dazu, auszusprechen, daß der Kampf gegen den Faschismus auch in einem solchen Wahlkampf, der ja nicht allgemeinpolitische Gesichtspunkte, sondern nur kommunalpolitische in den Vordergrund zu stellen hat, durchaus notwendig ist. Es ist in der Tat das, was das Vordringlichste bei dieser ernsten Gelegenheit einer öffentlichen Wahl ist. Ich weiß nicht, welche Beweggründe die amerikanische Besatzungsbehörde überhaupt dazu geführt haben, mit dieser Plötzlichkeit Wahlen auszuschreiben und in dieser Weise das Volk unvorbereitet vor eine Entscheidung zu stellen. Man kann nur annehmen, daß diese Wahlen ein Prüfstein dafür sein sollen, wieweit sich das deutsche Volk bereits von dem Ungeist des Faschismus freigemacht hat. Ich glaube allerdings nicht, daß dieses Experiment für Deutschland überhaupt maßgebend sein kann und daß es auch in der amerikanischen Zone zu einem positiven Ergebnis führen wird. Denn gerade angesichts der Tatsache, daß auch vor der faschistischen Zeit in Deutschland gerade diese Bezirke der Hort der Reaktion gewesen sind, daß man dort zum Teil noch dank der Vorherrschaft der Kirche in mittelalterlichen Auffassungen befangen war, läßt sich nicht leugnen, daß die Gefahr um so stärker hervortritt, daß dort bei den Wahlen eine Entscheidung getroffen wird, die keineswegs den allgemeinen politischen Auffassungen des deutschen Volkes entspricht. (Zustimmung) Es besteht die Gefahr, daß ein völlig falsches Bild von der wahren Meinung des deutschen Volkes entsteht. (Sehr gut!) Das muß mit aller Deutlichkeit von uns ausgesprochen werden.

Nun entsteht für uns die Frage, die hier im Vordergrund der bisherigen Aussprache gestanden hat: In welchem Umfange und Ausmaße ist es möglich, zu einer einheitlichen Aktion der beiden Arbeiterparteien bei Gelegenheit dieser Wahlen zu kommen? Ich stehe nicht an, zu erklären: der Weg zur Einheit der beiden Parteien geht über einheitliche Aktionen. Es gibt einen anderen Weg. Es hat gar keinen Zweck, uns gegenseitig vorzudeklamieren, daß wir grundsätzlich einig sind und daß wir zur Einigkeit kommen wollen. (Sehr richtig!) Wir müssen tatsächlich praktische Beispiele dafür geben. Wir müssen beiderseits den Beweis dafür erbringen, daß wir bereit sind, in der praktischen Arbeit zusammen zu gehen. (Erneute Zustimmung) Nur wenn erwiesen wird, daß das möglich ist, wird auch in den breiten Massen unserer Mitglieder sich die Überzeugung festigen, daß die Einheit herbeigeführt werden kann. (Wiederholte Zustimmung)

Nun hat Gen. Grotewohl durchaus zutreffend die Auffassungen des ZA und der Vertreter unserer Organisationen aus der Provinz geschildert und hat erklärt, daß nach Lage der gegenwärtigen Verhältnisse die Selbständigkeit der Organisationen gewahrt werden muß und daß infolgedessen beide Parteien mit getrennten Listen in den Wahlkampf eintreten müßten. Genossen von der KPD, ich muß Euch schon bitten, Verständnis für diese Auffassung zu haben. Die Auffassung ist in der Tat geboren aus einem außerordentlich weitgehenden Mißtrauen, das man nicht nur von seiten der sozialdemokratischen Funktionäre, sondern auch in den breiten Kreisen der Mitglieder unserer Partei hat. Es ist nicht richtig, was Gen. Pieck hier ausgeführt hat, daß es nur die Funktionäre der Partei sind, die sich einem sofortigen organisatorischen Zusammenschluß entgegenstellen. Nein, es ist in der Tat in den breiten Kreisen unserer Mitglieder die Auffassung vorhanden, und wir als eine demokratisch aufgebaute Organisation müssen uns nun einmal den Auffassungen dieser Mitglieder fügen. Es ist nicht so, daß wir nun bedingungslos vor jeder falschen Auffassung zu kapitulieren haben. Es ist durchaus richtig, daß es die Aufgabe der Führung ist, irrigen Meinungen entgegenzutreten. Aber es liegen nun einmal gewisse Tatsachen vor, die uns daran hindern, in voller

Eindeutigkeit zu sagen: Eure Meinungen sind falsch und können nicht beachtet werden! Es ist die leidige Tatsache vorhanden, daß in so weitgehendem Maße, wie das vom Gen. Pieck gefordert worden ist, diese einheitliche Aktion nicht durchgeführt werden kann. Deswegen steht die Sozialdemokratische Partei auf dem Standpunkt, daß wir in diesem Wahlkampf in der amerikanischen Zone mit getrennten Listen marschieren müssen, daß allerdings unter allen Umständen eine gegenseitige Bekämpfung zu unterbleiben hat und alle Sicherungen dafür getroffen werden müssen, daß nicht etwa irgendwelche Zwistigkeiten auftreten. Ich glaube, diese Sicherheiten können auch geschaffen werden, und zwar dadurch, daß man vorher eine Linie der Verständigung sucht, daß man nicht nur ein Wahlprogramm aufstellt, das durchaus übereinstimmt, sondern daß wir auch sonst bei der Aufstellung der Kandidaten eine kameradschaftliche Verständigung suchen. Ich glaube, daß die Sozialdemokratische Partei durchaus dazu bereit ist, derartige Sicherungen zu schaffen, damit hier nicht etwa ein Bruderkampf entsteht.

Ich muß aber der Auffassung des Gen. Pieck in einem Punkt doch noch widersprechen. Er hat gemeint, der Gen. Grotewohl habe gesagt, daß bei getrennten Listen die SPD Anziehungspunkt für das Bürgertum sein würde. Ich habe den Gen. Grotewohl nicht so verstanden. Für die SPD kann es sich niemals darum handeln, Anziehungspunkt für das Bürgertum zu sein. Darauf müssen wir verzichten. (Sehr richtig!) Anziehungspunkt für die Arbeiterschaft wollen wir sein und müssen wir sein, das ist das Entscheidende. Es handelt sich nicht darum, welche Auffassungen im Bürgertum in der amerikanischen Zone vorhanden sind, sondern wie die Auffassungen in der Arbeiterschaft Süd- und Südwestdeutschlands sind. Daß die Arbeiterschaft in diesen Bezirken politisch keineswegs einheitlich geschult ist, wissen wir aus den früheren Zeiten. Wir wissen, daß große Teile der Arbeiterschaft Anhänger des Zentrums, Anhänger christlicher und christlich-sozialer Richtungen sind, und wir sehen es aus den Parteibildungen, daß auch heute noch derartige Tendenzen in der Arbeiterschaft, beim Kleinbürgertum, bei den Kleinbauern, kurz bei all denen, die die Wählermassen für die Sozialdemokratische Partei stellen, vorhanden sind, daß die proletarischen Schichten sich durchaus nicht klar sind, daß sie politisch zerrissen sind. Das ist ein Faktum, an dem wir nicht vorübergehen können. Das ist keine grundsätzliche, sondern lediglich eine taktische Überlegung, daß wir zu dem Ergebnis kommen: Angesichts dieser politischen Tatsache, die wir im Augenblick nicht aus der Welt schaffen können, muß bei diesen Wahlen im Augenblick mit getrennten Listen gearbeitet werden.

Ich glaube nicht, daß das geschehen sollte, um hier die Stärke der Parteien zu messen. Sie kann hier aus der Lage der Verhältnisse heraus gar nicht gemessen werden, weil eben der Aufbau der Parteien nicht vollendet ist, weil die Parteien in der amerikanischen Zone erst im Entstehen begriffen sind. Darum kann es sich also nicht handeln, sondern die Aufgabe dieses Wahlkampfes ist es gerade, erst einmal in die geistig verwirrten Massen politische Aufklärung hineinzutragen. Es kann sich also nicht darum handeln, hier auf der Basis irgendeines Wahlentscheids die Stärke der Parteien abzumessen und danach die mehr oder weniger paritätische Besetzung von Posten vorzunehmen. Das kann nicht unsere Aufgabe sein, sondern unsere Aufgabe muß es sein, in jeder Beziehung politische Aufklärung ins Volk zu tragen, und dazu kann die gemeinsame Arbeit im Wahlkampf durchaus beitragen. Ich möchte zu dem Ergebnis kommen: wenn auch im Augenblick die taktischen Voraussetzungen für eine völlige Einigkeit und für eine völlige Einheitlichkeit der Aktion in der amerikanischen Zone nicht gegeben sind, so ist aber doch eine gemeinsame Arbeit dort möglich, d. h. die gemeinsame Arbeit der politischen Aufklärung, und sie ist die beste Gelegenheit, um auch eine Einheitlichkeit der beiden Arbeiterparteien in diesem Bezirke herbeizuführen.

Wenn nun einmal Mißtrauen besteht, so ist doch auf der andern Seite die Auffassung festzustellen, daß die Kommunistische Partei für die heutigen Nöte verantwortlich gemacht wird. Das kann unter keinen Umständen für die amerikanische Zone geltend gemacht werden. Dort ist ja keine Sowjetmacht, dort könnten allenfalls die Amerikaner für die Nöte verantwortlich gemacht werden. Dieser Gesichtspunkt mag für die russische

Zone Geltung haben, und es wäre zwecklos, das bestreiten zu wollen. Es ist in der Tat so: In unserer Zone wird die Kommunistische Partei für die Nöte der Zeit mitverantwortlich gemacht, und zwar aus einer völligen Verwirrung der geistigen Auffassungen und durchaus gestärkt durch die Agitation der Faschisten. Ich will hier gar nicht auf die Gründe eingehen, warum die Kommunistische Partei für diese Dinge mitverantwortlich gemacht wird. Wenn es richtig ist, daß in der amerikanischen Zone die Sozialdemokraten von den Besatzungsbehörden in stärkerem Maße bevorzugt oder gefördert werden, was, glaube ich, in dem Maße gar nicht zutrifft, jedenfalls nicht in dem Maße, wie man glaubt, daß hier nach allgemeiner Auffassung die Kommunistische Partei von der SMA gefördert wird, so ist doch Tatsache, daß in der amerikanischen Zone in erster Linie die christlichen Kreise gefördert werden und daß die Sozialdemokratie dort mit denselben Schwierigkeiten zu kämpfen hat wie die Kommunistische Partei. Dieser Gesichtspunkt scheidet also hier aus. Für uns kann nur ein Gesichtspunkt maßgebend sein, eine Einheitlichkeit der Aktion bei diesen Wahlen durchzuführen, soweit das eben nach den Verhältnissen möglich ist. Auf diese Weise wird es uns auch gelingen, die Voraussetzungen für die Einheit der Arbeiterbewegung in der amerikanischen Zone zu schaffen. Das kann nur durch eine ehrliche Gemeinschaftsarbeit geschehen. Wenn diese zu einem fruchtbaren Ergebnis führt, so wird diese Gemeinschaftsarbeit ein gutes Stück der Vorarbeit sein für das Ziel, das wir alle erstreben, nämlich für die Einheit der Arbeiterklasse im ganzen Reich. (Lebhafter Beifall)

Vors. *Fechner*: Wir kommen nunmehr zur Diskussion über die Vorträge, die wir heute gehört haben. Der Gen. Pieck hat schon vorgeschlagen, eine Redezeit von 10 Minuten für jeden Redner festzusetzen. – Dagegen erhebt sich kein Widerspruch. Außerdem machen wir den Vorschlag, jetzt bis 8 Uhr durchzutagen. Wir glauben, daß wir dann einen großen Teil der Debatte erledigen können. Sollte es sich als notwendig erweisen, muß die Debatte morgen fortgesetzt werden. Danach werden wir zunächst verfahren. Ich bitte um Wortmeldungen, und zwar möglichst schriftlich. – Das Wort hat als erster Gen. Matern.

Matern (Dresden) (KPD): Genossen, erlaubt mir, mit einem Ausdruck der Enttäuschung über die Stellungnahme des sozialdemokratischen Parteiausschusses zu beginnen. Wir hatten geglaubt, daß die heutige Tagung in der Entwicklung der politischen und organisatorischen Einheit beider Parteien einen gewaltigen Schritt vorwärts bedeutet. Ich habe den Eindruck, daß der Gen. Grotewohl mit der Herausstellung von gewissen Schwierigkeiten, die sich bei der Verteilung von Ämtern in der Verwaltung ergeben, unnötige Barrieren hat aufrichten lassen wollen. Denn wir haben die Erfahrung: wo solche Schwierigkeiten aufgetaucht sind, wurden sie überwunden. Das kann also, wenn wir die Perspektive haben, die Einheit der Parteien herauszustellen, keine Schwierigkeit sein, sich über die Verteilung von Funktionen zu verständigen in der Hinsicht, daß wir eines Tages eine gemeinsame Partei sind. Dann wurden ebenfalls Fragen an uns gestellt, die geeignet sind, die Zusammenarbeit nicht zu festigen, sondern zu erschweren.

Die Frage: Sind die Voraussetzungen für die Einheit heute besser als vor 5 Monaten? möchte ich absolut bejahen. Denn hinter uns liegen eben 5 Monate der gemeinsamen Arbeit, und ich will die Frage stellen: In welcher Hinsicht haben wir denn bei Durchführung wichtiger politischer Aufgaben irgendwelche Meinungsverschiedenheiten oder Differenzen gehabt? Wir haben in der Durchführung der demokratischen Bodenreform keinerlei Differenzen. Wir haben sie gemeinsam propagiert; wir haben gemeinsam die Arbeiter mobilisiert, die Bauern bei der Durchführung der demokratischen Bodenreform zu unterstützen. Wir hatten also bei einer so großen politischen Aufgabe, die eine gewaltige Bedeutung für die Entwicklung in Deutschland hat, in keiner Beziehung Differenzen und keinerlei Meinungsverschiedenheiten, sondern haben die Aufgabe geschlossen durchgeführt. In dem Aufbau der Verwaltung, in der Reinigung der Verwaltung von faschistischen Elementen haben wir keine Meinungsverschiedenheiten; unsere Beschlüsse und praktischen Maßnahmen laufen vollkommen einheitlich. Es gibt darin keine Gegensätze. Aber der Aufbau der neuen Verwaltung, die Besetzung mit neuen Menschen, der Kampf darum, diese Verwaltungen mit einem neuen Geist auszufüllen, ist eine gewaltige politische Arbeit von großer Bedeutung für die weitere Entwicklung Deutschlands. Auch dabei haben wir keine Differenzen gehabt. Wir haben keinerlei Differenzen bei der Reinigung der Wirtschaft in ihrer Führung und Leitung von Kriegsverbrechern und nazistischen Elementen. Wir führen diese Kampagne und diese große Aufgabe gemeinsam durch. Es gibt nicht einen einzigen Fall, wo wir uns irgendwie entgegenständen. Aber die Reinigung der Wirtschaft von Kriegsverbrechern und nazistischen Elementen ist doch unbestreitbar eine gewaltige politische Aufgabe und Arbeit, meiner Meinung nach eine viel gewaltigere als die Frage, ob es an einer Stelle 5 Kommunisten und 3 Sozialdemokraten oder umgekehrt gibt. Also in den entscheidenden Aufgaben haben wir keine Meinungsverschiedenheiten, wir führen sie gemeinsam durch.

In Sachsen haben wir eine große Kampagne, die unter dem Begriff »Volkssolidarität« läuft. Wir haben diese Kampagne gemeinsam mit den bürgerlichen Parteien, den Gewerkschaften und den Kirchen beschlossen. Sie beschränkt sich nicht nur auf das Gebiet sozialer Hilfsmaßnahmen, sondern umfaßt das gesamte Leben und den gesamten Aufbau. An die Spitze stellt sie den Aufbau der Wirtschaft, die Entfaltung der Industrie und des Handwerks, die Steigerung der Produktivität und Intensität der Arbeit, die Erziehung der Arbeiter und der ständige Appell an sie, mehr zu arbeiten, also nicht einfach eine Verteilung des bereits Vorhandenen oder noch Vorhandenen, sondern die Erzeugung von Mehrproduktion, um die Lage des Volkes zu verbessern, und die Verteilung des Vorhandenen ist miteinbegriffen. Wir arbeiten in dieser, das ganze Leben des Volkes umfassenden Arbeit ohne jede Meinungsverschiedenheit von oben bis unten einheitlich, und es gibt dabei weder oben noch unten irgendwelche Gegensätze. Das ist eine gewaltige Kampagne und politische Angelegenheit, die tief ins Leben des Volkes und in die Gestaltung des gesamten Lebens eingreift. Darin haben wir keine Meinungsverschiedenheiten und keine Gegensätze; darin sind wir uns vollkommen einig.

Wir haben Fragen des Aufbaues unserer Partei, des Aufbaues der Sozialdemokratischen Partei. Die Gewerkschaften hatten Sorge, daß daraus Differenzen entstehen könnten, daß daraus irgendeine Fraktionsarbeit entstehen könnte, weil unsere Arbeit auf dem Prinzip der Betriebsgruppen aufgebaut ist. Wir haben uns sehr schnell verständigt. Die Sozialdemokratie baut sich organisatorisch ebenso auf, und alle Schwierigkeiten sind beseitigt. Beide Parteien arbeiten in den Betriebsgruppen zusammen, bilden dort eine feste Einheit, haben teilweise gemeinsame Leitungen, um alle Fragen, die im Betriebe stehen, gemeinsam zu beraten und durchzusetzen. Gibt es dabei irgendwelche Differenzen oder Gegensätze? Nein, auch in dieser Frage von großer Bedeutung gab es keine Meinungsverschiedenheiten und Gegensätze. Was spielen dabei scheinbare Gegensätze in der Besetzung von Funktionen eine Rolle.

Haben wir solche Fragen auch? Natürlich! Die Genossen der SPD haben gewünscht, daß z. B. die Stadtverwaltung in Dresden anders zusammengesetzt und die SPD stärker beteiligt wird. Wir haben die beiden führenden Genossen der Stadtverwaltung in Dresden, die beiden Bürgermeister, beauftragt: Setzt euch zusammen, macht beide einen Vorschlag, wie nach eurer Meinung die Leitung der Stadtverwaltung zusammengesetzt werden soll! Sie haben es getan und einen Vorschlag gemacht, und darüber haben wir uns ohne Schwierigkeiten verständigt. Das ist gar kein Problem. Wo es in Städten Schwierigkeiten gab, sind wir zum Teil gemeinsam hingefahren. Heute haben wir das zum großen Teil schon nicht mehr nötig. Warum? Weil die unteren Einheiten diese Schwierigkeiten schon von sich aus lösen. Woher kommt das? Einfach daher, weil wir in all den großen Fragen, die das Leben des Volkes tief anfassen und es tief umwandeln, vollkommen einheitlich arbeiten und zusammengehen. Dabei sind alle die anderen kleinen Fragen, die Gen. Grotewohl in seinem Referat in den Vordergrund gestellt hat, vollkommen bedeutungslos, und darauf scheint es mir anzukommen.

Nun zur Frage der Entwicklung der Einheit! Wir haben – und das gibt es sicherlich nicht nur bei uns – solche Verhältnisse, daß die Ortsgruppen beginnen, über die bescheinigte Durchführung der Einheit Beschlüsse zu fassen. So wollen wir die Einheit nicht. Aber ich kann mir vorstellen, daß wir in einem ganzen Lande oder in einem ganzen Gebiet, getragen von der Bewegung beider Parteien, getragen von Beschlüssen von Konferenzen der Parteien, den Zusammenschluß herbeiführen können. Würden wir dadurch nicht auch einen gewaltigen Impuls nach dem Westen geben? Ich bin davon überzeugt; denn das Sehnen nach der Einheit in der Arbeiterklasse ist ungeheuer stark, besonders dann, wenn es wirklich dem Arbeiter in seiner ganzen Praxis nahegebracht wird: dafür sind wir in unserer Zusammenarbeit! Nur dort, wo es an der Spitze Menschen gibt, die diese Zusammenarbeit nicht wollen, gibt es Schwierigkeiten; ich spreche das ganz offen aus. Aber wo es nicht der Fall ist, gibt es keine Schwierigkeiten, führen wir alles gemeinsam durch, und wir können uns vorstellen, daß ein solcher Weg möglich ist.

Dahrendorf (SPD): Genossinnen und Genossen! Wir können gegenseitig unseren ehrlichen Willen zur Einheit ohne weiteres unterstellen, ohne ihn hier in der Diskussion noch mit irgendwelchen Bemerkungen, Feststellungen usw. begründen zu müssen. Ich will deswegen nur kurz und thesenartig folgendes sagen.

Es wäre falsch, wenn unsere kommunistischen Freunde der Meinung sind, die Reserve der Sozialdemokratischen Partei und ihrer Anhänger in der Frage der Einheit sei eine Stimmungsangelegenheit. Gewiß gibt es – das wissen wir – im Volke Stimmungen gegen die Kommunistische Partei, die für alle möglichen Übergriffe verantwortlich gemacht wird. Diese Stimmungen halten wir, genauso wie Ihr, für bedenklich. Wir wissen, daß sie ein Ausdruck der demokratischen Unreife sind, der Tatsache, daß wir in einer Zeit leben, wo das politische Urteil noch weitgehend von den Widrigkeiten des Alltags abgeleitet wird. Bei unseren Freunden und Anhängern kommt diese Reserve nicht aus Stimmungen.

Nun fragt der Gen. Pieck, was sich in den 6 Monaten – vor 6 Monaten haben wir ja selbst die Forderung der organisatorischen Einheit erhoben – geändert habe, daß wir heute die organisatorische Einheit nicht mehr wollen. Wir wollen sie nach wie vor. Es handelt sich aber um eines, und das darf nicht unterschätzt werden. Wir gingen unmittelbar nach dem Zusammenbruch von der selbstverständlichen Voraussetzung und Auffassung aus, daß die Einheit für das ganze Reich hergestellt werden muß. Diese Einheit ist heute nicht mehr gegeben. Ich könnte die Frage des Gen. Pieck mit einer Gegenfrage beantworten: Was hat die Wandlung in der Auffassung der Kommunistischen Partei in der Frage der Einheit in den 6 Monaten hervorgerufen und bewirkt? Damals ist von den Genossen der Kommunistischen Partei, um das Wesentliche in den Vordergrund zu stellen, erklärt worden, erst müsse die ideologische Klärung erfolgen, es müsse erst eine längere Zeit der Zusammenarbeit stattgefunden haben. Ich stelle die Frage: Ist die ideologische Klärung inzwischen erfolgt, hat eine längere Zeit der Zusammenarbeit stattgefunden? Man kann es mit gutem Grunde und aus wirklicher innerer Überzeugung, nachdem die objektiven Voraussetzungen für eine Vereinheitlichung der Parteien im Reich nicht mehr gegeben sind, heute nicht klären. Gewiß gibt es zentral oder regional verheißungsvolle Ansätze der Zusammenarbeit. Es gibt aber auch das Gegenteil, und Genosse Matern, Du bist im Irrtum, wenn Du annimmst, daß irgendein Sozialdemokrat in Deutschland oder in dieser Zone existiert, für den die Frage der Differenzen und Spannungen zwischen KPD und SPD eine Postenfrage sei. (Sehr richtig!) Es wäre verhängnisvoll, wenn diese Annahme sich durchsetzen würde. Wenn in den Reihen der Kommunistischen Freunde, wie das teilweise der Fall ist, diese Frage auf die Postenfrage oder die Frage der Parität verdichtet wird, für uns spielt sie eine ganz untergeordnete Rolle. Die Posten sind, soweit sie in der Diskussion eine Rolle spielen, nur Symptome für die Art und den Geist der Zusammenarbeit und der gemeinsamen Arbeit am Wiederaufbau.

Ich will hier die vielen Einzelheiten, die auf diesen Gebieten festzustellen sind, die gar nicht von untergeordneter Bedeutung sind, nur andeuten. Erschwerungen unserer Organisation! – wer kann sie leugnen! Es ist nicht die Zeit und der Ort, die Fülle dieser x Schwierigkeiten hier darzustellen. Die Tatsache, die einwandfreie Tatsache der Bevorzugung der Komm. Partei bei Zeitungen, in der Presse, bei allen Publikationen, Genossen, wer will sie bestreiten? Der Tatbestand ist, daß in der sowjetischen Zone die kommunistische Presse in einer Auflage von mehreren Millionen erscheint, während die sozialdemokratische Presse in einer Auflage von mehreren hunderttausend erscheint. Das ist doch der Tatbestand, den offen auszusprechen notwendig ist und über den man sich doch auseinandersetzen und klarwerden muß.

(Ulbricht: Dann vereinen wir uns doch und haben beiderseits den Vorzug!)

Es gibt eine ganze Reihe von anderen Fragen, deren gründliche Behandlung nicht unwichtig, sondern notwendig ist. Ich will aus der Fülle der Fragen eine einzige herausgreifen: die Wirtschaftspolitik, die Industriereform, wie man es nennen kann. Alle unsere Bemühungen, über diese geradezu entscheidende Frage in der Entwicklung auch in unserer russischen Zone zu einer gemeinsamen Linie, überhaupt zu einer Diskussion darüber zu kommen, sind völlig ergebnislos gewesen. Das gilt von Partei zu Partei, das gilt auch für die Verwaltungsstellen, die sich mit diesen Fragen beschäftigen müssen. Ich selbst habe das mehr oder weniger zweifelhafte Vergnügen, in einer Zentralverwaltung zu sitzen, die sehr wichtige wirtschaftspolitische Aufgaben zu erfüllen hat. Alle meine Bemühungen, in diesen wichtigen wirtschaftspolitischen Fragen, beispielsweise des Bergbaues, eine gemeinsame Linie zu finden, überhaupt einmal die Linie festzustellen, die dann nach Meinung der Komm. Partei beschritten werden müßte, – –

(Ackermann: Gibt es da nur Gegensätze?)

– Lieber Genosse Ackermann, nicht nur! Alles, worüber wir uns klar sind, brauche ich nicht fesstellen. Das habe ich schon einleitend gesagt. Es gibt keineswegs nur Gegensätze. Ich sage: Es gibt regional und zentral verheißungsvolle Ansätze für eine Zusammenarbeit, und unser aller glühender Wunsch ist, daß diese Ansätze, die vorhanden sind, nicht nur irgendwo und in Teilgebieten zentral und regional vorhanden sind, sondern über die ganze Zone erweitert werden. Das halte ich für das Entscheidende und für notwendig.

Entscheidend ist sodann eins, Genossen: was für uns vor 6 Monaten wichtig war, ist heute noch wichtig: die organisatorische Einheit kann nicht örtlich oder bezirksweise oder zonenmäßig durchgeführt werden. Darüber hat es – ich muß es offen bekennen – in unserer Diskussion mit den kommunistischen Freunden bisher nie eine Differenz und Auseinandersetzung gegeben. Ist denn einer von Euch darüber im Zweifel, daß, wenn wir hier die organisatorische Einheit örtlich oder bezirksweise durchführen würden, das nicht zu einer schweren Störung der einheitlichen Entwicklung der Sozdem. Partei im ganzen Reiche führen würde? Wir sind eine demokratische Partei. Ihr könnt es vielleicht zentralistisch regeln, aber wir sind nicht dazu imstande. Darüber hat es bisher nie Meinungsverschiedenheiten gegeben, erst in der Entschließung zum ersten Mal. Ich stelle ausdrücklich fest: Zum ersten Mal in der neueren Geschichte, nämlich seit dem Zusammenbruch, tritt in dieser Entschließung, die Ihr vorlegt, der Gesichtspunkt auf, die organisatorische Einheit von unten her, orts-, kreis- oder bezirksweise, durchzuführen.

(Pieck: So steht es nicht darin!)

Das ist für uns unmöglich.

(Ulbricht: Von »kreisweise« ist nirgends die Rede.)

– Gut, bezirksweise oder in der Provinz- oder Landesorganisation. Das ist eine Zerstückelung, aber nicht die Einheit. Diese Auffassung vertreten wir Sozialdemokraten in absoluter Geschlossenheit, ob Führung oder Anhänger. Darüber gibt es bei uns gar keine Meinungsverschiedenheit. (Sehr richtig!) Den guten Willen – das möchte ich noch einmal sagen – müßt Ihr Führung und Anhängern der SPD unterstellen, genauso gut, wie wir es im Juni Euch gegenüber getan haben, als Ihr die Meinung vertratet, die Zeit für die organisatorische Einheit sei noch nicht gekommen.

Ich möchte zum Schluß noch eine Feststellung treffen. Liebe Genossen von der Komm. Partei! Es geht nicht an, daß der Versuch gemacht wird, zwischen Führung und Anhängern in der Sozdem. Partei einen Keil zu treiben. Ich sage: Es geht nicht an. Es wäre an sich völlig erfolglos, was auch immer geschehen möge. Ich habe mit tiefer Bekümmernis festgestellt, daß Gen. Pieck es für richtig gehalten hat, in einer Rede folgendes zu sagen, unter der Überschrift: Sozialdemokratische Feinde der Einheit:

Wir haben auch den Einfluß, den die Reaktion auf die werktätigen Massen ausübt, in unsere Rechnung einbezogen, der von der Führung der Sozdem. Partei zum Ausdruck gebracht wird. Ein Partner unseres gemeinsamen Kampfes, der Vorsitzende der SPD Grotewohl, liefert in einer Berliner Versammlung den Feinden der Einheitsfront Wasser auf die Mühlen.

In derselben Rede hat der Gen. Pieck es ebenso für richtig und notwendig gehalten, in einem andern Zusammenhange auch von einem Gegensatz der sozialdemokratischen Führung und den Anhängern der SPD zu sprechen. Genossen, Ihr könnt sagen: das ist kleinlich! Aber es ist keineswegs kleinlich, das sind für uns entscheidende und gravierende Gesichtspunkte, die wir ohne jede taktische Formulierung einander sagen müssen, über die wir hinwegkommen müssen, die wir vorbehaltlos ausräumen müssen, wenn wir die Vorbedingungen für eine Einheit schaffen wollen.

Es ist kein Zweifel, Genossen, es gibt verheißungsvolle Ansätze, aber auf vielen Gebieten ist es rückwärts gegangen. Wir wollen das klar und eindeutig feststellen. Es kommt darauf an, daß wir wieder die Basis für eine ehrliche und offene Zusammenarbeit finden und dann auch die Vorbedingungen für die Partei zur organisatorischen Einheit finden. Es gibt dafür objektive Voraussetzungen, die keiner von uns wegdiskutieren kann, sondern die wir nüchtern und klar in unsere Rechnung einstellen müssen. Das hat gar nichts zu tun mit irgendwelcher Vorschubleistung reaktionärer Strömungen. Eine solche Vorschubleistung kann keinem Sozialdemokraten unterstellt werden. Darüber besteht bei uns nicht der geringste Zweifel. Das liegt beschlossen in unserem Bekenntnis zur Einheit.

Wir gebrauchen dieselbe Formulierung von einer »kämpferischen Demokratie«. Es ist beschlossen in unserer Überzeugung von der Grundlage unserer künftigen Politik, die auf einem besonders freundschaftlichen Verhältnis zur Sowjet-Union beruht, in der Überzeugung, daß wir ganz neue Wege, gemeinsame Wege des politischen Kampfes gehen müssen. Es hat aber keinen Sinn, die objektiven Schwierigkeiten und die inzwischen zusätzlich geschaffenen Schwierigkeiten einfach zu ignorieren. Es kommt darauf an, die letzteren Schwierigkeiten auszuräumen und alles daranzusetzen, daß die objektiven Schwierigkeiten ebenfalls beseitigt werden. (Beifall)

Bürger (KPD): Genossinnen und Genossen! Die Lage in Mecklenburg/Vorpommern und das Verhältnis unserer beiden Parteien zueinander ist so, daß die Genossen des sozialdemokratischen Zentralausschusses die Stimmung, die draußen in der Provinz in den Reihen der sozialdemokratischen Genossen vorhanden ist, doch nicht richtig sehen. Was ist bei uns in Mecklenburg/Vorpommern? Ich kann ebenso wie mein Gen. Matern unterstreichen, daß es bei uns seit dem Auftreten beider Parteien keinerlei prinzipielle Gegensätze gibt, daß von allem Anfang, von der Schaffung der Landesverwaltung an, sowohl in diesen Fragen wie auch in den rein parteilichen Fragen volle Übereinstimmung erzielt worden ist, sei es nun im Landesmaßstab, sei es im Maßstabe jedes der 20 Kreise oder sei es in größeren Orten, wo eine sozialdemokratische und kommunistische Organisation besteht. Überall wurde von oben nach unten und von unten nach oben in allen prinzipiellen Fragen vollständige Übereinstimmung erzielt. Natürlich auch in kleineren Fragen, und gerade hier, Genosse Dahrendorf, ohne damit zu sagen, daß die SPD auf Posten drängt, so waren doch in solchen Fragen der Besetzung von Bürgermeisterstellen usw. hie und da Meinungsverschiedenheiten, Berufung auf die Parität. Um die sozialdemokratischen Genossen von unserem guten Willen zu überzeugen, haben wir auf die Argumente, daß es bei 7 kreisfreien Städten nur 2 sozialdemokratische oberbürgermeister gibt, jetzt sogar das umgekehrte Verhältnis, nämlich 4 Sozialdemokraten, 3 Kommunisten und 1 Christlichen. Wir wollen damit zum Ausdruck bringen, daß es uns nicht um Posten geht. Nachdem uns die sozialdemokratischen Genossen von Wismar einen Genossen benannt haben, von dem wir die Überzeugung haben, daß er wirklich ganz konsequent und aktiv als Antifaschist und Demokrat kämpft, haben wir gar keine

Veranlassung, aus der Frage, wer Oberbürgermeister werden soll, eine Streitfrage zu machen. Ich will damit zum Ausdruck bringen, daß in solchen Fragen keinerlei Zwistigkeiten bestehen.

Wir merken bei uns auch nichts von einem »tiefen Mißtrauen« der sozialdemokratischen Mitgliedschaft gegenüber der Komm. Partei, aber auch gar nichts. Im Gegenteil, wir merken gerade in den letzten Wochen ein verstärktes Drängen zu noch engerer Zusammenarbeit, ein verstärktes Drängen zur organisatorischen Einheit beider Parteien. (Sehr richtig!) Genossen vom Zentralausschuß, lesen Sie unsere Presse, gehen Sie selbst durch Mecklenburg und überzeugen sich von dieser Stimmung. Woher diese Geschlossenheit, woher diese Einheit? Es wurde heute schon zum Ausdruck gebracht, allerdings mit falschen Schlußfolgerungen, daß selbstverständlich im Kampfe, in der Durchführung der Aufgaben die Einheit wachsen muß. So ist es bei uns. Sie wissen, wir haben es in Mecklenburg mit einem besonders reaktionären Lande zu tun. Dieser reaktionäre Charakter des Landes zwang uns beide, Sozialdemokraten und Kommunisten, von vornherein alle Kräfte einzusetzen, um diesem Lande ein anderes Bild zu geben. Auf Grund der Einheit war es uns möglich, all die Aufgaben zu lösen, die dort vor uns standen. So haben wir im Landesmaßstabe in unserem Arbeitsausschuß alle Beschlüsse gemeinsam mit der Landesverwaltung gefaßt. Diese Beschlüsse wurden ebenso in den Kreisen und in den Organisationen einer jeden Stadt gemeinsam gefaßt und durchgeführt, und zwar durch die Funktionäre beider Parteien, durch die Mitgliedschaft, und ich kann Ihnen versichern, in dieser gemeinsamen Durchführung der praktischen Aufgaben ist ein fester Kitt geschaffen worden.

Ich will Ihnen nur von einem einzigen Tage einige Beschlüsse aus der Stadt Kalchin bekanntgeben. Dort traten beide Parteien zusammen, nicht nur die Funktionäre, sondern die Mitglieder, und haben u. a. beschlossen - ich will nicht den ganzen Text vorlesen –, in einer Arbeitsgemeinschaft einmütig zusammenzustehen, so daß hier die Verschmelzung der beiden Parteien eigentlich schon Wirklichkeit geworden ist. Es heißt da:

Die kleinlichen Bedenken und Meinungsverschiedenheiten,

die sich nur zum Schaden aller Werktätigen und zum Nutzen aller Faschisten auswirken können, müssen als äußerst schädlich verurteilt werden. Daß die Faschisten wieder aus ihren Schlupfwinkeln hervorkommen, ist nicht zuletzt darauf zurückzuführen, daß man auf die Uneinigkeit und Unentschlossenheit bei uns spekuliert.

Ich glaube, die Genossen dort haben das Richtige getroffen. Ähnliche Entschließungen flattern uns und auch der sozialdemokratischen Redaktion täglich zu. Eine andere Entschließung aus Teterow spricht ebenfalls davon:

Beide Parteien sind sich einig, daß nur durch Zusammenschluß der beiden Arbeiterparteien ein neues demokratisches Deutschland aufgebaut werden kann.

Alle Differenzen, die in Stadt und Land in politischen oder persönlichen Fragen auftauchen, werden sofort durch beide Parteien gemeinsam beseitigt.

Was muß man nun besonders beachten? Dort, wo Meinungsverschiedenheiten auftreten und wo vielleicht das eine oder andere über gewisse Störungen oder nicht korrektes Verhalten der Kommunisten gesagt wird, kommt es – das ist merkwürig, aber ich muß das auch hier sagen – aus dem Funktionärkörper, von gewissen Leuten im Funktionärkörper, die einheitsfeindlich sind. Solche einheitsfeindlichen Elemente gibt es in den Reihen der SPD. Ich will Ihnen nur sagen, daß Ihr Genosse Moritz vor ein paar Tagen in Wismar erklärt hat, daß er in Zukunft nicht einmal mehr die Blockpolitik mitmachen will. Differenzen bestanden vorher mit ihm nur in kleinen Fragen, und wir glaubten, sie beigelegt zu haben. Aber wie antwortet darauf die Mitgliedschaft? Der größte Teil unserer Mitgliedschaft, ebenso der Mitgliedschaft der Sozialdemokratie, sind neue Mitglieder. Wie ich die Verhältnisse in Mecklenburg kenne, kann ich sagen: 80% der Mitgliedschaft der Sozialdemokratie sind neue Mitglieder. Diese 80% sind nicht mit irgendwelchen Vorurteilen belastet. Ähnlich ist es auch in anderen Gebieten. Die Vorurteile, liebe Freunde vom Zentralausschuß, werden zu einem Teil konstruiert und künstlich in die Mitgliedschaft hineingetragen, und zwar von gewissen Elementen, und wir bitten Euch: achtet darauf! Ihr habt an uns heute abend eine ganze Reihe Forderungen gestellt, zum Teil berechtigte, aber auf diese Elemente muß man im Interesse der Einheit achten.

Vor uns steht jetzt die Frage der Durchführung der Umsiedlung. Das bedeutet für Mecklenburg, das bisher 1,5 Mio. Einwohner hatte – wir bekommen 4,5 Mio. – eine völlige Umänderung der Struktur des Landes. Wir werden in Zukunft nicht mit dem Ausbau einer Industrie nachkommen. Diese Strukturänderung stellt aber an beide Parteien und an die Mitgliedschaft ungeheure Aufgaben, sowohl für die Sozialdemokraten wie für uns. Beide Parteien sind sich darin einig, daß diese Frage nur durch den engsten Zusammenschluß gelöst werden kann, um so mehr, als sich die Re- aktion in Mecklenburg ebenfalls sehr stark bemerkbar macht. Merkwürdigerweise richten sich die Angriffe vorläufig nur gegen die Komm. Partei. Aber die sozialdemokratischen Genossen sagen mit Recht: heute, so wie es früher war, die Kommunisten und morgen selbstverständlich die Sozialdemokraten!

Wir haben bei uns in Versammlungen mit den sozialdemokratischen Genossen auch die Frage der separatistischen Gefahr diskutiert und sind zu einer anderen Schlußfolgerung gekommen als der Gen. Grotewohl. Unsere sozialdemokratischen Genossen haben gesagt: Kann es denn eine stärkere Kraft zur Abwehr der separatistischen Gefahr geben als gerade die Einheit, und zwar die schnelle Schaffung der Einheit. Wir sind auch zu der Frage gekommen, daß in den anderen Zonen die Demokratie doch nicht so weitgehend gehandhabt wird wie im sowjetischen Territorium. Sie sagen – das sind Argumente der sozialdemokratischen Genossen –, wenn man wirklich die Macht der Demokratie zum Ausdruck bringen will, dann in einer einheitlichen Arbeiterpartei!

Genossen, ich glaube also, diese Zusammenkunft müßte doch dazu führen, sowohl in der Frage der Einheit wie auch in der Frage einer gemeinsamen Wahlliste, in der amerikanischen Zone einen gewaltigen Schritt weiterzukommen. Ich habe lange in München gelebt und kann Ihnen sagen: Wir werden dort vielleicht noch viel Schlimmeres erleben als in Österreich. Es wird wahrscheinlich dort ein Sieg der Bayrischen Volkspartei werden. Das bedeutet aber einen Sieg der Reaktion. Das dürfte Ihnen allen klar sein.

Aber glauben Sie, daß man ihn verhindern kann durch ein getrenntes Marschieren? Nein, ich glaube, daß ein geschlossenes, ein gemeinsames Marschieren in Bayern doch dazu führen könnte, der Reaktion etwas Einhalt zu gebieten.

Pape (Provinz Sachsen) (SPD): Genossen! Es handelt sich nach meiner Meinung nicht darum, ob wir zuerst unter allen Umständen in einer Einheitspartei sind und dann anfangen zu arbeiten oder ob wir zunächst mal zusammenarbeiten und dann eine Einheitspartei bilden. Ich glaube, auf das Arbeiten kommt es in erster Linie an, daß wir etwas zusammen tun. Wenn man hier in der Debatte zuhört und den Auseinandersetzungen nachgeht, die jetzt seit einiger Zeit sehr lebhaft geworden sind, so spürt man darin, wenn man politisch zu hören versteht, die große Sorge um Deutschland, und das ist bei uns Sozialdemokraten – das können wir für uns in Anspruch nehmen – der tragende Grundgedanke. Bei allen Einzelheiten, die verhandelt werden, die man uns vorwirft usw., dürft Ihr kommunistischen Genossen eines nicht vergessen: Ob wir die Dinge richtig beurteilen oder falsch, wird erst die Zukunft erweisen, aber unsere Hauptsorge ist die Sorge um Deutschland. Wir haben ernst und reiflich überlegt, wie wir zu den Grundfragen Stellung nehmen sollen, und sind in der Beratung heute morgen auch schon zu den Resultaten gekommen, die hier niedergelegt worden sind.

Wir sind tief davon überzeugt, das spreche ich als Vorsitzender für die Provinz Sachsen auch im Namen meiner Parteigenossen für die ganze Provinz aus –, daß es für die Einheit Deutschlands wesentlich ist, daß sich die Parteien über das ganze Gebiet des künftigen Landes und Reiches erst einmal organisieren, um in dieser gefährlichen Zeit zunächst überhaupt den Bestand des Staates zu retten. Denn das ist jetzt der kritischste Punkt, vor dem wir überhaupt stehen, die kritische Situation: Wird Deutschland überhaupt wieder einmal werden? Denn es ist vorläufig ja noch nicht da. Oder aber wird es für absehbare Zeit nicht kommen? Wir wollen unter allen Umständen erreichen, daß es kommt, und meinen, es geht nicht anders, nachdem nun einmal die beiden Parteien da sind, als daß über das ganze Reichsgebiet sich jede Partei für sich zentral organisiert und dann auf den Reichsparteitagen diese Organisationen sich verbinden.

Sie müssen sich verbinden und werden sich verbinden; denn die historischen Umstände erzwingen das einfach. Wenn es auch im Augenblick und in absehbarer Zeit vielleicht nicht kommt, aber kommen wird es, weil die ganzen Wiederaufbauprobleme Probleme der Arbeit sind, die Führenden in der zentralen Arbeitsgestaltung können nur die Arbeiterparteien sein.

Eggerath (Thüringen) (KPD): Genossen und Genossinnen! Das höchste und wertvollste Gut der Arbeiterklasse ist die Einheit. Wir wollen sie einmal unbefleckt und rein in die Hände der auf uns folgenden Generation legen, damit sie später nicht sagen kann: Ihr habt Euch in der großen Stunde klein gezeigt. Das stammt aus dem Aufruf der Sozdem. Partei Deutschlands vom 15. Juni 1945.

Genossen, als ich gestern nach Berlin fuhr, habe ich angenommen: die große Stunde beginnt, und heute hat der Gen. Grotewohl gesagt: über die Notwendigkeit der Einheit kann es keine Diskussion geben. Wir wissen alle: Der Einheitswille wächst, er wächst zusehends, und überall stellt man uns die Frage: Wie steht es mit dem Zusammengehen? Wann werden wir uns vereinigen? Ich sah mich gezwungen, in der vergangenen Woche ein Rundschreiben herauszugeben, wonach Übertritte von der SPD zur KPD zurückzuhalten sind; denn wir wollen ja keine Überführungen von Ortsgruppen, wir wollen uns ja vereinigen. Dieser Wille, der sich unten entwickelt, muß berücksichtigt werden.

Jetzt steht nur die große Frage: Was hindert uns an der Einheit und welche Differenzen bestehen? Wir müssen darauf antworten: Große politische Differenzen stehen nicht zwischen uns. Wenn sie ständen, wäre es besser; denn mit unseren dialektischen Methoden könnten wir an diese Probleme herangehen, sie lösen und klären und würden dabei wachsen.

Aber was steht zwischen uns? Ich glaube, hier müssen wir besonders berücksichtigen den Partei-Egoismus, der vorhanden ist, der sich entwickelt hat. Daneben aber steht – und das sollen wir nicht unterschätzen – auch ein persönlicher Egoismus vieler Männer in der Bewegung, und diese Frage ist sehr ernst und bildet eine Gefahr. Weshalb? Unsere Arbeiterbewegung befindet sich in einer Phase der Konsolidierung. Nach 12 Jahren faschistischer Diktatur klären sich jetzt wieder die Auffassungen, und wir dürfen nicht unbeachtet lassen, daß sehr viele zu unseren Parteien gestoßen sind, die früher keiner politischen Bewegung angehörten, keine politische Schulung hatten. In dieser Etappe der Entwicklung, die wir jetzt durchlaufen, in der die Parteien gewissermaßen noch flüssig sind, Wachs bilden, das gut formbar ist, ist besonders die Frage der Führung von entscheidender Bedeutung. Der Standpunkt der Führung kann es überall durchsetzen, daß sich die ideologischen Auffassungen in bestimmter Richtung entwickeln. Das müssen wir berücksichtigen. Dieser Standpunkt der Führung kann nach jeder Seite hin ausschlagen.

Ich möchte hier ein Beispiel geben, aber nur als Beispiel, und möchte dieses Beispiel nicht zur Diskussion stellen. Am 8. November führten wir in Thüringen eine ganze Welle von Versammlungen durch, und wir hatten zueinander so großes Vertrauen, daß wir sagten: für jede Versammlung ein Referent, ganz gleich, ob Sozialdemokrat oder Kommunist, und das in einer Versammlung, wo die Frage behandelt wurde: Die Fehler von 1918 und die Erfahrungen der russischen Oktoberrevolution, also ein sehr ernstes Thema: Diese Versammlungswelle war ein voller Erfolg. Das war am 8. November. Am 6. November wurde von der SPD ein Rundschreiben herausgegeben, welches besagte, daß die Kommunisten anscheinend wieder zu ihrer alten Einheitsfrontpolitik zurückkehrten, welche nur darauf hinausliefe, die Sozialdemokratische Partei zu zerstören. Genossen, ich will das nicht zur Diskussion stellen, sondern nur als Beispiel vorbringen. Was war die Folge? Unsere bis da gute Zusammenarbeit in Ortsgruppen und Kreisen ging zum Teufel. In dem Augenblick begann man zu diskutieren: Was sind das für Methoden, die die Kommunisten jetzt dort anwenden? Und seitdem haben wir in vielen Kreisen von Thüringen keine gute Zusammenarbeit mehr. Wir haben uns in der Führung zusammengesetzt und mit dem Landesvorstand darüber beraten, wie wir die Lage wieder korrigieren können. Wir haben auch eine gemeinsame Entschließung angenommen, aber trotzdem ist es nicht wieder zu einer guten Zusammenarbeit gekommen.

Was will ich damit sagen? Gerade die Einstellung und Haltung der Führung ist heute von entscheidender Bedeutung, und wenn wir hier die Frage stellen, daß die Einheit der Arbeiterklasse geschaffen werden muß, so werden wir, wenn dieser Wille eisern und unbeugsam ist, unsere Parteien in diesem Stadium der Entwicklung formen können. Wir werden dann diese Auffassungen entwickeln können, die zur Einheit führen müssen. Es gilt nicht nur, die Fragen zu diskutieren, sondern damit die praktische Aufgabenteilung zu verbinden; denn in der praktischen Arbeit wachsen wir zusammen. Das zeigt sich immer und überall dort, wo es gelungen ist, gemeinsam die Probleme anzupacken und gemeinsam die Frage zu lösen, wächst auch die Zusammenarbeit, und das Mißtrauen schwindet und geht zurück. Es kommt auf ein kameradschaftliches Zusammenarbeiten an.

Genossen, wenn wir heute ernsthaft die Frage stellen: Die Einheit muß geschaffen werden, so wollen wir nicht über die kleinen Fragen stolpern, auch nicht über die Frage: Wie soll die neue Partei aussehen? Jeder von uns ist sich darüber klar, daß wir mit den Parteien vom alten Typus nicht die gewaltigen Aufgaben lösen können, die heute vor uns stehen. Wer soll den Aufbau Deutschlands durchführen? Welche Kräfte sind dazu in der Lage? Nur die Arbeiterklasse, und nicht als Arbeiterklasse in Atome aufgelöst, sondern nur so, daß sich die besten und fortgeschrittensten Teile in der Partei zusammenfinden und nach festen organisatorischen Formen und auch in einer gewissen Disziplin arbeiten.

Ich habe heute mit Erstaunen gehört: in der Komm. Partei soll es keine Demokratie geben. Ich glaube, gerade in der Komm. Partei haben wir die Frage der Demokratie immer sehr hoch gestellt. Aber Demokratie heißt doch Stellungnahme zu den Fragen, ausgiebige Diskussion, Klärung, Beschlußfassung, und in dem Augenblick, wo der Beschluß gefaßt wird, führen wir ihn auch als bindend durch. Den Beweis hatten wir heute. Wenn heute der Gen. Lehmann sagte, daß der Zentralverband der SPD auf die Partei z. B. in Bayern nur einen geringen Einfluß habe, ich glaube, das gibt es in der Komm. Partei nicht. Ich will nicht sagen, daß wir jetzt die Form der Komm. Partei auf die neue Partei übernehmen sollen. Das sind eben Fragen, die wir gemeinsam durchdiskutieren können, um sie zu klären. Es ist eine von den vielen Fragen, die geklärt werden sollen. Aber entscheidend ist jetzt für uns, ob wir den Willen zur Einheit so fest gestalten, daß wir alle diese Schwierigkeiten überwinden können.

Buchwitz (Dresden) (SPD): Genossinnen und Genossen! Wenn ich die beiden Plattformen betrachte, die uns von der Komm. Partei und unserer Partei vorgelegt worden sind, so wäre es reichlich übertrieben, wenn ich sagen würde, daß mich die Beratungen befriedigt hätten. Sie lassen für mich vieles zu wünschen übrig.

Ich möchte eins vorausschicken. Als ich aus dem Zuchthaus kam, mich in den Dienst der Bewegung stellte und schon in die Freiheit kam mit dem Geist, mit dem wir untereinander im Zuchthaus verkehrt hatten, da beseelte mich in erster Linie der Wille, zu einer Einheit der Arbeiterklasse zu kommen, der Wille zur Macht. Das Erlebnis aus der Vergangenheit und der Umstand, daß das deutsche Volk die Folgen dieser Vergangenheit zu tragen hat, sagten mir damals und sagen mir heute und werden es mir bis an mein Ende sagen, daß die Einheit der Arbeiterklasse kommen muß. Natürlich darf man nicht nur von dieser Einheit reden, man muß danach handeln. (Sehr richtig!) Das meine ich nach beiden Richtungen, und gerade was mir vor 5 Minuten unterbreitet wurde, veranlaßt mich erneut zu sagen: Man soll nicht nur reden, sondern auch danach handeln und nicht in geheimen Konventikeln andere Pläne fassen. Die heutige Tagung muß die Tore zu weiteren Tagungen offenhalten. Die Kluft zwischen beiden Plattformen ist so groß, daß wir weiter zusammenkommen müssen.

Was ist nach meiner Meinung noch Trennendes draußen vorhanden? Genosse Matern hat richtig gesagt: Das, was wir bisher in Sachsen gemacht haben, ist sogar mit den beiden bürgerlichen Parteien einmütig beschlossen worden; Differenzen nach dieser Richtung sind nicht vorhanden. Wenn der Gen. Dahrendorff sagte, die Frage der Postenbesetzung spiele keine Rolle, so ist das richtig vielleicht für unseren Zentralausschuß, auch richtig für Landesausschüsse, unrichtig ist es aber, daß es draußen im Lande keine Rolle spielt. Wir wollen bei einem Zusammenschluß nicht nur einige Offiziere oder Unteroffiziere zusammenbringen, sondern wir wollen die Masse zusammenbringen (sehr richtig!), und meine Auffassung über das, was wir noch tun müssen, was ich nach den Verhandlungen von gestern und heute für nötig halte, ist folgende. Die Zusammenarbeit in Sachsen mit dem Gen. Matern ist, obwohl manchmal ironisch darüber geredet wird, so: Wir sind Freunde geworden und wollen es bleiben und wollen weiter an der gemeinsamen Sache arbeiten. (Lebhafter Beifall; Händeklatschen) Wo ich Fragen vorgebracht habe, die bereinigt werden müssen, kann ich Matern nicht in einem einzigen Falle überführen, daß er nicht geholfen oder sein Wort nicht gehalten hätte. (Erneuter Beifall) Freilich, Genossen, müssen wir mit Geduld eine Politik auf längere Sicht machen, um all das zu bereinigen, was hindernd im Wege steht. Aber die Geduld müssen wir aufbringen.

Zweierlei muß nach meiner Auffassung noch geschehen. Daß wir von der sowjetischen Administration bei unserer freien Entfaltung zurückgesetzt sind, darüber braucht nicht geredet zu werden. Das trage ich nicht als Schuld den Genossen von der KPD nach. Es muß unsere Aufgabe sein, jetzt mit der Administration zu verhandeln, daß uns der Weg zur freien Entfaltung geöffnet wird. (Sehr gut!) Ich führe z. B. folgendes an. Wir haben unsere Zeitung im Oktober gehabt, haben aber heute noch keine Genehmigung, Propagandamaterial und Broschüren drucken zu können. Das verletzt unser Selbstbewußtsein. Ich sage noch einmal: Das hänge ich nicht an die Rockschöße der Genossen von der KPD. Es muß unsere Aufgabe sein, in Karlshorst die Frage zu klären, ob wir gleichberechtigt sind und freie Entfaltung haben. Das ist die erste Voraussetzung.

Die zweite ist die: Unseren schlichten, einfachen Genossen unten muß der Glaube genommen werden, daß sie nicht als vollberechtigt angesehen werden. Wir oben mögen darüber hinwegsehen und sagen: es kann nicht mit der Elle gemessen sein. Aber wenn wir noch versuchen, unten diese Fragen zu bereinigen, so glaube ich, werden wir bei der nächsten Beratung schon einen Schritt weiter sein.

Da wir beieinander sind und ehrlich zueinander sein wollen, spreche ich auch folgendes aus. Unser Genosse Schumacher in Hannover wurde zitiert. Ich habe bisher nur das gekannt, was der englische Rundfunk über ihn sagte, daß er grundsätzlich gegen eine Einigung mit der KPD sei, und habe nichts von den Richtlinien gewußt, die er herausgegeben hat. Wenn er aber tatsächlich so zu der Frage steht, kann eine Zusammenarbeit in Zukunft unmöglich in Frage kommen. Man muß den ehrlichen Willen dazu haben, um dementsprechend zu handeln; sonst kann man uns eines Tages überführen, daß wir es nicht ehrlich mit der Frage meinen.

Ich glaube also, Genossen, wir dürfen uns durch die Kluft, die zwischen uns in der Auffassung noch besteht, nicht verärgern und entfremden lassen (Sehr richtig!), sondern wir müssen die Türen offenlassen und nach der Richtung weiter verhandeln, daß der Tag und die Stunde kommt, wo die Einigkeit, die so notwendig ist, zur Tatsache wird. Solange mir das Leben noch vergönnt ist, arbeite ich dafür. (Lebhafter Beifall)

Waldemar *Schmidt* (Berlin) (KPD): Genossinnen und Genossen! Der Gen. Grotewohl sagte, daß der Zentralausschuß und die Führung der SPD nicht Stimmungen nachgeben und daß seine Ausführungen, die er heute hier machte, nicht der Ausdruck dafür sind, daß irgendwelche Stimmungen in den unteren Gliedern der SPD dabei eine Rolle spielen. Es ist aber nicht nur notwendig, Stimmungen nicht nachzugeben, sondern man muß auch gegen bestimmte Stimmungen scharf ankämpfen. Als wir unsere Partei neu gründeten und bildeten und aufbauten, gab es auch bei uns Stimmungen, die an das Jahr 1932 anknüpften, und es gibt sogar heute noch vereinzelt Genossen in unserer Partei, die Argumente gebrauchen und eine politische Konzeption entwickeln, die in die heutige Zeit absolut nicht mehr hineingehört. Wo aber solche Stimmungen in den vergangenen Monaten auftauchten, haben wir als Parteileitung von Berlin es als unsere Aufgabe betrachtet, dagegen energisch Front zu machen, und haben in unserer eigenen Partei für die Auffassungen gekämpft, die der heutigen Politik der KPD entsprechen.

Wenn Gen. Dahrendorf meint, die SPD sei eine demokratische Partei, und damit gewissermaßen eine Differenzierung zwischen der SPD und der KPD in bezug auf den demokratischen Aufbau herbeiführen wollte, so kann man nur sagen, was ja hier auch schon betont wurde, daß die KPD selbstverständlich ebenfalls eine demokratische Partei ist, daß das aber seine Konsequenzen haben muß, insofern, als Erkenntnisse der Parteileitungen selbstverständlich Erkenntnisse des Funktionärkörpers der Partei und der Mitglieder werden müssen. Wenn es heute in Berlin nicht möglich ist, nachdem wir nicht einmal, sondern wiederholt es beschlossen haben und mit der Berliner Leitung der SPD, insbesondere mit dem Gen. Harnisch gut zusammenarbeiten, selbst solche elementaren Dinge wie gemeinsame Schulungstage durchzuführen, wenn immer wieder solche Hindernisse auftreten, daß es Kreisleitungen der SPD gibt, die Beschlüsse und Vereinbarungen auf diesem Gebiete nicht durchführen oder vertagen, dann kann hier etwas nicht in Ordnung sein. Wenn in unserer Partei irgendwelche mittleren Glieder im Funktionärkörper Beschlüsse, die von den Parteileitungen gefaßt werden, nicht durchführen, dann kämpfen wir mit unseren Genossen darum, daß diese Beschlüsse auch realisiert werden. Es hat also nicht an uns gelegen, wenn wir in der ideologischen Klärung, die der Gen. Dahrendorf mit Recht hier verlangt – wir verlangen sie auch –, nicht recht vorangekommen sind. Wir haben es uns als gemeinsame Aufgabe gestellt, eine solche ideologische Klärung anzustreben, aber es liegt nicht an uns, daß wir auf diesem Gebiete noch nicht weitergekommen sind. Das hindert uns aber nicht, weiter auf dem Wege zu marschieren, den wir bisher gegangen sind.

Es ist dann weiter die Frage gestellt worden – das ist auch sozusagen der Gegensatz in den beiden Plattformen, die vorliegen –, daß die Einheit Deutschlands und überhaupt die nationale Entwicklung Deutschlands gestört würde, wenn es zu einer Vereinigung der Parteien im Bezirks- und Landesmaßstabe kommt. Ich glaube, man muß, wenn man die heutige Lage in Deutschland betrachtet, sich vor allen Dingen eines vor Augen halten, nämlich, daß heute in den verschiedensten Zonen in Deutschland politisch und in der demokratischen Entwicklung ein Unterschied besteht, daß man eine ungleichmäßige und unterschiedliche Entwicklung feststellen muß, nämlich dort, wo es mehr Demokratie und weniger Faschisten gibt, ist eine andere Situation als dort, wo es wenig Demokratie und viele Faschisten gibt. Wenn in der sowjetischen Zone objektiv die Möglichkeiten für eine demokratische Entwicklung besser sind als beispielsweise in Bayern, warum soll man nicht in einer solchen Zone, wo die objektiven Bedingungen günstiger und positiver sind, nicht die Frage untersuchen, ob man hier nicht vorangehen kann, um damit der gesamten Bewegung in Deutschland einen neuen Auftrieb zu verleihen. Wenn weiter in Sachsen, dem vielleicht fortgeschrittensten Lande, solche Dinge auf die Tagesordnung gestellt werden und ihre Ausstrahlungen auf die ganze sowjetische Zone und von ihr auf ganz Deutschland haben, dann sollte man es sich doch überlegen, weil wir schließlich nicht warten können, bis in irgendeiner schwarzen Ecke in Deutschland, vielleicht im Süden, nun die Entwicklung der in Sachsen angepaßt ist.

Vor allem aber haben wir, die wir hier versammelt sind, eine große politische Verantwortung, die uns dazu führen muß, das jetzt endlich zur Tat zu machen, wovon wir immer reden, nämlich, daß die Frage der Einheit nicht nur eine Deklaration sein darf, sondern eine Tatsache werden muß, besonders im Hinblick darauf, daß die Arbeiterklasse in Deutschland berufen sein wird, eine ganz besondere Rolle zu spielen. Für jeden Marxisten ist heute klar, daß die Arbeiterklasse heute in Deutschland die einzige Klasse ist, die überhaupt eine gesellschaftsbildende Kraft ist, und wenn es in der Arbeiterklasse zwei Parteien gibt, die, wie der Gen. Dahrendorf mit Recht sagte, sich in den letzten Monaten nicht nähergekommen sind, dann muß uns das doch Veranlassung sein, zu untersuchen, wo die Ursachen liegen, warum wir uns nicht näher gekommen sind. Die Ursachen liegen, wenn ich von Berlin sprechen darf, nicht bei der Führung, auch nicht bei den Mitgliedern, sondern sie liegen in der Mitte, bei dem mittleren Funktionärkörper, der aus irgendwelchen Motiven heraus nicht so für die Einheit eintritt, wie das die Führung tut und wie es die Mitglieder wollen. Ob der Gen. Pieck oder der Gen. Grotewohl in irgendeine Versammlung kommen, sei es in eine sozial-demokratische, sei es in eine kommunistische oder in eine gemeinsame Versammlung, immer, wenn davon gesprochen wird, daß die Einheit gefördert und gefestigt werden muß, dann gibt es nichts als minutenlangen Beifall in der Versammlung, auch in der sozialdemokratischen Versammlung. Es kann also nicht stimmen, daß es nicht nur gewisse Funktionäre, sondern auch die Mitglieder sind, die Mißtrauen haben. Wenn man dann fragt, woher das Mißtrauen kommt, so möchte ich die andere Frage stellen: Wo hat die Komm. Partei oder haben wir, die kommunistischen Funktionäre, irgendwelchen Anlaß gegeben, daß wir nun von den anderen mit Mißtrauen betrachtet werden? Das ist die Auffassung, die wir als Berliner darin haben, und wir sind uns hier, glaube ich, mit dem Gen. Harnisch, dem Vorsitzenden der Berliner Organisation, einig, daß wir von uns alles in unserem persönlichen Verhältnis und in unserer Zusammenarbeit getan haben, daß nirgends Mißtrauen irgendwie aufkommen kann. Wir hoffen nur, daß auch die heutige Konferenz zu dem Ergebnis führt, das vom Inhalt der bisherigen Diskussion etwas abweicht, nämlich daß wirklich ein Kurs und eine Marschroute eingeschlagen wird auf die Vereinigung der Parteien hin.

Schmidt (Magdeburg) (SPD): Genossen, ich halte es für außerordentlich bedauerlich, daß wir eine so große Konferenz einberufen und daß man vorher nicht zu einer Verständigung gekommen ist. Ich muß deshalb beiden Zentralausschüssen den bitteren Vorwurf machen, daß sie sich nicht am runden Tisch zusammengefunden haben. Ich finde es auch sonderbar, daß man erst am Abend vor der Konferenz sich ausgearbeitete Programme übergibt. Uns wird immer von oben gesagt: Ihr habt euch an einen Tisch zusammenzusetzen und dort miteinander zu verhandeln, und ich muß hier den Vorwurf erheben, daß das hier in Berlin nicht geschehen ist. Wenn man sich nämlich irgendwo an einen Tisch zusammensetzt, dann wird man auch irgendwie eine Basis finden.

Aber eins ist richtig: den Befehl zu einer Einigung können wir nicht geben. Genossen, wir haben in Magdeburg auch Differenzen vor nicht allzulanger Zeit gehabt. Wir haben uns dann aber zusammengesetzt und uns gesagt: wir müssen eine Basis finden. Dabei habe ich immer empfunden: Wenn man wirklich den Willen hat, zusammenzukommen, dann findet man auch einen Weg dazu.

Wenn hier gesagt wird, wir kennen die Stimmung unserer Mitglieder nicht, so kann ich dem nicht folgen. Ich habe bei dieser Gelegenheit selbst eine bittere Erfahrung machen müssen. Nachdem man in Magdeburg die Gemüter in der Gewerkschaftsfrage aufgerührt hatte, nachdem es stürmische Versammlungen gegeben hatte, mußte ja nun schließlich irgendwo angepackt werden, es mußte den Leuten ja gesagt werden: ihr müßt zusammengehen! Glaubt mir, Genossen, es ist mir nicht ganz leicht gefallen, in einer großen Versammlung den Leuten diesen Weg beizubringen, und ich bekenne hier freimütig, es ist mir so vorgekommen, als spräche ich gegen eine Eiswand. Nichts hat sich gerührt. Man hat nachher Disziplin geübt und ist auch heute wieder auf dem Wege, gemeinsam zu marschieren. Aber ich habe dabei gelernt, daß es nicht ganz einfach ist, einfach von oben her einen Befehl zu geben: ihr habt das und das zu tun.

Genossen, es sind auf beiden Seiten Fehler gemacht worden. Auch ich könnte hier eine ganze Reihe von solchen kleinen Dingen anführen, die immer wieder hier und da anzutreffen sind. Aber diese Versammlung ist nicht der Rahmen dafür. Ich habe mich in solchen Fällen immer mit meinem Freunde Ernst Brandt, der heute auch hier ist, an einen Tisch gesetzt, wir haben darüber gesprochen und haben einen Weg gefunden. Das müßte auch in Zukunft der Fall sein.

Ich glaube aber nicht, daß wir uns einfach über alle diese Imponderabilien hinwegsetzen können, um heute hier einen Beschluß zu fassen und zu sagen: Ihr müßt euch einigen! Ich habe dann das Gefühl, daß die Führer mit wenigen Mannen sich vereinen und das große Heer fernbleiben wird. Deshalb bin ich der Auffassung, daß wir heute hier wohl Richtlinien geben können, daß wir ehrlich zusammen reden müssen, daß wir an einem Tisch sitzen müssen, aber nicht, daß wir den Befehl geben: Morgen muß die organisatorische Vereinigung vollzogen werden.

(Ackermann. Hat das jemand vorgeschlagen?)
Es ist vielmehr notwendig, daß wir die ideologische Vorbereitung treffen, daß wir alle unsere Leute bis in die kleinste Zelle hinein überzeugen (sehr richtig!), daß wir ihnen beibringen: diese ein-

heitliche Ausrichtung ist im Interesse Deutschlands erforderlich. Wenn wir es so anpacken, dann wird es ganz anders aussehen.

Genossen, ich möchte aber noch eins zu bedenken geben: Hier wird von den Genossen der Komm. Partei gesagt: Schafft doch ein Beispiel und macht es für den russischen Sektor! Meint ihr nicht, daß die Genossen im Westen sich dann erst recht dagegen aufbäumen? Ich glaube ganz sicher, daß dann nicht mehr eine Partei bestehen wird, sondern daß es drüben dann zwei Parteien geben wird, ebenso hier eine und das wären drei Parteien. Das kann aber doch nicht unser Wille sein.

(Ackermann. Die Rechnung stimmt nicht.)

Liebe Leute, wenn wir heute hier im russischen Sektor eine Einigung erzielen, wird es drüben eine große Menge von Leuten geben, die sagen: Das ist nur unter ganz bestimmten Einflüssen geschehen und wir machen da nicht mit! Dann wird es aber für uns sehr, sehr schwierig sein, diese Genossen der SPD vom Gegenteil zu überzeugen. Schon aus diesem Grunde müssen wir uns hüten, einen neuen Präzedenzfall für die Spaltung zu geben. Ich möchte deshalb bitten, daß man eine Kommission einsetzt, die über die beiden Entschließungen, die vorliegen, im Interesse der Einheit der Arbeiterschaft berät.

Lohagen (Leipzig – KPD): Genossinnen und Genossen! Ich hatte im Verlauf der 6 Monate seit dem Niedergang des Faschismus Gelegenheit, in zwei entscheidenden Städten von Sachsen Erfahrungen in der Zusammenarbeit zwischen sozialdemokratischen und kommunistischen Arbeitern zu sammeln, und zwar zuerst in Zwickau – und für das, was ich sage, sind meine Freunde aus der SPD aus Zwickau Zeuge –, dann an meinem jetzigen Wirkungsort Leipzig der Genosse Trabalski usw.

In Zwickau entwickelte sich ein sehr gutes Zusammenleben mit unseren sozialdemokratischen Freunden. Es gab, abgesehen von kleineren Differenzen, in allen entscheidenden Fragen nicht eine gegenteilige Auffassung. Auch in der Frage der Besetzung der Posten gab es für uns keine Differenzen. So haben z. B. unsere Freunde von der SPD in Zwickau, ohne daß wir etwas dagegen unternommen haben, im Gegenteil, sogar mit unserer Zustimmung, den Posten des Oberbürgermeisters, den des Polizeipräsidenten und des Landrats. Wir haben also damals nicht die Frage der Parität gestellt, sondern stellten uns die Frage: Wie ist es möglich, die Arbeitseinheit zwischen der SPD und der KPD zustandezubringen, um die Mehrheit der Zwickauer Arbeiter hinter beide Arbeiterparteien zur Durchsetzung ihrer politischen Ziele zu bringen. Das ist uns auch vollauf gelungen. Da war etwas anderes los und zwar lag das im wesentlichen daran, daß die führenden Funktionäre der KPD – ich spreche es hier ganz offen aus – noch in den alten Gedankengängen des Jahres 1933 lebten. In Leipzig versuchten wir mit allen Mitteln ein kameradschaftliches Verhältnis zu unseren Freunden vom sozialistischen Parteivorstand herzustellen. Ich kann auch hier wiederum betonen, daß uns das sehr gut gelungen ist. Nun aber sehen wir gegenüber den Berichten, besonders von Dahrendorf und auch den Befürchtungen, die Genosse Lehmann ausgesprochen hat, gerade in Leipzig eine entgegengesetzte Entwicklung. Dort haben wir heute bereits eine sehr breite Massenbasis einer gemeinsamen Arbeit zwischen SPD und KPD in den unteren Organisationseinheiten. Wir sehen, daß jeden Tag in den Betrieben gemeinsame Beschlüsse der sozialdemokratischen und der kommunistischen Betriebsgruppe zustande kommen. Ich glaube auch, von Leipzig ging die Initiative aus, der SPD nahezulegen, ihre Organisationsform zu ändern und sich auf Betriebsgruppen umzustellen. Was sehen wir heute? Daß in den entscheidensten Betrieben in Leipzig gemeinsame Betriebsgruppen nicht nur zusammenkommen, sondern gemeinsame Arbeitsprogramme, gemeinsame Aktionsprogramme für die Weiterentwicklung der Technik, für den Aufbau der neuen Industrie in Deutschland vorlegen. Ich habe hier ein Dutzend Resolutionen bei mir, aus denen ich nur einige Sätze vorlesen will.

(Verlesung aus Resolutionen des Braunkohlenwerks Pollwitz: Beide Betriebsgruppen beschließen, um den Gedanken einer einheitlichen Arbeiterpartei usw.)

Das Entscheidende bei dieser gemeinsamen Betriebsarbeit ist erstens, daß zu den tatsächlichen Produktionsaufgaben Stellung genommen wird, und wir sehen, daß dort, wo beide Betriebsgruppen in die Produktion entscheidend eingreifen, diese nicht nur gesteigert wird, sondern weit über das gestellte Soll hinaus erhöht wird. Ich will nur drei Beispiele herausgreifen. Die zwei bekanntesten Werke von uns, die für den ganzen östlichen Sektor entscheidend sind, Böhlen und Espenheim, sind heute auf ihrer Produktionsgrundlage nur deshalb so hoch, weil von Anfang an beide Betriebsgruppen einheitlich zusammengearbeitet haben. Sie haben ihr Produktions-Soll im Monat November um 47% überschritten. Wir haben in einigen Betrieben sog. Stoßtrupps. In Espenheim war die große Förderbrücke kaputt, das Gummiband, das nicht zu beschaffen ist. Es wäre ein Produktionsausfall von 14 Tagen entstanden, und was das für den östlichen Sektor an Briketts bedeutet, kann sich jeder vorstellen. Sozialdemokratische und kommunistische Arbeiter bildeten eine Stoßbrigade, und anstatt in 14 Tagen, wurde das Förderband in 6 Tagen wiederhergestellt, und wir hatten den Erfolg, daß die Förderung in acht Tagen mehr leisten konnte als bisher.

Wir haben auf dem Leipziger Bahnhof die Lok-Brigade 27. Sie ist ein Musterbeispiel für die Durchführung der gemeinsamen Arbeit. Wir haben die Werkzeugmaschinenfabrik. Beide Betriebsgruppen meldeten mir gestern stolz: Wir haben unser Monatsprogramm nicht nur erreicht, sondern in diesem Monat 20 Fräsmaschinen, 30 ... – Trecker mehr geliefert, was für unseren Betrieb eine Summe von 17000,– ausmacht. Ich könnte Ihnen, meine Freunde, Dutzende von solchen Entschließungen vorlegen.

Wie kommt es dazu? In den unteren Organen ist die Arbeitsgemeinschaft, der Drang nach Einheit so stark und wirkt sich in solchen praktischen Ergebnissen aus. Wir haben in Leipzig das erste große Experiment mit gemeinsamen Funktionärssitzungen gemacht, und zwar nicht in einem kleinen Kreis. Wir haben bereits vier gemeinsame Funktionärssitzungen durchgeführt, wo auf jeder 1000 kommunistische und 1000 sozialdemokratische Funktionäre vertreten waren. Wir sehen, daß in Leipzig auf Grund dieser Arbeit auf einer breiten Massenbasis der Einheitsgedanke im umgekehrten Verhältnis vorangeht, wie es die Gen. Dahrendorf und Lehmann geschildert haben.

(Anruf: Das war ohne Befehl!)

– Ohne Befehl, in der Frage der Volkssolidarität.

Nun sind wir, meine sozialdemokratischen Freunde, stolz auf die Volksweihnachten 1945.

(Dahrendorf: Das sind aber alles keine Argumente gegen die Argumente, die wir als die entscheidenden vorgetragen haben. Das kann ich für die ganze Diskussion sagen.)

– Nein, Genosse Dahrendorf!

(Zuruf: Sind Sie denn dagegen Dahrendorf?)

Aber es zeigte sich, daß Eure Hemmungen von falschen Voraussetzungen ausgehen. Dort, wo es zur praktischen Arbeit kommt, entstehen diese Hemmungen nicht, sondern durch die praktische Arbeit entwickelt sich der ungeheure Drang nach der einheitlichen Arbeiterpartei in Deutschland. Vergessen wir auch nicht, daß sich diese Arbeit nicht auf den östlichen Sektor beschränkt, sondern zu uns aus Leipzig kommen täglich Genossen aus dem Westen und wollen bei uns Erfahrungen sammeln. Gestern kommt zu mir der Vertreter des kommunistischen Arbeitsministers aus Wiesbaden und die Sekretärin des sozialdemokratischen Ministers, dessen Namen ich vergessen habe. Beide kommen nach Leipzig und sagen: Wir haben durch den Rundfunk das und das gehört; könnt ihr uns nicht Material über unsere gemeinsame Arbeit in den Gewerkschaften, über das Betriebsrätegesetz usw. usw. geben? Wir sehen also, daß diese gemeinsame Arbeit sich nicht nur im östlichen, sondern auch im westlichen Sektor wiederspiegelt und daß auch im Westen und Süden bei der Arbeiterschaft der Drang nach Einheit sehr stark ist.

(Zuruf: Dort sind dieselben Resolutionen.)

So würde sich unsere gemeinsame Arbeit, die wir jetzt verstärkt mit dem Ziel der einheitlichen Arbeiterpartei aufnehmen, in unserer gemeinsamen Politik im Westen widerspiegeln, und dadurch schaffen wir nicht nur eine einheitliche Partei, sondern auch das einheitliche Deutschland, das wir alle erreichen wollen.

Genossin *Arendsee* (KPD): Genossen! Genosse Lehmann hat hier besonders stark hervorgehoben, der Weg zur Einheit ist die einheitliche Aktion. Ich glaube, in der Beziehung hat er allgemein Beifall gefunden; denn die Diskussionsreden haben ja den Beweis dafür gebracht – siehe Mecklenburg, Sachsen –, daß eben in der Aktion die Einheit wächst und sich bewährt, daß dann auch die Anziehungskraft auf die Massen da ist, ja, daß wir die Massen in Bewegung bringen. Gerade, wenn heute die Frage auf dieser Konferenz so gestellt worden ist, daß die Wahlen in Bayern uns den Anlaß geben, ganz klar Farbe zu bekennen, so stehen wir jetzt vor der Entscheidung, durch praktische Aktionen Bayern das Beispiel zu liefern, die einheitliche Aktion der beiden Parteien durchzuführen. Wenn wir heute die Situation so ganz klar sehen, müssen wir auch auf dieser Konferenz zu der richtigen Entscheidung kommen, und man soll ihr nicht ausweichen, wenn man eben davon ausgeht: die Aktion gibt uns die Möglichkeit, zur Einheit zu gelangen. Es ist das schöne Wort vom »Willen zur Macht« hier gefallen. Auch der Genosse aus Sachsen, der eben von den praktischen Beispielen redete, sagt, er sei mit dem Willen zur Macht an die Arbeit gegangen. Der Wille zur Macht bedeutet, die Arbeiterklasse zu sammeln, damit sie diesen Weg zur Macht geht. Wenn wir uns nun überlegen, wie sich die Bevölkerung zusammensetzt, dann wissen wir, wie groß der Prozentsatz der Frauen ist, und diese Frauen haben noch keine politische Schulung, sie müssen erst durch den Anschauungsunterricht und die Aktion zur politischen Schulung gelangen, um gemeinsam mit den Männern diesen Weg zur Macht zu gehen. Was sehen wir heute unter den Frauen? Auf der einen Seite ist eine ziemlich starke Aktivität da, wo sie vor Aufgaben gestellt wurden. Das hat uns die Aktion »Rettet die Kinder« jetzt gezeigt. Wir sehen auch sonst, daß sich Frauen hervortun mit dem Willen, die Dinge zu ändern und dort auch ihre Aufgaben erfüllen. Aber gerade um diese Frauen ringt die Reaktion. Gerade im Hinblick auf die Lage in Bayern ist das der Fall. Wenn Gen. Dahlem uns hier sagt, die Frage würde dort so gestellt: Christentum oder Bolschewismus? dann wissen wir auch, woher die Christlich-Demokratische Union, oder wie sich die Parteien sonst nennen mögen, ihre Parolen bekommen. Ich verweise auch auf das, was der Papst im Oktober ausgeführt hat, wo er zu den Frauen sagt: Es ist Eure Pflicht, mit ganzer Kraft im öffentlichen Leben mitzuarbeiten und die Verantwortung nicht denen zu überlassen, die die Grundlage des sozialen und häuslichen Lebens zerstören würden. Er sagt weiter: Keine kluge Frau wird eine Politik des Klassenkampfes oder des Krieges unterstützen, denn sie weiß ganz genau, daß eine solche Politik auf Kosten der Familie durchgeführt wird. – Also die Politik des Klassenkampfes und des Krieges! Ganz bewußt stellt man die Frage so: Klassenkampf und Krieg, weil man weiß, daß die Frauen den Frieden wollen, und man spricht im gleichen Atemzuge vom Klassenkampf, um etwas zu verdecken, das, um was es sich wirklich handelt, nämlich daß gerade der Klassenkampf um den Frieden geführt wird. Gerade hier aber sehen wir, wie die Christlich-Demokratische Union versucht – wir haben ja neulich den Artikel in der »Neuen Zeit« gelesen, wo das Frauenwahlrecht im Hinblick darauf bezweifelt wird, ob die Frau den politischen Weitblick usw. besitze –, die Frau von den Aufgaben abzulenken, vor denen sie unmittelbar steht, um die Frauen im Moment unter dem Druck der Kirche für die Zwecke einzusetzen, für die man sie braucht. Wir sehen hier also die ungeheuren Gefahren, die uns drohen, wenn wir nicht verstehen, mit unserer Propaganda an die Frauenmassen heranzukommen, wenn wir hier vor allen Dingen nicht einheitlich und geschlossen auftreten; denn das ist das Entscheidende besonders bei den Frauen. Wir sehen in der Arbeit der Frauenausschüsse, wie sich hier die Frauen zusammenfinden und welche Möglichkeiten wir von der SPD und KPD haben, auf die Frauen einzuwirken, die sonst nur unter dem Einfluß der anderen Parteien stehen würden. Deshalb ist auch diese Arbeit gar nicht hoch genug einzuschätzen.

Wir müssen aber diese Dinge im Zusammenhang sehen. Es ist heute davon gesprochen worden, die Masse sei noch wie Wachs, sie lasse sich formen. Das ist ganz richtig. Aber das trifft besonders auf die Frauen zu, die gegenüber allen Erscheinungen noch unsicher sind, die sich jetzt vor ihnen abspielen. Sie haben die 12 Jahre Hitlerzeit hinter sich. Das Leben hat sie geschult, aber sie haben sich nicht selbst orientieren können. Jetzt treten ihnen nun zwei Parteien von seiten der Arbeiterklasse entgegen. Die Reaktion sammelt sich dort, sucht Unterschlupf in den Parteien, die außer unseren beiden Parteien da sind. Dem Einfluß von jener Seite auf die Frauen entgegenzuwirken und entgegenzutreten, ist für uns, kann man sagen, vielleicht überhaupt nur dann möglich, wenn wir einig und geschlossen auftreten. Gerade in den Frauenversammlungen erleben wir es ja, wie sehr stark die Frauen darauf reagieren, wenn wir von der Einheit sprechen. Gerade das Gefühl, das man heute der Masse, die wir ja formen sollen, geben muß, ist doch das Gefühl des Kraftausdrucks. Das erwächst aber aus der Geschlossenheit der Masse in dem klaren Ziel. Wenn dann hier gesagt wird: nun ja, wir können mit einem gemeinsamen Programm bei der Wahl auftreten, aber mit zwei Listen; denn wir müssen unser Kräfteverhältnis feststellen, – obwohl Gen. Lehmann offen erklärt hat: nicht das Stärkeverhältnis ist das Ausschlaggebende. Aber Gen. Grotewohl hat wiederum gesagt: Jawohl, wir müssen unsere Kräfte zählen! Also auch hier eigentlich keine Übereinstimmung in der Frage: Warum muß man zwei Listen haben? Aber es ist doch Tatsache, daß die Frau sich orientieren will, daß sie wissen muß: Auf der einen Seite die Einflüsse der Reaktion, die alles mögliche sagt, die Klassenkampf mit Krieg gleichstellt! Die Frauen aber wissen ja noch gar nicht, was eigentlich Klassenkampf ist. Und nun kommen die beiden Parteien, die auf dem Boden des Klassenkampfes stehen; denn wir wollen die Massen für die politische Macht gewinnen. Was ist jetzt der Unterschied zwischen diesen beiden Parteien? fragen die Frauen. Es ist selbstverständlich, daß die klare Erkenntnis der Klassenlage viel schwerer ist, wenn zwei Parteien auf den Plan treten. Das zu erkennen ist deshalb so schwer, weil die Masse noch ungeschult ist und weil sich gerade die Jugend erst orientieren muß. Wir stoßen überall darauf: Bloß keine Politik! weil man davon ausgeht, daß die Pg's jetzt die Keile kriegen, wie ein Junge ganz drastisch gesagt hat: Bleib mir mit Politik fern! Jetzt haben wir den Arsch vollgekriegt, daß wir zu den Nazis gelaufen sind, und hinterher kriegen wir den Arsch voll, wenn es anders kommt!

(Heiterkeit – Zustimmung; Gen. Fechner: Das ist in der Tat die allgemeine Auffassung!)

Die Jungen reden wie die Alten. Darin kommt das Gefühl der Unsicherheit gegenüber den Erscheinungen zum Ausdruck. (Zuruf) Ich sage: Volksstimme ist Gottes Stimme! Das »Wachs«, von dem gesprochen wurde, wollen wir formen und dann die Menschen für uns gewinnen. Das ist das A und O, der ganze Zweck, daß wir der Masse, die nach Wegen sucht, diese Wege zeigen. Die Jugend hat 12 Jahre unter dem nazistischen Einfluß gestanden, und die damals jugendlich waren, sind nun herangewachsen und in das Alter gekommen, wo sie über die Vergangenheit nachdenken. Wir wollen sie auf den richtigen Weg führen, und wir machen ihnen hier etwas vor: zwei Parteien. Wir haben eigentlich ein Programm, aber wir marschieren getrennt. Das soll nun der einfache Mensch, der anfängt sich zu orientieren, verstehen! Nein, Genossen, wenn wir heute hier zusammenkommen – und es ist eine ernste Stunde, besonders für uns Alte, die wir so lange Jahre in der Bewegung stehen. Vor beinahe 40 Jahren bin ich als junges Mädchen in die Sozialdemokratie eingetreten; es war im Jahre 1906.

(Zuruf: Warum bist Du nicht darin geblieben? – Heiterkeit)

Ich bin dann während des Krieges herausgegangen. Ihr wißt, welche Kämpfe ich damals in Berlin geführt habe mit den Frauen, weil ich die Kriegspolitik nicht mitmachen wollte und konnte, und wenn Ihr nie mehr solche Fehler macht, werden wir zusammenbleiben und uns nie mehr trennen, wenn wir in der Frage des Krieges und des Klassenkampfes einig sind.

Die Frage steht für uns sehr ernst! Wenn hier gesagt wird: es geht um Deutschland, so sagen das nicht nur die Sozialdemokraten, das sagen wir alle: Es geht um Deutschland, und es geht um die Zukunft, um den Sozialismus – sagen wir –, wenn es jetzt auch nicht das nächste Ziel ist. Aber wir wollen den Weg zum Sozialismus bereiten, und dazu brauchen wir die Massen, und wenn wir sie haben wollen, müssen wir einig und geschlossen marschieren, diesem Ziel entgegen. Darum handelt es sich, und es ist der Moment da, wo wir klar bekennen müssen, was wir wollen, und dann auch danach handeln.

(Zuruf: – und kühn sein und entschlossen!)

Klingelhöfer (SPD): Genossinnen und Genossen! Ich will mich ganz kurz fassen und nur ein paar Worte sagen für die Genossen, die hier nicht sprechen (Sehr gut!). Es gibt Unterschiede auf verschiedenen Gebieten, die dazu führen. Ich möchte auch dazu ein Wort sagen, was an gemeinsamen Aktionen noch notwendig ist, von denen auch nicht gesprochen wird.

Freunde von der KPD, Ihr könnt reden, Ihr habt nichts zu fürchten. Ihr könnt überall reden, was Ihr wollt; Euch zieht niemand zur Verantwortung (Lachen). Das ist es, daß viele unserer Genossen von dem, was sie auf dem Herzen haben, nicht sprechen (sehr gut!), weil sie Zurückhaltung üben wollen, üben müssen in bestimmten Befürchtungen, in denen sie schon Erfahrungen gesammelt haben.

Genossen, Ihr könnt handeln. Ihr könnt mehr tun: Ihr könnt auch kühn sein. Es ist nicht für jeden Genossen gleich, ob er handeln kann und kühn sein kann. Es hat nicht jeder die Wahl, ob er handeln darf oder kühn sein darf.

(Pieck: Die Faschisten haben das Recht nicht!)

Nein, Verzeihung, ich spreche von den Unterschieden, die in unseren Kreisen bestehen.

(Pieck: Dann mußt Du deutlicher werden!)

In unseren Kreisen ist es so, daß Genossen, die gehandelt haben, in einer Weise zur Verantwortung gezogen sind, die außerordentlich weit ging.

(Ackermann: Wie haben sie gehandelt?)

Ich muß den Fall nennen, der im Westen von Berlin und in der Provinz Sachsen passiert ist. Da ist ein Genosse von der SPD außerhalb des Ortes geführt worden. Es fiel ein Schuß. Er ist nicht getötet, er hatte einen Schuß im Halse und ist wieder gesund geworden.

(Pieck: Ist das von der Besatzungsbehörde korrigiert worden?)

Die Sache ist gemeldet. Ich will es nur feststellen.

(Zuruf: Aber nicht, weil er Sozialdemokrat ist.)

Ich will nur von den Dingen sprechen, die nicht ausgesprochen werden, aber die wir wissen müssen. Es gibt Dinge, die nicht ausgesprochen werden und für die Verständnis bestehen muß.

Ihr könnt auch mehr agitieren und organisieren, Genossen von der KPD; denn Ihr habt viel mehr Unterstützung, als wir sie haben. Es ist davon gesprochen worden: Ist das denn gerecht?

(Zuruf: Also machen wir die Einheitspartei!)

Nein, wir haben ja noch zusammenzuarbeiten und sehr viel zusammenzuarbeiten. – Ist es denn gerecht, daß in unserer Sowjetzone über 4 Millionen Eurer Zeitungen verbreitet wurden und von unserer ein Bruchteil von 1 Million. Überlegt das doch! Geht doch über solche Tatsachen nicht einfach hinweg!

(Zuruf: 4 Millionen Zeitungen?)

Ja, über 4 Millionen. Seht, Genossen, warum – so frage ich Euch – sind diese Sorgen nicht auch Eure Sorgen? Ist denn das nur eine Angelegenheit, die die SPD mit der Sowjetadministratur zu verhandeln hat? Wenn wir eine gemeinsame Aktion machen, warum vertreten wir diese Gesichtspunkte nicht auch gemeinsam bei der Sowjetadministration, daß hier Gerechtigkeit und gleichmäßige Behandlung sichergestellt wird? In diesem Punkte liegen ja die großen Schwierigkeiten. (Sehr richtig!) Wenn es uns möglich wäre, gemeinsam in diesen Fragen vorzugehen, gemeinsam mit Euch derartige Hemmungen zu beseitigen, glaubt mir, dann machen wir einen gewaltigen Schritt zur Einheit. (Sehr gut!) Das muß man wohl bedenken. Es handelt sich nicht um Kleinigkeiten für die Sozialdemokratie.

Als die SPD wieder zum Leben kam, da stand ich vor der Frage: Gehst Du zur SPD oder zur KPD? Und für viele von uns stand die Frage so, und erst, als sie am 12. Juni Euer Aktionsprogramm gesehen hatten, fiel für viele von uns die Entscheidung: Nein, für uns ist die SPD nötig. Ihr könnt nicht zweifeln, daß viel geschehen könnte, wenn auf diesem Gebiete auch eine gemeinsame Aktion zustande käme.

Die Voraussetzungen zur Einheit werden gewaltig gefördert, wenn wir auch zusammenstehen in den Sorgen, die wir haben. Ihr sollt sie nicht anhören, sondern sie mit uns gemeinsam beseitigen. Ich glaube, daß in diesem Punkte Gewaltiges geschehen könnte.

Wir leben in Deutschland ja nicht nur in der sowjetischen Zone, es gibt auch einen Westen. Im Westen wird es doch so sein, daß Ihr uns so braucht, wie wir Euch hier brauchen, und das ist eine Sache, die Euch auch heute angeht, und heute auch hier, wenn wir Beschlüsse fassen.

(Ulbricht: In der Westzone haben wir keine Zeitungen!)

Wir helfen Euch, wie Ihr uns helfen sollt. Dafür sind wir da, daß wir gemeinsam zusammenstehen. In der Westzone hat auch die SPD keine Zeitungen.

Als zweites will ich nur eine Frage stellen, – eine Frage, die auch den Kern der Dinge trifft. Ich glaube, sie geht auf den Kern der Dinge. Wir brauchen eine Einheit der Arbeiterklasse in Deutschland. Wir haben viel davon gesprochen, warum wir sie vom Standpunkt der Arbeiterklasse brauchen. Ich sage: Wir brauchen diese Einheit der Arbeiterklasse auch im Interesse der Sowjetunion. (Sehr gut!)

Und dem will ich die andere Frage einfügen: Was wird die Sowjetunion sagen, wenn die Einheit in der Sowjetzone das praktische Ergebnis haben würde, daß die Einheit in Deutschland unmöglich werden würde?

(Zuruf: Das gibt es gar nicht!)

Vors. *Fechner*: Das Präsidium möchte den Vorschlag machen, nunmehr für heute Schluß zu machen. Es liegen noch drei Rednermeldungen vor, wir werden also sowieso morgen früh um 10 Uhr die Debatte neu beginnen müssen. (Zuruf: Früher!) Früher geht es nicht, weil wir vorher noch eine Besprechung haben, die unbedingt durchgeführt werden muß. – Wir werden es so einrichten, daß wir bis spätestens 12 Uhr mit den Schlußworten fertig sind. Ich glaube, die Gen. Dahlem und Lehmann werden in diesem Falle auf ein Schlußwort verzichten; das machen die beiden Hauptreferenten mit ab. Ich darf auch vielleicht im Einverständnis mit dem Gen. Ulbricht sagen, daß wir beide in der Gewerkschaftsfrage so einig sind, daß wahrscheinlich gar keine Debatte entstehen wird. Ich habe den Eindruck, daß die Genossen mit diesem Vorschlag einverstanden sind. Damit ist die Sitzung für heute geschlossen.

(Schluß des ersten Verhandlungstages 20 Uhr.)

Zweiter Verhandlungstag
Freitag, 21. Dez. 1945
Vors. *Fechner* eröffnet die Sitzung um 10 Uhr 55 Min.

Vors. *Fechner*: Genossinnen und Genossen! Ich eröffne die heutige Sitzung und möchte zunächst um Entschuldigung dafür bitten, daß wir etwas später gekommen sind. Ich kann aber die erfreuliche Mitteilung machen, daß die Kommission, die ja damals schon die Vorbereitungen für diese Konferenz getroffen hat, sich zusammengesetzt hat und aus der Diskussion heraus zur Niederschrift der gemeinsamen Auffassung gekommen ist. (Lebhaftes Bravo; Händeklatschen) Diese gemeinsame Auffassung wird der Gen. Grotewohl auf unseren Wunsch hier zum Ausdruck bringen. Ich bitte, zur Erledigung der Angelegenheit die vervielfältigte Entschließung zur Hand zu nehmen, dann auch die Vereinbarung über den gemeinsamen Wahlkampf. Gen. Grotewohl wird so vortragen, daß jeder seine Notizen machen kann. Wir wollen versuchen, jedem Bezirksvertreter wenigstens ein Exemplar der Entschließung mit der genauen endgültigen Formulierung mit auf die Reise zu geben. Darüber hinaus wird eine Vervielfältigung erfolgen, damit die Bezirksvertreter dann auch für ihre Unterorganisationen Material zur Verfügung haben. – Über den weiteren Verlauf der Konferenz werden wir uns nachher noch unterhalten. – Ich bitte nunmehr den Gen. Grotewohl, das Wort zu nehmen.

Grotewohl (SPD): Genossinnen und Genossen! Als wir uns zusammensetzten, um eine Erklärung zu schaffen, welche Beschlußfassung in der heutigen Konferenz möglich sei, lagen als Grundlage zwei Entschließungen vor, einmal die von den kommunistischen Freunden vorgelegte, die Ihr jetzt in der Hand habt, und zweitens die vom Zentralausschuß der SPD vorgeschlagenen Richtlinien. Wir haben nach eingehender Aussprache unter Berücksichtigung der gestrigen Diskussion eine Formulierung vorgenommen und als Grundlage den Vorschlag der KPD benutzt. Ich bitte Euch, das Exemplar, das Ihr in der Hand habt, wie folgt zu ändern.

(Grotewohl trägt im einzelnen die Änderung vor.)

Wir schlagen dann vor, daß im Anschluß hieran die Unterschrift aller Konferenzteilnehmer in der Reihenfolge erfolgt, daß zunächst die Mitglieder des Zentralausschusses und des Zentralkommitees durcheinander den Namensvollzug vornehmen, dann die einzelnen Bezirksvertreter aus Provinz und Land, ebenfalls bunt durcheinandergewirbelt. Zu diesem Zweck wird die Liste, nachdem die Einheitlichkeit zu diesem Beschluß festgestellt worden ist, in doppelter Ausfertigung in Umlauf gesetzt werden. Die sachliche Durchführung werden die Gen. Pieck und Fechner noch regeln.

Außerdem schlagen wir noch vor, daß die in der Vorlage des Zentralausschusses enthaltenen Vorschläge auf Seite 3–4, die die organisatorischen Maßnahmen über die zukünftige Zusammenarbeit betreffen, hier nicht aufgenommen werden, sondern daß sie als Sonderanweisung von den beiden Zentralstellen an die Organisationen gegeben werden, um nicht nach außen den Eindruck zu erwecken, als müsse zwischen uns nun ein großer Ehekrieg oder wer weiß wie viele Sondervorschriften beseitigt werden. Das wird also eine interne Anweisung an die Organisationen, über die wir uns noch einmal zusammensetzen und dann als Rundschreiben hinausgehen lassen.

Dann soll ich gleichzeitig noch berichten über die Vorschläge für die Vereinbarung über das gemeinsame Auftreten der beiden Parteien bei den Gemeindewahlen in der amerikanischen Zone, und zwar zunächst dort. Aber an sich ist es so, daß das hier aufgestellte Programm, auf das sich die einzelnen Kandidaten verpflichten sollen, allgemeine Gültigkeit für das ganze Reich hat, und ich muß bei der Art unserer Organisationsbindungen sagen, für uns wäre es einfacher, wenn wir es nicht als für die amerikanische Zone allein gültig bezeichnen, sondern als gemeinsames Auftreten der beiden Parteien bei den Gemeindewahlen. Wir werden es überall so durchsetzen, aber es ist dann nicht so spezifiziert. Ich stelle anheim, in der Aussprache das noch zu klären. Ich möchte jedenfalls den Vorschlag gemacht haben, die Worte »in der amerikanischen Zone« fallen zu lassen, die dann automatisch überall wegfallen.

(Grotewohl gibt dann die textlichen Änderungen der Vorlage bekannt.)

Im übrigen werden nunmehr die Gen. Pieck und Fechner die Vorschläge über die weitere Fortführung der Verhandlung machen.

Fechner: Die eben besprochenen Richtlinien zu den Wahlen gelten als eine Vereinbarung oder als Beschluß der gemeinsamen Konferenz, nicht nur der beiden Zentralleitungen der Parteien.

(Grotewohl: Wählen wir doch denselben Text, wie er über der anderen Vorlage steht: »Vereinbarung der gemeinsamen Konferenz des ZK der KPD und des ZA der SPD«!)

– Also wie es über dem anderen Entwurf steht.

Dann haben wir das wohl erledigt. Wir haben uns dahin verständigt, für die einzusetzende Studienkommission folgende Mitglieder vorzuschlagen: für die KPD die Genossen Pieck, Ulbricht, Ackermann und Dahlem, für die SPD die Genossen Grotewohl, Fechner, Dahrendorf und Lehmann.

Ich werde nunmehr die Liste zur Unterzeichnung herumreichen. Es ist so eingerichtet, daß oben die Vertreter der beiden Zentralkomitees, und zwar, wie Gen. Grotewohl schon sagte, nicht genau abgestempelt, sondern durcheinander unterschreiben. Ebenso soll es bei den Vertretern der Bezirke gehandhabt werden. Wir haben hier schon organisatorisch die Einheit berücksichtigt und haben 6 Bezirke, also Landesverbände und Provinzialverbände genommen. Wir haben in unserer Organisation ja mehr Bezirksverbände als nur diese. Ich bitte also die Genossen der SPD, unter dem Bezirksverband zu unterschreiben, zu dessen Provinz oder Land sie gehören. Die Listen gehen dann in zwei Exemplaren herum.

Dann, Genossen, liegen noch 6 Wortmeldungen für die gestern abgebrochene Diskussion vor. Wollen wir nach dem Wunsch der Konferenz von gestern sofort mit der Diskussion beginnen?

XXXXX (zur Geschäftsordnung): Genossen, nach dem, was wir jetzt gehört haben, ist es doch zwecklos, unsere Zeit noch mit der Fortsetzung der Diskussion von gestern zu vertrödeln. Wir haben jetzt eine ganz andere Situation als gestern, und ich glaube, die Aussprache werde nur das abtöten oder die Meinungen wieder durcheinanderbringen. Das Beste wird sein, wir schweigen und arbeiten. Ich stelle deswegen den Antrag, die Debatte nicht fortzusetzen.

Klingelhöfer (zur Geschäftsordnung): Ich glaube nicht, daß ein solcher Antrag richtig ist. Es muß die Möglichkeit gegeben werden, den Entwurf noch einmal in Ruhe durchzulesen, damit eventuelle Anträge zu einer Erweiterung oder Veränderung gestellt werden können. Es scheint mir ganz selbstverständlich zu sein. Ich habe gar keine besonderen Absichten, aber aus der Tatsache heraus ergibt sich das von selbst.

Vors. *Fechner*: Es hat ein Genosse dafür und einer dagegen

gesprochen. Der eine Genosse hat den Antrag gestellt, auf eine weitere Diskussion zu verzichten, der andere ist der Meinung, sie solle wieder eröffnet werden. Ich schlag vor: Überlassen wir es den Rednern, die sich noch gemeldet haben, ob sie noch sprechen wollen oder nicht. Wir standen auf dem Standpunkt, den der Genosse Klingelhöfer eingenommen hat, daß man noch die Möglichkeit geben soll zu diskutieren. Ich glaube, wir verfahren am besten ohne Abstimmung so, daß ich die Redner aufrufe, wer dann verzichten will, kann es tun.

Pieck: Ich verstehe durchaus die Einwände des Gen. Klingelhöfer. Das, was wir Ihnen vorlegen, ist das Ergebnis einer Verständigung zwischen den Genossen, die den gemeinsamen Arbeitsausschuß der beiden Parteien bilden. Das braucht nicht zur Folge zu haben, daß nun alle Genossen aus den Bezirken oder vom Zentralausschuß oder Zentralkomitee mit dieser Verständigung einverstanden sind. Es liegt sogar im dringenden Interesse dieser Konferenz und der beiden Parteien, daß Genossen, die nicht einverstanden sind, sich zu Wort melden und ihren Standpunkt darlegen. Es ist klar, daß nach dieser Verständigung, nach dem gemeinsamen Vorschlage, die Debatte einen anderen Charakter bekommen wird. Es ist vorauszusehen, daß die Genossen, die schließlich zu dem Zweck hierherberufen sind, um einen Weg der Verständigung zu finden, nicht noch Ausführungen machen, die durch diese Vereinbarung gegenstandslos geworden sind. Es gibt aber andere Fragen, die natürlich noch zur Sprache gebracht werden können. Dahin gehören auch solche Fragen, wie sie gestern vom Gen. Klingelhöfer angeführt worden sind. Ich glaube, wir sollen es den Genossen überlassen, ob sie es für nötig halten, noch zu diesem Tagesordnungspunkt zu sprechen. Das soll in keiner Weise bedeuten, daß nunmehr eine Verständigung hier erfolgt unter den beiden Spitzen der Parteien und sich nun die anderen alle einzuschränken haben. Dieses Gefühl darf bei dieser Vereinbarung bei keinem Genossen vorhanden sein; denn wir setzen doch voraus, daß wir uns dann auch gemeinsam absolut einheitlich für das einsetzen, was wir auf dieser Konferenz beschließen. Das wird aber nur gewährleistet sein, wenn Genossen, die etwa nicht dieser Meinung sein sollten, auch ihre Einwände zum Ausdruck bringen, so daß wir wirklich in die Entschließung den Satz einfügen können, der im Punkt 5 oder 6 am Anfang steht, daß diese Vereinbarung auch von allen Teilnehmern getroffen wurde. Natürlich sollen die Genossen am Schluß durch ihre Unterschrift ihr Einverständnis bestätigen. Das setzt aber ebenfalls voraus, daß jeder, der mit dem Geist dieser Vereinbarung nicht einverstanden ist, seine Meinung sagt. Da handelt es sich nicht um Einzelformulierungen, sondern um den Geist dieser Vereinbarung. Deshalb sollten wir wie der Gen. Fechner so sagen: Die Genossen, die zum Wort aufgerufen sind, können verzichten, wenn sie einverstanden sind oder zur Debatte nicht weiter beitragen wollen. Die anderen aber, die sich dazu nicht entschließen können oder die Bedenken haben, sich zu Wort zu melden, sie können das auch absolut unbeschränkt machen. Ich bin absolut anderer Meinung wie Klingelhöfer, daß Genossen sich hier nicht zu Wort melden, und er deshalb in ihrem Sinne sprechen mußte. Ich glaube, das ist eine Herabsetzung der Konferenz, wenn Genossen aus den Bezirken solche Befürchtungen hegen, die zum Teil aus ganz anderen Gründen kolportiert werden, daß man in der Sowjetzone kein freies Wort reden darf. Das sollte in unserer Konferenz nicht Biden und Heimkehr finden.

Vors. *Fechner*: Die Vorschläge des Gen. Pieck bewegen sich in derselben Richtung, wie ich sie vorhin gemacht habe. Der Zeitersparnis wegen wollen wir jetzt in die Diskussion eintreten. Das Wort hat der Genosse Koenen.

Koenen (KPD): Ich kann mich kurz fassen. Ich glaube der Verlauf unserer Konferenz gestern und heute hat gezeigt, daß wir durch die Diskussion wirklich einen Schritt vorwärts gekommen sind. Unsere Genossen in den Bezirken und in der Provinz – und deshalb ergreife ich das Wort – erwarten selbstverständlich, daß wenn 30 Vertreter aus der Provinz und dem Zentrum von jeder Partei hier zusammenkommen, um die Fragen der Einheit der beiden Parteien zu besprechen, nun auch wirklich große Schritte vorwärts gemacht werden. Deswegen sind wir auch trotz der großen Streichungen, die wir schmerzlich hinnehmen, mit der

Abfassung der jetzt vor uns liegenden Entschließung durchaus befriedigt, und zwar in der Auffassung, daß wir einen großen Schritt vorwärts zur Wiederherstellung einer wahrhaft marxistischen Arbeiterpartei in Deutschland machen. Mit diesem Ergebnis können wir hinausgehen und vor die Arbeiter treten. Die Arbeiter erwarten von uns, daß eine einheitliche Führung entsteht. Nach 6 Monaten erfolgreicher Aktionseinheit war eben eine Lage gekommen, wo die ersten Schritte zum Aufbau getan sind und nun vor Deutschland, vor der Arbeiterschaft, vor dem ganzen deutschen Volke viel größere Aufgaben stehen, für die die Führung wirklich eine gefestigte, einheitliche sein muß; eine einheitliche, feste, kühn entschlossene Führung durch eine einzige Partei ist unbedingt für die nächste Zeit, für das kommende Jahr erforderlich, d. h. auf politischem Gebiet, auf wirtschaftlichem Gebiet eine feste soziale Führung und, wie wir sagen möchten, ganz besonders eine feste nationale Führung.

Wie wird es möglich sein, eine wahrhaft nationale Einheit in Deutschland zu erhalten und die Führung für eine nationale Einheit und Entwicklung zu erreichen, wenn es nicht durch eine einzige einheitliche Arbeiterpartei geschieht! Wie ist es möglich, daß die übrigen Teile des deutschen Volkes sich zusammenschließen und die Hoffnung auf Verwirklichung ihrer nationalen Gefühle hegen können, wenn nicht die Arbeiterklasse sie führt und wenn sie nicht eine kühne, einheitliche, feste Arbeiterpartei haben. Ich glaube, daß uns die heutige Entschließung auf diesem Wege vorwärts führen und ungeheuer viel geben wird, wenn wir mit dieser Entschließung in die Provinz hinausgehen können.

Vors. *Fechner*: Das Wort hat der Genosse Rothe! (Verzichtet) – Das Wort hat der Genosse Ackermann. (Verzichtet) – Lübbe – (Verzichtet) – Ulbricht! (Verzichtet.) – Wird sonst noch das Wort gewünscht? – Genosse Tape.

Tape (SPD): Genossen, ich möchte zunächst meine und meiner Parteigenossen Zustimmung zu der Entschließung und zu der Vereinbarung, die jetzt getroffen worden ist, erklären. Ich habe aber das Bedürfnis, meine Ausführungen von gestern etwas zu komplettieren. Ich hatte gestern einen Autounfall und war nicht so konzentriert, wie es nötig gewesen wäre, um das zum Ausdruck zu bringen, was ich sagen wollte. Ich möchte gerade deshalb, weil ich sehr für die Vereinbarung bin und mich darüber freue, daß wir zu einer einheitlichen Entschließung kommen, doch das Augenmerk auf die Grundfrage lenken und so die 5 Minuten, die ich gestern nicht gesprochen habe, noch heute verwerten.

Ich möchte feststellen: Es geht um die Führung Deutschlands, und zwar um die Frage, ob diese Führung durch die Reaktion oder durch die Arbeiterklasse erfolgen soll. Das deutsche Volk erwartet jetzt, daß die Arbeiterklasse die Führung in Deutschland übernimmt. Die Voraussetzung aber für die Übernahme der offenen Verantwortung für die Nation ist die nationale Frage, und an der nationalen Frage dürfen wir nicht vorbeigehen. Das ist das Schicksal für Deutschland. Wer diese nationale Frage beantwortet, der übernimmt die Führung in Deutschland. Da gibt es gar keine Winkelzüge.

Beantwortet die Arbeiterschaft die nationale Frage nicht eindeutig, dann wird sich das deutsche Volk wieder der Reaktion in die Arme werfen, und an dieser Stelle gilt das Wort: »vox populi – vox dei!« wirklich hundertprozentig. Hier hilft auch kein Trick und keine Geschicklichkeit in der Politik, sondern das Volk ist hier instinktiv entscheidend. Wer sich zur deutschen Nation bekennt, der wird die Führung in Deutschland haben, und die Arbeiterklasse muß eben dieses offene Bekenntnis zum Ausdruck bringen, und zwar ganz eindeutig. Um die nationale Führung im deutschen Staat zu übernehmen, dazu bedarf die Arbeiterklasse der absoluten Einheit.

Wir dürfen nicht übersehen, daß die Einheitsfrage und die nationale Frage eng miteinander gekoppelt sind, wie die beiden Seiten einer Gleichung. Wenn ich von der Gleichung die eine Seite wegnehme, ist das andere überhaupt nichts mehr, sondern nur noch eine Zusammenballung von Zahlen oder Formen. Wenn ich also die Einheitsfrage für richtig halte und wenn wir die Einheitsfrage für die zwingende Frage auch hinsichtlich der nationalen Frage halten, dann ist es unmöglich, daß die Reaktion jemals wieder siegen kann. Wenn wir die Einheitsfrage aber nicht eindeutig in bezug auf das ganze nationale Problem beantworten, dann stehen wir vor der Gefahr, daß die

Arbeiterschaft ihre historische Stunde nicht begriffen hat und versäumt und daß wir dann das ganze deutsche Volk wieder der Reaktion überlassen.

Vors. *Fechner*: Weitere Wortmeldungen zur Diskussion liegen nicht mehr vor.

Teubner: Ich schlage vor, weil es sich bei beiden Vorlagen um historische Dokumente handelt, die Überschrift auf Seite 10 erste Zeile zu wiederholen.

Vors. *Fechner*: Ich halte das an sich nicht für so wichtig, es ist aber noch möglich, hineinzukorrigieren. Wir werden sowieso den Wortlaut noch einmal überprüfen. Die Gen. Ackermann und Dahrendorf sind beauftragt, redaktionelle Schönheitsfehler usw. noch zu korrigieren. Sie werden das noch berücksichtigen können.

Wir haben den Vorschlag gemacht, eine Studienkommission aus den Genossen Pieck, Ulbricht, Ackermann, Dahlem, Grotewohl, Fechner, Dahrendorf und Lehmann zusammenzusetzen. Erhebt sich dagegen Widerspruch? – Das ist nicht der Fall. Dann stelle ich in diesem Falle die absolute Einmütigkeit fest, und ich darf wohl diese Meinung auch insofern annehmen, daß die Genossen insgesamt der Auffassung sind, daß die erarbeitete Entschließung nunmehr der einheitliche Weg für uns sein soll. Oder erhebt sich dagegen Widerspruch?

XXXX: Ich habe festgestellt, daß verschiedene Genossen den 9 oder 10 Seiten langen Entwurf nur sehr flüchtig durchlesen konnten. Ich stelle den Antrag, ihnen Gelegenheit zu geben, indem man die Konferenz vielleicht eine Stunde unterbricht, die Entschließung in Ruhe durchzulesen, oder man sollte die ganze Entschließung noch einmal im Zusammenhang verlesen, um so Gelegenheit zu geben, dazu noch einmal Stellung zu nehmen, vor allen Dingen nachdem wichtige Punkte gestrichen worden sind, damit man sich ein Urteil bilden kann, wie das Gesamte wirkt. Darauf kommt es auch an. Durch die Streichungen kann sich der Gesamteindruck geändert haben. Nachdem so lange geredet worden ist, kommt es auf diese Stunde auch nicht mehr an.

Böttcher: Ich möchte von diesem Wege abraten. Wir haben bereits gestern die Entschließung bekommen und haben sie gründlich durchgearbeitet. Sie ist gestern diskutiert worden, heute noch einmal durchgearbeitet worden. Soviel Auffassungsgabe müssen wir uns doch zutrauen, daß wir uns ein Bild darüber gemacht haben.

(Zuruf: Am besten noch einmal vorlesen.)

Vors. *Fechner*: Dem Vorschlag entsprechend, wird Gen. Grotewohl, damit es gar keine Differenzpunkte gibt, noch einmal den Wortlaut im ganzen Text vorlesen.

Ehe Gen. Grotewohl das Wort nimmt, muß ich noch etwas Besonderes erwähnen. Genossen, eben ist ein Teilnehmer in den Saal getreten, der etwas später gekommen ist, wahrscheinlich aus dem Grunde, weil er heute Geburtstag hat (Heiterkeit), es ist unser Genosse *Otto Braß*. (Lebhafter Beifall) Genosse Braß feiert heute seinen 70. Geburtstag und ist an diesem Tage auch 50 Jahre in der Arbeiterbewegung tätig. (Erneuter lebhafter Beifall.)

Genossen, ich glaube, wir freuen uns alle, daß wir ihn in solcher Frische noch unter uns haben und daß er heute gerade Gelegenheit hat, die Einmütigkeit, die ich eben festgestellt habe, noch in solcher Jugendfrische mitzuerleben. Ich bringe Dir, Genosse Otto Braß, mit dem ich ja über 25 Jahre lang gemeinsam gearbeitet habe, aus vollem Herzen die Grüße der Sozialdemokratischen Partei dar. Der Gen. Wilhelm Pieck will Dir auch noch etwas für seine Partei sagen. Ich erteile ihm das Wort.

Pieck: Lieber Otto Braß! Es ist wohl das beste Geburtstagsgeschenk, das Dir an Deinem 70. Geburtstag gemacht werden kann, das Ergebnis der Beratung dieser Konferenz, die Verständigung, die auf einer Basis erfolgte, welche alle Möglichkeiten der Entfaltung der Besonderheiten des deutschen Volkes gibt, in der Richtung der Neugestaltung Deutschlands auf demokratischer Grundlage, des Wiederaufbaus seiner Wirtschaft. In der Richtung, wofür Du seit den verhängnisvollen Tagen des Ersten Weltkrieges gekämpft hast, die dadurch herbeigeführte Spaltung in der Arbeiterklasse zu überwinden, auf dieses Ziel hin ist heute ein bedeutsamer Schritt in dieser Konferenz getan worden, und wir freuen uns, Dich noch so gesund und frisch an Kräften zu sehen, daß Du nach unserer Überzeugung an der Durchführung des heutigen Beschlusses noch einen sehr lebendigen Anteil haben wirst, ganz gleich, auf welchem Gebiet Du Deine Erfahrungen und Fähigkeiten der Arbeiterbewegung widmest. Wir wünschen Dir auch vom Zentralkomitee der Komm. Partei beste Schaffenskraft für noch recht viele Jahre, beste Gesundheit, daß das, was heute hier begonnen wurde, die Vereinigung und Verschmelzung der beiden Arbeiterparteien zu einer einigen sozialistischen Arbeiterpartei, durch Deine Unterstützung zum Ende und zum Ziele geführt wird. In diesem Sinne unsere herzlichsten Glückwünsche zu Deinem Ehrentage, der dadurch noch eine besondere Würdigung erhält, daß Du gleichzeitig an diesem Tage Dein 50jähriges Parteijubiläum feiern kannst, wobei Du noch zwei Jahre länger in der Gewerkschaftsbewegung stehst. Wir kennen Deine ganze Vergangenheit sehr gut und wissen, daß wir an Dir einen unserer besten und treuesten Mitkämpfer haben, der der Sache der Arbeiterklasse aufs tiefste ergeben ist. In diesem Sinne alles Gute zu Deinem Ehrentage und für die nächsten 10 Jahre! (Lebhafter Beifall.)

Otto *Braß*: Genossen, gestattet mir einige Bemerkungen! Ich will offen zu Euch sein, wie ich immer offen bin. Ich bin gestern aus der Sitzung mit einer großen Sorge weggegangen, und zwar weil mir, solange ich hier war, der Gedanke aufstieg, daß die Möglichkeit der Vereinigung der Arbeiterklasse, die in diesem Raume geschaffen werden *muß*, wieder hinausgeschoben werden könnte. Um so mehr bin ich erfreut, daß ich höre, daß diese Klippe überwunden ist bzw. wahrscheinlich überwunden werden kann.

Für die Begrüßung, Genossen, meinen Dank! Aber wenn dazu kommt, daß, nachdem die Arbeiterklasse in diesem Ziele prinzipiell einig ist, diese Einigung auch geschmiedet wird, so ist das das größte Erlebnis und bedeutet für mich das Größte, für das ich in den letzten Jahrzehnten gekämpft habe. Es gibt niemand in diesem Saale, mag er noch dieses oder jenes als nicht ganz abgeschlossen bezeichnen, der in seinem Innersten nicht davon überzeugt wäre, daß wir zusammenkommen müssen. (Sehr richtig!) Wenn aber diese Überzeugung vorhanden ist, und zwar unter Genossen, von denen mancher doch irgendwie schon eine Schramme in den Kämpfen bekommen hat, die er in der Arbeiterbewegung geführt hat, so sage ich: Dann kann und muß es unmöglich sein, daß wir auseinandergehen, wenn auch nicht direkt mit einer Verschmelzung, aber doch in kürzester Frist die Parteien zusammenführen. Denn wir sind eins, Genossen, und wenn wir darüber diskutieren sollten, ob wir in dem Ziel noch auseinandergehen, so würde das hier doch unmöglich sein. Noch gestern ist in jedem Satz, der hier gesprochen wurde, die Überzeugung zum Ausdruck gekommen und der Wille dokumentiert worden: wir müssen zusammen! Ja, Genossen, wenn dieser Wille vorhanden ist, kann uns niemand hindern, zusammenzukommen, zusammenzugehen (Bravo!) und eine einheitliche Plattform zu finden. Es mögen hier und da noch Mängel vorhanden sein, hier und da noch Klippen sein, aber zum Teufel noch einmal: Diese Klippen können und müssen wir überwinden. Genossen, das wäre für mich das größte Geburtstagsgeschenk, das ich je bekommen habe, wenn es heute und in den nächsten Tagen zum Fundament und zu einer Plattform kommt, von der aus wir hinausgehen können und sagen: Der erste Schritt ist getan, der zweite und dritte wird in den allernächsten Monaten erfolgen, und zwar die Einigung der Arbeiterschaft.

Genossen, es ist eine alte Erfahrung, die ich in meinem Leben oft gemacht habe: Ich habe an vielen solchen Tagungen teilgenommen, wo Spaltungen usw. zur Debatte standen, und habe dabei mitgewirkt, aber die eiserne Energie, die die Elitetruppe auf beiden Seiten hatte, hat es immer wieder gezwungen. Wenn wir heute über alle diese Fragen und auch in der Frage des Aufbaues des Staates und Landes einig sind, warum sollen wir noch getrennt marschieren? Es ist eigentlich unmöglich, daß solche Gedanken noch aufkommen können. Ich sage Euch das auf Grund meiner Erfahrungen: Eine Einigung, die hier stattfindet, wird der Arbeiterklasse, der schaffenden Bevölkerung den größten Auftrieb geben, daß wir aus diesem Engpaß, so möchte ich es ausdrücken, in dem wir uns jetzt befinden, herauskommen. Die Betriebe werden die Fahnen hissen, wenn sie hören, daß hier der Boden für die Einigung geschaffen worden ist. Daß diese Einigung in Bälde erfolgt, ist mein Wunsch, Parteigenossen. (Lebhafter Beifall)

Vors. *Fechner*: Der Gen. Grotewohl wird jetzt noch einmal den genauen Wortlaut der Entschließung verlesen und im Anschluß daran gleich sein Schlußwort halten. Ihm folgt dann der Gen. Pieck.

(Grotewohl verliest den Wortlaut der Entschließung.)

Darf ich nun feststellen, Genossen, daß wir alle den genauen Wortlaut haben? – Darf ich fragen, ob noch irgendeine Abänderung gewünscht wird?

(Klingelhöfer schlägt vor, unter 1 Zeile 6/7 die Worte »im August 1914« zu streichen. – Auf Vorschlag des Gen. Pieck wird dafür eingesetzt: »während des Ersten Weltkrieges«. – Auf Vorschlag von Pieck wird auf Seite 6 Zeile 5 von unten das Wort »Bürgertum« durch »Reaktion« ersetzt. – Weitere Vorschläge werden der Studienkommission zur Prüfung überwiesen.)

Ich darf dann wohl feststellen, daß die Mehrheit der Konferenz oder alle Teilnehmer der Auffassung sind, daß die Formulierung nunmehr richtig ist. Sonst noch irgendwelche Wünsche?

(Auf Vorschlag von Pieck wird das Wort »spätere« vor »Spaltung« durch »neue« ersetzt.)

Weitere Änderungen werden nicht gewünscht. Bei den jetzigen Vorschlägen handelt es sich ja auch nur um rein redaktionelle Änderungen. – Dann hat der Gen. Grotewohl das Schlußwort.

Grotewohl: Nachdem ich die Entschließung soeben noch einmal an meinem Auge und Ohr habe vorüberrollen lassen, muß ich sagen, Genossen, ich habe nicht mehr das Bedürfnis, noch ein längeres Schlußwort zu halten; denn alles, was zu sagen ist, ist so gründlich und so prägnant in der Entschließung zum Ausdruck gebracht, daß es nur eine Verwässerung wäre, wenn ich jetzt noch auf irgendwelche Einzelheiten eingehen wollte. Ich will nur noch eins sagen. Als wir uns gestern entschlossen haben, Euch Genossen von der Komm. Partei die in Euren Augen vielleicht klein erscheinenden Vorgänge hier vorzutragen und Euch die Zusammenhänge dieser psychologischen Belastung innerhalb der SPD zu erläutern, lag uns nichts ferner als etwa die Absicht, die Fragen, die wir zu entscheiden haben, zu bagatellisieren oder auf eine Linie zu schieben, die dem großen historischen Gewicht nach ihr nicht zukäme. Wir haben nach dem Grundsatz gehandelt: aussprechen, was ist, und das ist ja wohl eine gute marxistische Erkenntnis. (Sehr gut!) Nur dadurch, Genossinnen und Genossen, daß wir Euch in die Lage versetzen, diese in unserer Organisation bestehende psychologische Belastung richtig zu erkennen, seid Ihr in der Lage, auch den wirklich unantastbaren guten Willen unsererseits zu prüfen und zu besprechen. Die Aussprache und unsere nachherige Verhandlung hat uns ja gezeigt, daß wir, die wir in den Grundfragen einig sind, auch in der Lage sind, eine Linie zu finden, die uns in den Stand setzt, wirklich – ich möchte sagen: in die zweite Phase der Einigungsbestrebungen der deutschen Arbeiterschaft einzutreten.

Die von uns aufgeworfene Frage der Schaffung der Reichsparteien ist eine Frage von eminent großer und entscheidender Bedeutung für uns. Wenn hier z. B. in unserer Entschließung an einer Stelle gesagt ist: sie, also die Partei, soll die Unterstützung der Arbeiterbewegung in anderen Ländern für ihren Kampf suchen, dann kann ich Euch nur sagen, daß wir das getan haben. Wir haben gerade, um in der Frage einer Einheitspartei weiterzukommen, überall versucht, soweit unsere Verbindungen reichten, mit den Genossen in anderen Ländern das voranzutreiben. Wenn Ihr gestern aufmerksam die Zeitung gelesen habt, so werdet Ihr den Bericht aus der Unterhausverhandlung gefunden haben, in der das Labour-Miglied Edelmann (?) die Anfrage an die Regierung richtete, ob es in Deutschland erlaubt ist, sich zentralen Körperschaften dieser Parteien, die in Berlin eingerichtet worden sind, anzuzuschließen. Darauf hat der Genosse Hynd, als der für diese Fragen in

Deutschland und Österreich zuständige Minister im Unterhaus, erklärt, die drei Parteien, die sich in der britischen Zone herausgebildet haben, die Christlichen Demokraten, die Kommunisten und die Sozialdemokraten würden nun ermutigt, zunächst Ausschüsse zu bilden, und sofern und sobald diese Körperschaften vorschlagen, sich mit anderen Gruppen in anderen Zonen zu verschmelzen sowie zentrale Organisationen, die sich auf ganz Deutschland erstrecken, zu bilden, dann werden die britischen Behörden sie nicht daran hindern. (Bravo!) Genossen, seht, das ist z. B. schon ein solches Stück unserer Arbeit gewesen, um auf diesem Wege die Dinge voranzutreiben.

Es ist unsere wirklich unantastbare Auffassung, daß es falsch wäre, wenn wir den Weg gehen würden, hier in der Zone zu einem Entschluß zu kommen, solange wir nicht die Gewähr haben, die gesamte Arbeiterschaft des Reiches zu mobilisieren und mitzuziehen. Wir sind ein kleines Stück auf diesem Wege durch die Unterhausverhandlungen weitergekommen. Wir werden noch weiterkommen, wir werden noch viele Widerstände im Westen zu überwinden haben, die Ihr nicht habt. Aber Genossen, verlaßt Euch darauf: Wir werden sie überwinden (Bravo!) oder wir werden die Schlußfolgerungen daraus ziehen, daß die Entwicklung im Westen, wenn sie sich nicht nach den Richtlinien vollzieht, die wir alle für nötig halten, vor einer neuen Situation stehend, neue Entschlüsse für uns erforderlich macht. Solange aber nicht die letzte Möglichkeit dieser Schaffung einer Arbeitereinheit in der neuen Partei ausgeschöpft ist, wäre es ein außenpolitisch nicht wiedergutzumachender Fehler, wenn wir einen anderen Weg gehen würden.

Genossen, ich will mir weitere Ausführungen ersparen. Ich will im Namen meiner Freunde erklären: Wir werden diese Entschließung mit Euch gemeinsam in der ehrlichsten, brüderlichsten und kameradschaftlichsten Weise durchzuführen versuchen. Tut Ihr dasselbe, dann wird der Erfolg nicht ausbleiben können. Unsere Richtschnur soll für jede zukünftige Arbeit sein: Wir wollen nicht Rivalen, sondern wir wollen Kameraden sein. (Lebhaftes Bravo, Händeklatschen)

Wilhelm *Pieck* (Schlußwort): Genossen! Wenn ich unsere gemeinsame Konferenz bei der Eröffnung als eine der bedeutendsten Etappen in der Geschichte der deutschen Arbeiterbewegung auf Grund der ihr gestellten Aufgaben kennzeichnete, so hat ihr Verlauf diese Kennzeichnung durchaus bestätigt. Wir können mit größter Genugtuung feststellen, daß die Aussprache hier von dem ersten Willen getragen war, dafür zu schaffen, daß die bisherige unglückselige Spaltung der Arbeiterklasse durch die möglichst baldige Verschmelzung der beiden Arbeiterparteien behoben wird. Wenn auch an der Aussprache nicht alle hier anwesenden Genossen beteiligt waren, was sich bei der zur Verfügung stehenden Zeit ja schlecht bewerkstelligen ließ, so sind doch in der Aussprache genügend differenzierte Auffassungen zutage getreten, um sagen zu können, daß hier um das Ergebnis, daß die Konferenz zustande brachte, ernst gerungen wurde.

Die Sorge, die hier von allen Genossen zum Ausdruck gebracht wurde, daß es hier um das Schicksal des deutschen Volkes geht, um den Neuaufbau Deutschlands, um die Einreihung unseres Volkes in die Gemeinschaft der anderen Völker, ist durchaus berechtigt, weil die Erreichung dieses Zieles in der Hauptsache davon abhängt, daß die beiden Arbeiterparteien sich durch die Verschmelzung der Arbeiterklasse die führende Rolle in dieser Bewegung in Deutschland verschaffen. Das ist es, worauf es ankommt. Wir haben durch unsere Konferenz und durch die Annahme der Entschließung einen ersten großen Schritt auf diesem Wege getan. Wir geben uns nicht der Täuschung hin, daß nicht noch viel in den Bezirken getan werden muß, zumal ja Deutschland vorläufig in die verschiedenen Besatzungszonen aufgespalten ist und die Bedingungen für unsere Parteiarbeit keineswegs gleichmäßig sind. Wir werden noch sehr viel Arbeit mehr zu leisten haben, um in den anderen Besatzungszonen außerhalb der sowjetischen durch den Aufbau unserer Partei, durch die Herausgabe von Zeitungen und Agitationsmaterial, durch die mündliche Propaganda und durch Verschmelzungen erst die Voraussetzungen für die Loslösung der Massen von dem verhängnisvollen Einfluß der faschistischen Ideologie zu schaffen und vor allen Dingen in die Köpfe der Arbeiter und des Bürgertums die Erkenntnis von der Notwendigkeit des neuen Weges, den Deutschland gehen muß, hineinzubringen, wenn es wieder aus der Katastrophe, in die es gestürzt wurde, herauskommen will. Diesen Zonen, wo wir heute noch durch die entgegenstehenden Beschlüsse der Besatzungsbehörden beengt sind, werden wir durch die völlig ungehinderte Zusammenarbeit und das Auftreten der Parteien in der sowjetischen Besatzungszone das große Beispiel geben müssen. So ist auch von diesem Gedanken die Erkenntnis bei den Kommunisten getragen, daß wir durch die Schaffung solcher Beispiele uns auch die Arbeit in den anderen Besatzungszonen erleichtern sollen. Die durch das Beispiel geschaffenen Tatsachen bilden bekanntlich die beste Agitation. Wir haben hier in der Entwicklung unserer Arbeit glänzende Resultate, sei es bei der Bodenreform, sei es bei dem Aufbau der Selbstverwaltungsorgane, sei es bei der Schulreform, sei es bei der Behebung der Not der werktätigen Massen. Vieles von dem, was hier in der sowjetischen Zone durch diese Arbeit mit Unterstützung der Besatzungsbehörden schon gewissermaßen überwunden oder jedenfalls ernstlich in Angriff genommen wurde, steht als künftige Aufgabe noch in den anderen Besatzungszonen. So gilt es, durch den Entschluß dieser gemeinsamen Konferenz die Voraussetzungen dafür zu schaffen, daß Deutschland als nationale Einheit nicht nur erhalten bleibt, sondern daß dasselbe, was wir hier als Beispiele schufen, auch seine Widerspiegelung in der Arbeit der beiden Parteien in den anderen Zonen findet.

Nun glaube ich, Genossen, daß alle diejenigen, die an diesem Ergebnis der Konferenz mitgearbeitet und zu ihrem Erfolg beigetragen haben, über das Ergebnis, über den Zusammenschluß der beiden Parteien, nicht enttäuscht sein werden. Ich bin fest überzeugt, vieles, was uns nach einer Verschmelzung als unverständlich erscheinen wird, daß wir solche Besorgnisse haben konnten, wird durch die Tatsachen geschaffen werden, nämlich daß wir, wenn wir als einige Partei auftreten, alle die Schwierigkeiten, die sich heute in der Zusammenarbeit ergeben, nicht nur überwunden haben werden, sondern daß wir alle über die Auswirkung der gemeinsamen, einheitlichen

Arbeiterpartei überrascht sein werden, sei es auf das Bürgertum, sei es auch als Kraft gegen die Versuche der Reaktion, sich wieder festzusetzen.

Darum, Genossen, sollen wir auch mit vollem Vertrauen nicht nur an die Richtigkeit dieses Beschlusses glauben, sondern auch an die Notwendigkeit seiner Verwirklichung herangehen. Vielleicht gehen einige Genossen von dieser Konferenz nicht ganz befriedigt von dannen. Vielleicht haben sie noch große Hemmungen, innere Hemmungen, und noch nicht das Vertrauen zu den Kommunisten, daß sie das, was sie hier vorgeschlagen haben, mit ernstem Willen durchführen wollen, daß es vielleicht politische Manöver seien oder sonst etwas, wie es wiederholt zum Ausdruck gebracht wird. Genossen, wir haben unsere Absicht und die politische Linie unserer Arbeit klar zum Ausdruck gebracht in dem von uns veröffentlichten Aktionsprogramm. Ich weiß nicht, warum Gen. Klingelhöfer an diesem Aktionsprogramm so viel einzuwenden findet, daß er sich nicht entschließt, der Komm. Partei beizutreten. (Heiterkeit.) Aber im allgemeinen wurde uns von allen Genossen der SPD bestätigt: Das Aktionsprogramm ist eine Basis für die Zusammenarbeit mit den Kommunisten. Das hat auch der Gen. Grotewohl zum Ausdruck gebracht. Die Besorgnisse, daß etwa die Komm. Partei nicht radikal und revolutionär genug auftreten wird, sondern daß sie sich ein entgegengesetztes Programm geschaffen habe, sind absolut unbegründet. Ich denke, wir brauchen untereinander kein Wettrennen um radikale Losungen zu machen. Ich erinnere mich mit Grauen an die früheren Zeiten, wo das vielfach in der Arbeit der beiden Parteien zum Ausdruck kam, eine Losung durch die andere zu übertrumpfen, wobei wir nicht so sehr das Ohr der Massen fanden, sondern uns mehr daran befriedigten, die Radikalsten zu sein. Genossen, diese Dinge werden ihr Ende haben. Gerade durch die Gemeinsamkeit wird nicht nur die Verantwortung auf beiden Seiten gesteigert werden, sondern wir werden auch in der gemeinsamen Beratung die realen Forderungen aufstellen und für sie kämpfen, die das Ohr der Masse finden. Wenn wir die schönsten Programme aufstellen, dafür aber nicht das Verständnis der Massen finden, so werden wir sie nicht zur Gefolgschaft veranlassen. (Sehr richtig!) Deshalb sollen wir uns nur Aufgaben stellen, die wir vorläufig erfüllen können. Es sind keine Endziele, die wir aufstellen, es sind Gegenwartsaufgaben, die wir jetzt auf Grund der gegebenen Bedingungen aufstellen, die wir vorfinden, die wir verändern wollen, um bei diesem Prozeß der Veränderung die Voraussetzungen für weitere Etappen unseres Kampfes zu schaffen, an deren Ende die Verwirklichung des Sozialismus stehen wird. Wir wären keine Kommunisten und keine Sozialdemokraten, keine Revolutionäre, wenn wir den Sozialismus nur für die Sonntagspropaganda herausnehmen würden, ihn nicht etwa als konkretes Ziel unseres Kampfes stellen. Aber, Genossen, wir müssen dafür die Voraussetzungen schaffen; denn wir brauchen dafür nicht nur den Willen der beiden Vorstände, und später des gemeinsamen Vorstandes einer einheitlichen Partei, sondern wir brauchen dazu große Kreise des Bürgertums, wir brauchen die Angestellten, die Beamten, alle die Kreise, die schließlich aus den Reihen der Reaktion losgelöst und für uns gewonnen werden müssen. (Sehr richtig!) Darum müssen sich unsere Gesamtaufgaben nach den unmittelbar vor uns stehenden Aktionsaufgaben richten. Das ist es, was ich gegenüber der Besorgnis hervorheben wollte, als ob die Komm. Partei im Reformismus versumpfen könnte. Dafür besteht keinerlei Gefahr. Wir sind Realpolitiker und haben sehr viel aus den Erfahrungen der Vorhitlerzeit gelernt (Bravo), und wir sind so entschlossen, wie wir für die Durchsetzung der von uns aufgestellten Forderungen kämpfen, auch die Schlußfolgerungen aus den schlechten Erfahrungen der Vorhitlerzeit zu ziehen. Das sage ich für die Genossen, die noch mit großen Vorbehalten und einem gewissen Mißtrauen, besser gesagt, mit nicht genügendem Vertrauen uns gegenüberstehen.

Und nun noch ein Wort zu den in der Diskussion besonders von einem Genossen sehr stark hervorgekehrten Fragen der ungleichen Behandlung der beiden Parteien durch die sowjetischen Besatzungsbehörden. Ich möchte an dieser Frage nicht vorübergehen, weil sie im Bewußtsein der sozialdemokratischen Genossen sehr stark lebt.

Genossen, ich habe schon in meinem einleitenden Referat

gesagt: Selbstverständlich haben wir keinen bestimmenden Einfluß etwa auf die Entscheidungen der sowjetischen Besatzungsbehörden. Sie entscheiden ohne uns, wenn sie uns auch bei gewissen Dingen zu Rate ziehen. Aber die Entscheidungen liegen bei ihnen selbst. Wenn es sich nur darum handeln würde, daß wir dafür eintreten sollen, daß der SPD praktisch mehr Papier zur Verfügung gestellt wird – das ist ja das große Schmerzenslied, das der Gen. Otto Meyer immer wieder singt – oder daß andere den Kommunisten gewährte Zugeständnisse auch der SPD gemacht werden, Genossen, Ihr könnt überzeugt sein, daß wir uns dafür einsetzen. (Bravo!) Wir wären töricht, Genossen, wenn wir uns etwa sagen würden: nur uns alles und nichts den Sozialdemokraten! Das machen wir nicht und haben es nicht gemacht, sondern wir haben von Anfang an gesagt: Wir haben hier zwei Arbeiterparteien, die in gleicher Weise behandelt werden müssen. Aber, Genossen, das liegt eben nicht nur an unseren Wünschen, sondern es liegt auch vielfach an dem Auftreten der Genossen in der Sozialdemokratischen Partei (Sehr richtig!), nämlich darin, daß oftmals Äußerungen gemacht werden, die die Besatzungsbehörde mißtrauisch machen und worin sie sogar teilweise eine Unterstützung der gegen die Besatzungsbehörde gerichteten Propaganda sehen. Daraus ergeben sich zu unserem eigenen Leidwesen große Zurückhaltungen. (Zuruf) Genosse Meyer ist bekannt dafür, daß er es versteht, in der diplomatischsten, konziliantesten Weise zu reden. Aber es kommt nicht auf Worte an. So dumm sind die Besatzungsbehörden nicht, daß sie sich durch Worte täuschen lassen. Die Besatzungsbehörde sieht gewissen Tatsachen, die geschaffen werden, und wenn z. B. solche Vorstellungen sich breitmachen: Man kann in einer solchen Konferenz wie hier nicht auftreten, ohne Gefahr zu laufen, daß man, wenn man in den Bezirk zurückkommt, von dem Besatzungskommandanten zur Verantwortung gezogen wird, oder gar dafür belästigt oder benachteiligt wird, Genossen, so sind das sehr gefährliche Vorstellungen, die durch nichts begründet sind. Der einzige Fall, der von Klingelhöfer vorgetragen wurde, war ein Fall, der sofort von der Besatzungsbehörde aufs tiefste bedauert wurde und wo sogar dem davon Betroffenen Lebensmittel und andere

Dinge ins Krankenhaus geschickt wurden, um bei diesem Unglücksfall, der dort durch das unqualifizierte Verhalten eines Kommandanten passiert ist, sofort einen gewissen Ausgleich herbeizuführen.

Genossen, ich sage das deshalb und möchte das gerade auch dem Gen. Klingelhöfer sagen: Man muß in solchen Dingen sich auch der Verantwortung bewußt sein und kann nicht aus solchen Fällen allgemeine Schlußfolgerungen ziehen. Ich sage es nur deshalb, weil wir nicht wollen, daß irgendwelches Mißtrauen bei den Besatzungsbehörden gegen die Partei aufkommt, mit der wir drauf und dran sind, uns zu verschmelzen. Genossen, der heutige Beschluß der Konferenz wird sehr dazu beitragen, diese Schwierigkeiten aus dem Wege zu räumen, weil es bisher auf Grund von verschiedenen Äußerungen so schien, als wenn sich eine rückläufige Bewegung in der SPD bemerkbar macht, nämlich daß man von der Notwendigkeit der Vereinigung und auch des gemeinsamen Auftretens abrückt. Dafür liegen eine Reihe von Äußerungen vor, die natürlich stutzig machen.

Genossen, ich muß offen sagen, daß ich stutzig wurde bei dem ersten Auftreten des Gen. Grotewohl am 14. September in der Neuen Welt. Wir hatten die Richtlinien von Schumacher erhalten, aus denen wir sahen, daß dort unmögliche Formulierungen bestanden, die nicht nur das Verhältnis der SPD zur sowjetischen Besatzungsbehörde verschlechtern mußten, sondern auch in den anderen Zonen, wo der stärkste Widerstand gegen ein irgendwie geartetes Zusammengehen mit den Kommunisten geleistet wird, wo in der stärksten Weise eine antisowjetische Propaganda gemacht und der Sowjet-Union unterstellt wird, was zu den Tatsachen in krassem Widerspruch steht. Nun kommt eine Funktionärsversammlung der SPD in Berlin, und Grotewohl tritt auf. Seine Rede war leider von so viel Zweifeln und Vorbehalten gegenüber den Kommunisten durchdrungen, daß ich tatsächlich in einer geschlossenen Funktionärsversammlung in Erfurt gesagt habe, daß solche Äußerungen Wasser auf die Mühlen derjenigen sind, die nicht die Einheit der beiden Arbeiterparteien wollen. Genossen, das geschah in einer geschlossenen Konferenz. Gegen meinen Willen und ohne mein Wissen wurde diese absolut frei gehaltene Rede in dieser Funktionärskonferenz, die stenographisch aufgenommen worden sein soll, nun veröffentlicht. Ich habe sofort Protest dagegen erhoben und die Einziehung dieser Veröffentlichung der Rede gefordert. Der Genosse Eggerath ist hier, er kennt meinen Brief an die Bezirksleitung. Ich sage das nicht, weil ich etwas abschwächen oder abstreiten möchte, was dort zur Information unserer Genossen gesagt wurde, nein, weil ich nicht will, daß solche Äußerungen, die doch zu einer gewissen Klärung dienen, weiter eine Rolle spielen. Denn die Rede war getragen von der Notwendigkeit und dem Ansporn, alles zu tun, um zwischen den beiden Arbeiterparteien in Thüringen die Verständigung zu sichern. So ist das damals herausgekommen. Ich sage deshalb: Ich schließe das nur in den Zusammenhang noch ein, daß eben doch schließlich auch, wenn gewisse Vorbehalte bei den Besatzungsbehörden in dieser Zone sind, man sich immer überlegen muß, wo die Ursachen liegen.

Jedenfalls sage ich noch einmal: Grundlegend ist uns immer wieder versichert worden: keinerlei Benachteiligung der Sozdem. Partei gegenüber den Kommunisten. Die Genossen, die dort an der Stelle waren, können es auch bestätigen, daß man ihnen sogar große Hoffnungen gemacht hat, sogar noch mehr als die Kommunisten herangezogen zu werden. Also ich denke, das sollen wir uns auch vor Augen führen und solche Geschichten nicht leichtfertig kolportieren, die soweit gehen, wie Genosse Grotewohl sagt, daß ein namhafter Mann der SPD in der westlichen Zone gesagt hat: Ich bin durch die Hitlerzeit durchgekommen, und mir ist nichts passiert, und ich werde auch wohl durch die sowjetische Zone fahren, ohne einen Genickschuß zu bekommen. Solche unmöglichen Vorstellungen sind in der Westzone vorhanden. Ich weiß, daß Grotewohl und alle anderen, die hinüberfahren, solchen Anschauungen sehr energisch entgegengetreten sind und dargelegt haben, daß sie frei handeln und nicht etwa nur unter dem Druck der sowjetischen Besatzungsbehörde handeln.

So viel zur Klärung der Fragen, die in der Diskussion aufgeworfen wurden. Sie werden bei uns um so weniger eine Rolle spielen, als durch unser gemeinsames Zusammengehen sehr bald der Zeitpunkt heranreifen wird, wo man nicht mehr zwischen Sozialdemokraten und Kommunisten unterscheiden wird. Daran sollen wir alle sehr gut arbeiten, besonders in den 6 Bezirken – nach unserer Berechnung, Ihr habt ja mehr –, daß der Inhalt dieser Entschließung nun wirklich auch zum geistigen Eigentum nicht nur der Funktionäre der beiden Parteien, sondern auch der werktätigen Massen wird. Darum so weit wie möglich gemeinsame Mitgliederversammlungen, sei es zur Schulung, sei es zur Vorbereitung der gemeinsamen Aktionen. Nur in dieser gemeinsamen Arbeit werden wir auch die gegenseitige Verständigung finden. Wo noch Schwierigkeiten auftreten, da sage ich Euch Sozialdemokraten aus den Bezirken: Schreibt an uns, wo Ihr Beschwerden über das Auftreten von Kommunisten habt, und wir werden eingreifen, wo es berechtigt ist, weil wir ja auch wissen, daß unsere Genossen in der gemeinsamen Arbeit mit den Sozialdemokraten noch sehr viel lernen müssen. Was vorher war, ist ja doch nicht alles spurlos vorübergegangen, weil es in den 12 Jahren der Hitlerdiktatur nicht offen geklärt werden konnte.

Genossen, mit dem Wunsche, daß die Entschließung dazu führen wird, daß wir nicht nur bei den nächsten Gemeindewahlen eine geschlossene Einheit im Auftreten darstellen gegenüber allen denen, die nicht mit unseren Wünschen übereinstimmen, und das ist nicht immer so schlechthin gesagt das Bürgertum – deswegen war die Änderung, die ich vorhin vorschlug, »Reaktion« statt »Bürgertum« zu sagen –, es sind reaktionäre Kräfte, die aus der Spaltung der Arbeiterklasse Nutzen ziehen wollen, um ihre Macht wieder aufzurichten. Wir werden ihnen diese Spekulationen und Hoffnungen zerschlagen, indem wir bei den Wahlen gemeinsam auftreten und damit wirklich in den Gemeinden die Arbeitermehrheit schaffen, die wir brauchen, um die großen Aufgaben durchzuführen, das neue Deutschland wieder aufzurichten und aus der Not und dem Elend wieder aufzusteigen. Ich appelliere an alle Genossen, die hier sind, in diesem Sinne unsere gemeinsame Entschließung aufzufassen. Der Geist, der in dieser Resolution liegt, wird uns die Kraft verleihen, das zu verwirklichen, was wir uns beiden zusammen und später gemeinsam als Aufgabe und Ziel gesetzt haben. (Lebhafter Beifall.)

Vors. *Fechner*: Genossen, ich habe vorhin schon festgestellt, daß wir einstimmig die Studienkommission eingesetzt haben. Ich glaube, ich darf nunmehr auch feststellen, daß einstimmig der Entschließung zugestimmt wird. Oder erhebt sich dagegen Widerspruch? – Das ist nicht der Fall.

Genossen, gestatten Sie mir nur ganz kurz noch folgendes. Ich fühle, daß es notwendig ist, das hier festzustellen, daß sowohl der Gen. Grotewohl wie auch der Gen. Pieck, ganz gleich, wie sie vielleicht draußen sich einmal ausgelassen haben, beide beseelt sind von dem Gedanken, die Einheit zu schaffen und in diesem Sinne auch ihren Standpunkt hier in unserer gemeinsamen Konferenz vertreten haben und damit den Weg bereitet haben, der uns die Möglichkeit gegeben hat, zu dieser einheitlichen Auffassung zu kommen. Ich glaube, namens der Konferenz zu sprechen, wenn ich beiden Genossen dafür unseren Dank ausspreche. (Lebhaftes Bravo!)

Genossen, wir haben uns heute den Weg zur Schaffung einer Einheitspartei bereitet; das dürfen wir mit Begeisterung begrüßen. Dieser Weg kann von jedem einzelnen von uns abgekürzt werden, wenn jeder dafür sein ganzes Herz und seine ganze Kraft zur Verfügung stellt, kameradschaftlich auf diesem Wege voranzuschreiten, damit nicht etwa wieder irgendein Mißtrauen auftaucht. Taucht es auf, Genossen, münzen wir es um in ein Vertrauen, das zu einer kameradschaftlichen Zusammenarbeit führt, damit draußen das ganze Volk es versteht, daß die Arbeiterklasse reif ist, gemeinsam das Schicksal Deutschlands in die Hand zu nehmen. Das ist die Aufgabe, die uns bevorsteht. Den ersten Baustein haben wir heute dazu geschaffen. Genossen, kürzen wir den Weg ab! Arbeiten wir kameradschaftlich! Dann werden wir in Bälde das erreicht haben, woran wir alle denken, daß wir dann nicht nur gelegentlich zusammenkommen, sondern so, wie wir uns heute die Hände gereicht haben, dann kameradschaftlich nebeneinander Arm in Arm arbeiten, bis das Ziel, das wir uns heute gesteckt haben, erreicht wird, nämlich die organisatorische Verschmelzung bei den Parteien. Dazu,

Genossen, wünsche ich draußen in den Provinzen den besten Erfolg. (Lebhafter Beifall.)

Vors. *Pieck*: Genossen, nachdem diese beiden Punkte der Tagesordnung erledigt sind, haben wir noch einen dritten Punkt der Tagesordnung:

Die Aufgabe der beiden Arbeiterparteien beim Aufbau der Gewerkschaften

zu erledigen. Dazu war je ein kurzes Referat der Gen. Fechner und Ulbricht vorgesehen. Ich bin überzeugt, die Genossen sind sozusagen begeistert von den eben gefaßten Beschlüssen, so daß wenig Neigung bestehen wird, noch eine große Diskussion über die Gerwerkschaftsfrage zu halten. Aber das ist nicht so einfach, Genossen. Wir haben eine große Aufgabe in den Gewerkschaften zu erfüllen, und wir sollen nicht so darüber hinweggehen. Wir haben ja einen großen Schritt in der Richtung der Verständigung gemacht, aber wir sollten das gleich praktisch in bezug auf die Gewerkschaftsfrage anwenden, wo doch auch große Aufgaben bestehen. Die Rolle, die die Gewerkschaften und die Betriebsräte beim Wiederaufbau der Wirtschaft spielen, ist keine kleine, und wenn wir uns zur Aufgabe gemacht haben, zunächst durch die Wahlen für die sowjetische Zone eine zentrale Körperschaft zu schaffen und zentrale Aussprachen herbeizuführen, so ist das von der größten Bedeutung angesichts der Schwierigkeiten, die wir teilweise in Berlin besonders bei der Unterschiedlichkeit in den verschiedenen Besatzungszonen haben. Wenn also die Sache hier mit kurzen Erklärungen abgetan sein sollte, so soll das doch nicht darüber hinwegtäuschen; welche großen Aufgaben wir gerade auf dem Gewerkschaftsgebiete zu lösen haben.

Fechner: Genossen, wir sind selbstverständlich beide bereit – auch der Gen. Ulbricht hat mir das eben zugesagt –, wenn es gewünscht wird, unsern Vortrag zu halten. Ich habe aber zu Beginn unserer Konferenz schon dargelegt, wie hervorragend Dahlem, Ulbricht, Bernhard Göring und ich – Genosse Chwalek hat auch gelegentlich daran teilgenommen – schon den Weg bereitet haben, den die Gewerkschaften nachher bestritten haben, um zu einer einheitlichen Auffassung über die Aufgaben der Gewerkschaften und eines kameradschaftlichen Zusammenarbeitens zu kommen. Gerade die Kommission, die damals gearbeitet hat, hat das geschaffen, was für uns zunächst einmal unbedingt notwendig ist. Wir beide, Ulbricht und ich, sind deswegen der Meinung, man könne im Moment auf längere Ausführungen verzichten. Es wird sich doch als notwendig erweisen, daß wir in Bälde wieder einmal zusammenkommen (Pieck: Sehr richtig!), und wir werden dann nachholen, wenn heute etwas versäumt sein sollte.

Ulbricht: In der Kommission, die vom ZK der KPD und vom ZA der SPD eingesetzt wurde, bestand in allen Fragen völlige Übereinstimmung. Dort wurde die Plattform der Freien Gewerkschaften besprochen und einmütig festgestellt, daß diese Plattform eine fortschrittliche ist und daß es notwendig ist, daß die Funktionäre beider Parteien, die den Gewerkschaften angehören, im Sinne dieser Plattform und auch im Sinne des Delegationsmodus zusammenarbeiten und sich in allen Fragen, die in den Gewerkschaften stehen, verständigen. Wir betrachten diese Vereinbarung als einen großen Fortschritt, und zwar deshalb, weil damit die Einheit der Gewerkschaften auf einer fortschrittlichen Grundlage gesichert wird.

Bei der Durchführung der Delegiertenwahlen wird eine Reihe von Problemen auftauchen. Deshalb wurde vereinbart, daß die Vertreter beider Parteiorganisationen vom Betrieb bis zur Landesleitung sich in allen diesen Fragen vor den Wahlen verständigen.

Von den sozialdemokratischen Genossen wurde bemerkt, daß hier und da Schwierigkeiten eingetreten sind, weil nicht in allen Betrieben Betriebsgruppen der SPD bestehen. Wir haben erklärt und auch unseren Genossen entsprechend Mitteilung gegeben: wir wünschen, daß unsere Genossen mithelfen, daß der Beschluß der SPD auf Schaffung solcher Betriebsgruppen durchgeführt wird, damit in den Betrieben zwischen beiden Betriebsgruppen eine Einheit geschaffen werden kann und die Vertreter beider Betriebsgruppen sich in allen Fragen verständigen, gemeinsame Funktionärssitzungen und gemeinsame Mitgliederversammlungen der Betriebsgruppen beider Parteien durchführen. Wir glauben, wenn in der ersten Phase der Delegiertenwahlen in den Betrieben diese gemeinsamen Funktionärs- und Mitgliederversammlungen der Vertreter beider Organisationen stattfinden, dann schon die Basis geschaffen ist, daß in der nächsten Stufe, bei den Kreiskonferenzen, ebenfalls die Vorbesprechung der Fragen, die auf den Kreiskonferenzen behandelt werden sollen, stattfindet und über solche Probleme, über die eine Aussprache notwendig ist, eine Verständigung erzielt wird.

Wir glauben, daß diese Verständigung auf der Grundlage der vorliegenden Plattform vor allem im Interesse der gesamten Gewerkschaftsorganisation liegt, daß zum erstenmal ein neues Verhältnis zwischen Gewerkschaften und den beiden Arbeiterparteien geschaffen wird. Denn es ist klar, daß die Gewerkschaften einen großen Vorteil haben, wenn sich beide Arbeiterparteien über alle wesentlichen Fragen in der Gewerkschaftsbewegung verständigen. (Zustimmung.) Die Gewerkschaften können sogar ihre eigentliche Aufgabe nur erfüllen, wenn sie sich auf die Hilfe der beiden Arbeiterparteien stützen können (sehr richtig!), und wenn es gelingt, so wie es in dieser Tagung als unser nächstes Ziel vereinbart wurde, die Vereinigung beider Parteien zustande zu bringen, so wird das eine ungeheure Stärkung der Kraft der Freien Gewerkschaften bedeuten. Wir glauben, daß wir durch die heutige Vereinbarung einen bedeutenden Schritt auf diesem Wege gegangen sind. (Beifall.)

Vors. *Pieck*: Vielleicht gehen wir so vor, daß die hier anwesenden Vertreter der Gewerkschaften, also Schlimme, Bernhard Göring und Chwalek, noch ihre Wünsche vortragen. Zunächst Genosse Schlimme!

Schlimme: Genossen! Sie können sich versichert halten, daß das, was in diesem Saale heute beschlossen worden ist, ungeheuer dazu beiträgt, auch die Gewerkschaftsbewegung nicht nur im russischen Sektor, sondern in ganz Deutschland besonders zu befruchten. (sehr richtig!) Ich insbesondere, der ich immerhin bald 50 Jahre in der Gewerkschaftsarbeit stehe, viele politische Dinge miterlebt habe, Vereinigungen, Spaltungen, alles mögliche miterlebt habe, bin natürlich hocherfreut über diesen Tag, daß man hier den geistigen Boden gefunden hat, um wieder zusammenzukommen. Ich darf hier erklären: als durch Gen. Ulbricht an uns der Ruf erging, zusammenzukommen, um über die Fragen der Gewerkschaften zu reden, und wir selbstverständlich vorbehaltlos, und zwar aus allen drei Richtungen zusammengekommen sind, waren wir uns in wenigen Tagen über die geistige Grundlage für die Schaffung neuer Gewerkschaften einig. Denken Sie daran, daß dieses Werk etwas komplizierter war, als wenn die beiden Arbeiterparteien, die jahrzehntelang gemeinsam marschiert sind, seit 30 Jahren auseinanderfielen, sich gegenseitig bekämpften, so hatten wir hier alle Parteirichtungen, vom Deutschnationalen Handlungsgehilfenverband bis zum demokratischen GdA, vom katholischen Arbeiter zum evangelischchristlichen Arbeiter zu vereinigen. Dieses große Werk haben wir in Berlin in Angriff genommen in einer Weise, die für das Reich richtunggebend geworden ist. Im Reich hat man das mehr oder weniger nachgeahmt, was wir hier in Berlin vorgemacht haben. Wir haben von vornherein bei der ersten Zusammenkunft mit dem Gen. Ulbricht erklärt: soll unsere Arbeit nur Arbeit für Berlin sein oder für das Reich? Ulbricht sagte: Ganz selbstverständlich ist es angesichts der militärischen und politischen Verhältnisse nicht möglich, im Augenblick eine Arbeit zu leisten, die eine allumfassende deutsche Gewerkschaftsbewegung im Reich herbeiführt. – Wir haben das aufgegriffen. – Er sagte weiter: Wir müssen eine Qualitätsarbeit leisten, die draußen sehr schnell übernommen werden kann. – Ich glaube, wir haben diese Qualitätsarbeit nicht nur für Berlin geleistet, sondern auch für das Reich.

Gehen wir sechs Monate zurück! Was haben wir alles überwinden müssen! Auch die Spannungen, die sich hier ergeben haben, die zu den Aussprachen zwischen dem Zentralkomitee und dem Zentralausschuß geführt haben. Wir haben das im Vorstand restlos bereinigt. Chwalek, Brass und Jendretzky kennen meine Vergangenheit. Wir haben kameradschaftlich zusammengearbeitet, und es hat bei uns keine persönlichen Differenzen gegeben. Nur dadurch ist es möglich geworden, daß wir trotz der politischen Spannungen in den Betrieben in Berlin mindestens 300000 Gewerkschaftler organisieren konnten. (Bravo!) Das ist auch ein Beweis dafür, daß die Arbeiter in Berlin Vertrauen zu uns gehabt haben. Göring und ich sind nicht nur in Berlin bekannt, sondern auch im Reich, und auch die Gewerkschaftler alter Zeit sind zu uns gekommen; sie haben in unsere Führung Vertrauen gesetzt, auch in Brass, Chwalek, Jendretzky, und wie sie heißen, und wenn dieser Tag dazu beiträgt, in Zukunft diese Einmütigkeit auch in den Betrieben herbeizuführen, dann habe ich für die Zukunft keine Bedenken.

Ich weiß, daß die Gewerkschaften nicht mehr in den alten Bahnen wandeln können. Auch mir ist unterstellt worden, ich sei ein zu alter Gewerkschaftler geworden. O nein! Ich weiß sehr gut, daß wir in der Zeit bis 1932 ein ungeheures Maß von Arbeit in den deutschen Gewerkschaften geleistet haben. Wir haben durch 5 Millionen Gewerkschaftler für 44 Millionen Wahlberechtigte in Deutschland die Sozialpolitik gemacht –, auf die Dauer gesehen ein unmöglicher Zustand. Wir haben eine Sozialpolitik auf die Beine gestellt, die sich bis 1932 in der Welt sehen lassen konnte. Das Hochkommen Hitlers war doch nur der Tatsache zuzuschreiben, daß die Gewerkschaften an den Geldschränken rüttelten, daß sie in den Betrieben nicht nur mitwirken, sondern mitbestimmen wollten, und ich bin auch der Meinung, daß gar kein anderer Weg bleibt, als der eindrucksvolle Weg, in die Wirtschaft nicht nur hineinzusteigen, nicht nur mitzuwirken, sondern mitzubestimmen auch bis in die Spitzen der Betriebe. Wenn wir vor dieser großen Frage stehen, darf ich wohl sagen: wir werden die Verantwortung auf uns nehmen. Ich habe immer gesagt: wir sind nicht nur Arbeiter und Angestellte und Techniker, wir wollen auch gleichzeitig mit in die Betriebsleitung hinein. (Sehr richtig!) Wir wollen die Produktion steigern und die Produktionsleistungen erhöhen und müssen sie erhöhen, weil sonst das deutsche Volk vor die Hunde geht.

Aber auch darüber sind wir uns klar, daß die Gewerkschaften in dieser großen Zahl in Deutschland dazu beitragen müssen, den neuen Staat zu schaffen. Es ist eine politische Aufgabe, die sie hier erfüllen müssen. Ich war anfänglich, als wir im Mai zusammenkamen, der Meinung gewesen, daß die Einheitspartei gleichzeitig geschaffen werden sollte. Es ist anders gelaufen. Ich bin daran genau so viel oder so wenig schuld wie alle übrigen, die hier im Saale sind.

Nun ist vom Ausschuß ein Wahlprogramm vorbereitet worden. Ich will ganz kurz darauf hinweisen. In unserem Kreise, die wir unter vier Besatzungsmächten leben, ist es nicht leicht. Die Besatzungsmächte bedrängen uns natürlich noch mehr als die politischen Parteien; die Vertreter gehen bei uns aus und ein. Wir haben den Besuch aus Amerika, aus England, aus Rußland gehabt, und jeder fragt: wie denkt ihr euch den Neuaufbau der Gewerkschaften? Die Vertreter der Westmächte fragen: wird das auch demokratisch genug durchgeführt? Wir werden ihnen beweisen müssen, daß wir sehr wohl nicht nur von oben organisieren. Denn diese 300000 Menschen sind nicht zu uns gekommen, weil sie uns zufällig kennen, sondern weil sie überzeugt sind, daß wir die Männer sind, die auch eine Gewerkschaftsbewegung zu führen imstande sind. Man hat uns darauf erklärt, daß wir vielleicht zu alt geworden sind, keine Führer von Format sind. Ich will mich selbst nicht ins Licht stellen, aber ich darf sagen: was hier geschaffen worden ist, ist auch ein Teil meiner Kraft, und wenn der Internationale Gewerkschaftsbund bereits im Mai 1933 durch seinen Sekretär den Kollegen Maschke und mich beauftragt hat, die Verbindung zwischen den Verbänden bis zu den Betrieben hinein aufrecht zu erhalten, so haben wir das getan, soweit es in unserer Macht stand. 1937 war für mich diese Frage erledigt: denn ich ging damals ins Zuchthaus. Maschke hat getan, was er konnte. Wir haben die Verbindung bis zu allen Hauptstädten des Westens gehalten, ob nach Paris oder London, ob nach der Schweiz oder Dänemark oder Schweden: überall haben wir unsere Verbindungsleute gehabt. Das hat uns auch dem Internationalen Gewerkschaftsbund gegenüber hinreichend legitimiert, daß wir die Arbeit, wie wir sie geleistet haben, in ehrlicher Überzeugung leisteten, um aus den Trümmern für die Zukunft zu retten, was zu retten war. Wenn auch die Westmächte von der Gewerkschaftsbewegung eine andere Aufgabe haben, sie haben in neuerer Zeit erklärt, auf Grund von gewählten Betriebsräten würde eine neue Gewerkschaftsbewegung vom Betrieb her aufgebaut. Amerikaner sagten: Ihr wählt Sprecher in den Betrieben! Jendretzky und ich sind zusammen bei der englischen Delegation gewesen, als uns Badford erklärte, daß sie von den Aufgaben der Gewerkschaften eine andere Auffassung haben. Ich kann hier nur feststellen: ob sie aus Amerika, England, Frankreich oder von sonstwo gekommen sind, sie haben uns immer ihr System als das mustergültige hingestellt. Ich muß ja sagen: so rückständig sind wir ja nicht; denn auch in der Internationale bin ich nicht ganz unerfahren. Man hat mich bereits 1930 zu Schulungskursen nach Holland und Belgien herausgeholt. Ich glaube also, was sich heute hier anbahnt, wird ungeheure Früchte tragen. Wir werden gemeinschaftlich, kameradschaftlich enger zusammenarbeiten. Ich glaube, von den Vorstandsmitgliedern des FDGB ist niemand hier, der sagen könnte, daß ich nicht in jeder Beziehung versucht habe, ausgleichend zu wirken, daß ich mich allerdings in der Reserve halte. Auch die jüngeren Kollegen sollen heran; denn die wenigen Jahre, die ich vielleicht noch mitzumachen in der Lage bin, werden ausreichen, um den Nachwuchs langsam heranzubilden.

Also ich hoffe und wünsche mit Ihnen allesamt, daß der notwendige Apparat auf die Beine gestellt wird, um die Wahlen nicht nur in Berlin, sondern auch im russischen Sektor so durchzuführen, daß die Gewerkschaften allen den schwierigen Fragen, die auf sie einstürmen, gerecht werden und sie erfüllen. Das ist mein sehnlichster Wunsch. Darin werden wir alle zusammenarbeiten, und ich hoffe, daß auch die Kollegen aus der Provinz, die hier anwesend sind, ihr Teil dazu beitragen, daß dieselbe Arbeit, die wir hier in Berlin leisten, auch dort draußen zu einem glücklichen Ende geführt wird. (Lebhafter Beifall.)

Chwalek: Ich will mich lediglich auf einige Erklärungen beschränken. Soweit der Vorstand des Freien Deutschen Gewerkschaftsbundes in Frage kommt, glauben wir, die Schwierigkeiten – ich will sie als Geburtswehen bezeichnen – überwunden zu haben. Ich muß sagen: durch das Eingreifen und die Hilfe beider Zentralkörperschaften der Partei konnte das erreicht werden, und das war unbedingt notwendig. Wir haben eine gemeinsame Plattform gefunden, eine gemeinsame Zusammenarbeit wie das die beiden Genossen Fechner und Ulbricht schon erwähnt haben. Die Schwierigkeit des Zusammenarbeitens zwischen den beiden Parteien sind gestern abend schon in der Diskussion zum Ausdruck gebracht worden. Sie sind erfreulicherweise inzwischen beseitigt worden. Ich erwähne das aus dem einfachen Grunde, um aufzuzeigen, daß dieselben Schwierigkeiten in den Gewerkschaftsleitungen und bei den Funktionären der Gewerkschaften vorhanden sind, und ich will beide Zentralkörperschaften darauf aufmerksam machen, daß die Schwierigkeiten nicht nur vielleicht dieselben, sondern noch viel größer sind.

Eine Tatsache müssen wir in voller Schärfe erkennen. Der Gen. Klingelhöfer hat erklärt: wir wollen nicht in alten Wunden rühren. Koll. Bernhard Göring hat einmal in Neukölln gesagt: wir wollen keine Altertumsforschung treiben. Doch es ist eine Tatsache, daß vor 1932 die Kollegen der Opposition aus den Gewerkschaften ausgeschlossen waren. Nicht wahr? In keiner Organisation sind die Gegensätze so scharf aufeinandergeprallt und ist so scharf gekämpft worden wie in den Gewerkschaften vor 1933. In keiner Organisation von den sozialdemokratischen Freunden will das behaupten, sind rückständige Kollegen in der Frage der Einheit vorhanden wie im Kreise der Gewerkschaftsfunktionäre.

Der Kollege Grotewohl hat ganz offen gesprochen – und ich habe das begrüßt – und er hat in seinem Schlußwort heute gesagt: warum. Ich halte diese Offenheit für eine unbedingte Erforderlichkeit. Wir haben auch bei uns im Vorstand offen gesprochen. Die beiden Parteien können uns helfen, wenn sie versuchen, ihren Einfluß stärker geltend zu machen auf den Kollegenkreis, der in den Gewerkschaften tätig ist. Warum sage ich das? Weil wir jenen Funktionären beider Parteien, die ausschließlich in den Parteiorganisationen arbeiten, in der ideologischen Ausrichtung, in der Erkenntnis der Notwendigkeit der Schaffung einer Arbeiterpartei nicht nur um eine, sondern um zehn Nasenlängen voraus sind. Jene Genossen, die ich erwähnt habe, haben eine bestimmte Einstellung und fühlen sich, obwohl sie das Mitgliedsbuch in der Tasche haben, nicht an die Auffassung ihrer eigenen Partei gebunden. Sie glauben vielmehr, Gewerkschaftler zu sein, das spiegelt sich in ihrer ganzen Tätigkeit wieder. Ich habe nur einen Wunsch – und den spreche ich hier aus –, daß nun mit Hilfe der Genossen, die mit uns in den Vorständen zusammenarbeiten, der Genosse Schlimme und Bernhard Göring, auch diesen Kreis der Funktionäre mehr beeinflußt und von der Notwendigkeit der Zusammenarbeit ganz besonders in den Gewerkschaften überzeugt.

Die Wahlen in Berlin haben eine Bedeutung nicht nur für Deutschland, sondern für die ganze Welt. Genossen, wir müssen uns darüber im klaren sein, daß die allierten Besatzungsmächte diesen Wahlen eine große Bedeutung beimessen werden. Wir werden von beiden Organisationen unseren ganzen Einfluß dahingehend geltend machen müssen, daß in den Betrieben keine Auseinandersetzungen zwischen uns beiden stattfinden. Die Vereinbarungen, die wir getroffen haben, daß die Kandidaten paritätisch aufgestellt werden müssen und daß neben den politisch Organisierten auch eine ganze Anzahl nicht politisch Organisierter, aber mit unseren Parteien sympathisierender parteiloser Arbeiter kandidieren müssen, geben uns die Gewähr, daß keine Schwierigkeiten auftreten. Also ein »Überfahren« bei der Kandidatenaufstellung kann gar nicht in Frage kommen.

Warum sollte denn aber eine besondere propagandistische Auseinandersetzung stattfinden? Ich glaube, wir wollen die Wahlen, die durchgeführt werden und die Delegiertenkonferenzen zur Stärkung des Einheitsgedankens und zum weiteren Ausbau der Freien Gewerkschaften ausnützen.

Auf einen Umstand muß ich noch ganz besonders aufmerksam machen, der besonders bei uns eine Rolle spielt. Hier haben wir es zu tun mit der ideologischen Klärung der Probleme zwischen den beiden Arbeiterparteien. In den Gewerkschaften spielt noch die Frage der früher christlich Organisierten eine Rolle, ebenso der Hirsch-Dunkerschen, deren Vertreter ja ebenfalls in unseren Verbandskörperschaften sitzen. Wir sehen, daß sich besonders einer in unseren Beratungen ganz stark exponiert, das ist der Kollege Kaiser von der Christlich-Demokratischen-Union. Ich stehe auf dem Standpunkt, wir müssen die Freien Gewerkschaften davor bewahren, daß irgendwelche kleinbürgerlichen, überhaupt bürgerlichen Auffassungen hineingeschmuggelt werden, ja ich möchte behaupten, Kollege Göring, reaktionäre Gedanken und Auffassungen.

Denn der Kaiser tritt bei uns in der Körperschaft nicht nur als Exponent und Vertreter der Scharf und Gen. auf, sondern der Konzerne und der Reaktion. Ich glaube, wir müssen in Zukunft, wie das schon bei den letzten Sitzungen geschehen ist, bereits vorher ein einheitliches Vorgehen herbeiführen, daß sich nicht – wir brauchen es nicht aufzuwühlen – Einheitsfronten gegeneinander bilden. Seitdem wir mit der Partei verhandelten, ist das in den letzten Sitzungen nicht mehr geschehen.

Es ist eine der großen Gefahren – aus politischen Gründen ist es notwendig –, auch die ehemals aus den Hirsch-Dunkerschen Gewerkschaften und ganz besonders aus der christlichen Gewerkschaftsbewegung kommenden Funktionäre bei uns aufzunehmen. Jedenfalls müssen wir uns davor hüten, hier solchen rückständigen und reaktionären Auffassungen Konzessionen zu machen, wie es zum Teil geschehen ist.

Vors. *Pieck*: Sie haben die beiden Erklärungen gehört.

Gen. Bernhard Göring will noch eine kurze Erklärung abgeben.

Gen. Bernhard Göring! Eine Arbeit der Gewerkschaftskommission der Partei, auf die Gen. Ulbricht hingewiesen hat, hat zweifellos Spannungen, die in der Gewerkschaftsbewegung und besonders in der Berliner aufgetreten waren, beseitigt. Sie hat damit innerhalb unserer gewerkschaftlichen Organisation nicht nur in Berlin, sondern, wie ich inzwischen festgestellt habe, auch im sowjetischen Gebiet eine Erleichterung gebracht. Wir freuen uns darüber und können feststellen – Gen. Ulbricht, Du wirst es inzwischen draußen auch festgestellt haben –, daß wir durch die gemeinsame Plattform und vor allen Dingen durch die Verständigung, die hinsichtlich des Wahlmodus erzielt werden konnten, draußen die gewerkschaftliche Arbeit stark fördern konnte. Es trat eine Entspannung ein, und das Aufatmen ging nicht nur durch die Gewerkschaftsbewegung in Berlin und in der Provinz, sondern wir haben den Eindruck, daß selbst unter den hohen alliierten Kommissionen durch die von der kleinen Gewerkschaftskommission geleistete Arbeit in Erscheinung getreten ist. Wenn ich die Bedeutung dieser Arbeit hier unterstreiche, so deshalb – der Kollege Chwalek hat das schon angedeutet – neben unserem Verhältnis zu den Vertretern der christlichen und Hirsch-Dunkerschen Gewerkschaften auch noch andere Probleme der Lösung harren. An diese Fragen werden wir mit demselben kameradschaftlichen und politischen Fingerspitzengefühl herangehen müssen. Diese Probleme, die uns den ehemals christlichen und Hirsch-Dunkerschen Funktionären entstehen, haben vielleicht für den sowjetischen Sektor und Berlin nicht die große Bedeutung, aber sie gewinnen in dem Monat, wo wir unser Augenmerk auf das Reich richten, wie wir es gestern und heute in unseren parteipolitischen Besprechungen haben tun müssen, eine ungeheure Bedeutung. Wir werden im Süden und Südwesten des Reiches mit starken Strömungen christlicher Gewerkschaftsauffassungen zu rechnen haben und wir werden da – und das ist unser fester Wille – alles das auffangen müssen, was etwa dazu führen könnte, daß sich dort, wo unser politischer und staatspolitischer Einfluß verhältnismäßig gering ist, andere Gewerkschaftsrichtungen etablieren. Deshalb wird es hierbei auch auf die Arbeit ankommen, die in unseren Berliner Gewerkschaftsgruppen und denen im sowjetisch besetzten Gebiet geleistet wird. Wir sind uns auch hier mit dem Gen. Ulbricht und den anderen Kameraden darüber klar geworden, wie vorsichtig wir vorgehen müssen. Ich verstehe, wie besonders nach den Besprechungen der letzten Tage der Gen. Chwalek von der Haltung Kaisers beeindruckt war, die er hier eingenommen hat.

Ich verstehe durchaus; denn es hat uns einige Mühe gekostet, die Zustimmung der beiden bürgerlichen Vertreter – um sie in diesem Kreise hier so zu nennen – für die Plattform in unserem Ausschuß zu gewinnen. Obwohl wir unsere Linie weiter so fest durchziehen werden, so notwendig ist es – und Chwalek ist mit mir davon überzeugt –, diese Männer bei der Stange zu halten. (Pieck: Sehr richtig!) Denn das ist ein ganz wichtiges politisches Moment, daß wir bei uns die Wege finden müssen, das zu tun. Wir finden sie. Sie liegen in den Räumen, in denen wir unsere Unterhaltungen gepflogen haben usw. usw. Vielleicht hat der eine oder andere draußen, der auf unsere politische Linie eingeschworen ist, die eine oder andere Entschließung nicht ganz verstanden. Wenn wir sie fassen, dann bitten wir unsere politischen Genossen davon überzeugt zu sein, daß wir es im Geiste dieser gemeinsamen Arbeit tun.

Und ein zweites! Auch das ist eine Frage, die wir vielleicht gelegentlich wieder in dem nun geschaffenen Ausschuß der beiden Parteien für die Gewerkschaftsfragen zu besprechen haben. Es handelt sich darum: wir sind uns mit den Genossen von der Komm. Partei, auch mit unseren Freunden Ulbricht und Dahlem nicht ganz darin einig, wie wir in der Erfassung der Angestellten in der künftigen Gestaltung verfahren werden, ob wir hier bei dem zur Diskussion stehenden, auch zum Teil in der Öffentlichkeit zur Diskussion gestellten Problem des Industrieverbandes im Hinblick auf die Beibehaltung der beiden Verbände für die Angestellten Organisation dem Prinzip und Grundsatz des Industrieverbandes rein folgen können oder ob nicht taktische und andere Notwendigkeiten vorliegen, die in unseren gestrigen und heutigen politischen Besprechungen so stark angeklungen sind und von deren Vorhandensein jeder überzeugt ist, nämlich die taktische und strategische Überlegung: wie kommen wir an diese 5 bis 6 Millionen Angestellten heran? Wenn wir darin einen anderen Standpunkt einnehmen, wie ihn bis jetzt noch unsere Kameraden von der KPD zum Teil vertreten haben, so haben wir uns inzwischen auch hierüber freundschaftlich verständigt; wir trommeln auch da nicht mehr so stark, sondern wir wollen die Frage sich ausreifen lassen und weiter diskutieren, und zwar deshalb, weil bei uns diese Betrachtung – und hier bin ich, darf ich sagen, mal der Vertreter der Angestellten; Dahlem wird mir entgegengehalten, auch er war Angestellter! Er war es; das spielt keine Rolle. (Zuruf: Wir haben die Erfahrungen!) Wir haben in unseren Genien auch unsere Genossen von der Arbeiterseite – und das war gar nicht so einfach – restlos für unsere Auffassung gewonnen, und zwar deshalb gewonnen, weil sie sich auf Grund jahrzehntelanger Erfahrungen auch ein ganz bestimmtes Bild in bezug auf die Behandlung der Angestellten gemacht haben. Wenn dem so ist, daß bei allen unseren Betrachtungen das im Vordergrund steht: Hauptsache ist es, gerade an diese Schichten heranzukommen – Pieck hat das auch in der politischen Debatte ausgesprochen –, dann wollen wir weiter nichts, als das Ihr uns glaubt, daß wir nur von diesem Gesichtspunkt aus an diese Frage herangehen. Wir haben noch keinen DHV-Angestellten bei uns, und wenn wir ihn haben, werden wir ihn erst mal einrahmen. Ich habe dem Kollegen Kaiser und dem Kollegen Voß einen Zettel hinaufgeschickt und gefragt: Wir haben euch; wo sind denn die christlichen und sonstigen Handlungsgehilfen und Angestellten? Die brauchen wir auch! – Das ist die Schwierigkeit, die wir hier haben.

Ich will Euch im einzelnen nicht mit den Problemen beschäftigen. Ich habe nur zwei angedeutet: einmal die Behandlung der christlichen und der Hirsch-Dunkerschen Arbeiter ganz allgemein und zweitens die Frage: wie können wir die Angestellten für die Freien Gewerkschaften und nicht nur für diese, sondern damit für die beiden politischen Arbeiterparteien und später für die einheitliche Arbeiterpartei gewinnen? Ihr müßt uns glauben, daß wir von der Sache auch etwas verstehen. Daher bitte ich – dann brauchen wir heute keine Referate mehr zu hören –, daß wir bei dem jetzt eingeschlagenen Verfahren verbleiben, solche Fragen wie diese in den gewerkschaftlichen Beratungen der beiden Parteivorstände zu besprechen, zu diskutieren und vorzubehandeln, und daß wir uns dann darauf gemeinsam ausrichten. Das scheint mir in den beiden eben behandelten Fragen, aber auch für künftig noch auftretende der richtige Weg zu sein.

Wenn ich das sage, so drücke ich damit gleichzeitig auch

mein Einverständnis in der anderen Frage aus, die bei uns in unserer gewerkschaftlichen Gruppierung gegenüber den Kameraden von der KPD etwas anders gelagert war, sich jetzt aber im Ausgleich befindet, nämlich die Frage, inwieweit wir überhaupt als Gewerkschafter die enge Verbindung und Beziehung zu den beiden politischen Arbeiterparteien zu pflegen haben. Ich kann die Frage deshalb aufwerfen, weil ich zu den Gewerkschaftsgenossen gehöre – ich habe das wiederholt zum Ausdruck gebracht –, die eine solche Beziehung und eine solche enge Verbindung für unbedingt erforderlich halten; denn ich bin davon überzeugt, daß das ein Merkmal der neuen gewerkschaftlichen Orientierung ist, daß wir unsere Arbeit, die politische Arbeit, die wir als Gewerkschaften sozusagen als Vorfeld für die Arbeit der politischen Parteien zu leisten haben, gar nicht anders auffassen können. Wenn ich dann am Rande sage: das bedeutet, daß wir Befehlsempfänger sind, so möchte ich unterstreichen, daß das die Auffassung der beiden politischen Parteien und der künftigen Arbeiterpartei ist. Das ist ebenfalls eine hochwichtige politische Überlegung, daß der Weg so gehen muß, und wir haben unter Beweis gestellt, daß er so richtig führt, wie er jetzt gegangen wird.

Hier möchte ich bitten, daß auch in den Bezirken draußen – wir haben die Genossen ja hier – in derselben Weise gearbeitet und dem Verständnis entgegengebracht wird, wenn es bei der Lösung des gordischen Knotens, der noch vor einigen Wochen ungelöst war, notwendig war, in dem Ausschuß beider Parteien etwas flott durchzuziehen und dann eine Klärung zu schaffen. Da muß das Vertrauen vorhanden sein, daß alles dann auch richtig geht. – Damit sind für mich meine Ausführungen heute erledigt.

Vors. *Pieck*: Ich denke, wir nehmen die Erklärungen und Ausführungen der Genossen Schlimme, Chwalek und Bernhard Göring zur Kenntnis. Das gliedert sich alles in die Aufgaben ein, die wir als Parteien für den Aufbau der Gewerkschaften, für die Entfaltung ihrer Tätigkeit zu leisten haben. Bei aller Selbständigkeit, die die Gewerkschaften selbstverständlich haben müssen, ist es natürlich die besondere Aufgabe der dort tätigen Genossen aus den beiden Parteien die Gedankengänge, denen wir für unsere Parteien Geltung verschafft haben, sinngemäß auch auf die Arbeit der Gewerkschaften zu übertragen. Das gilt insbesondere für die politische Umerziehung der Gewerkschaftsmitglieder wie auch für die Zusammenarbeit beim Aufbau der Wirtschaft und bei der Neugestaltung Deutschlands. Das ist doch ein einheitlicher Komplex. – Ich stelle also fest, daß die Erklärungen zur Kenntnis genommen sind.

Wir müssen dann noch etwas nachholen. Wir haben zwar über die gemeinsame Entschließung hier völlige Übereinstimmung erzielt, dabei aber unterlassen, das auch in bezug auf das aufgestellte Wahlprogramm festzustellen. Da es inhaltlich, teilweise sogar wörtlich mit der Entschließung übereinstimmt und nur nach der besonderen Seite hin Forderungen enthält, so müssen wir doch darüber eine Feststellung treffen, wieweit die Konferenz auch mit dem Wahlprogramm einverstanden ist. Ich wollte also zunächst die Frage stellen, ob es zu dem hier aufgestellten Wahlprogramm irgendwelche Ergänzungs- oder Abänderungsvorschläge gibt. – Das ist nicht der Fall. Dann darf ich wohl feststellen, daß in die Einstimmigkeit und Übereinstimmung über die Entschließung auch die Wahlplattform eingeschlossen ist. – Dagegen erhebt sich kein Widerspruch, also ist das festgestellt.

Dann, Genossen, haben wir uns verständigt, daß wir über unsere Beratung ein Kommuniqué herausgeben, mit dem gleichzeitig auch die Entschließung veröffentlicht wird. Wir haben uns dahin verständigt, daß Gen. Otto Meier und Gen. Akkermann beauftragt werden, dieses Kommuniqué auszuarbeiten, den Entwurf den beiden Zentralleitungen vorzulegen, so daß es dann im Auftrage der beiden Zentralleitungen veröffentlicht werden kann. – Erhebt sich dagegen Widerspruch? Das ist nicht der Fall; es ist so beschlossen.

Dann darf ich wohl dem Wunsche Ausdruck geben, daß gerade das Ergebnis unserer heutigen Beratung dazu anreizt, eine solche Konferenz möglichst bald zu wiederholen, vielleicht in Monatsfrist, vielleicht, wenn dringende Aufgaben vor uns stehen, noch früher, so daß wir diese gemeinsamen Konferenzen, solange wir nicht zu einer Verschmelzung gekommen sind, häufiger wiederholen, um gerade in solchem Kreise eine Übereinstimmung über Fragen herbeizuführen und damit auch die Arbeit in den Bezirken, in den Organisationen zu fördern. Darüber wird wahrscheinlich keine Meinungsverschiedenheit bestehen. – Beide Zentralleitungen werden sich dann darüber verständigen, wann der Zeitpunkt dafür herangerückt und welche Tagesordnung dann vorgesehen werden soll.

Genossen, damit wären wir am Ende unserer Konferenz angelangt. Ich brauche nicht noch ein besonderes Schlußwort zum Abschluß zu halten; sie sind gehalten worden zu der Entschließung. Ich will nur feststellen, wenn hier und da noch Schwierigkeiten in den Bezirken entstehen, was die Zusammenarbeit betrifft, wie mir jetzt mitgeteilt wurde, daß in der »Thüringer Volkszeitung« ein Angriff auf eine Rede von Dr. Brill erfolgte – »Thüringer Volkszeitung« Ausgabe Arnstadt –, die er vor 14 Tagen in Arnstadt gehalten hat, so will ich dazu erklären: Wir haben die Bitte, daß Dr. Brill – das darf ich wohl in diesem Kreise sagen – Thüringen verlassen wird, und es so vereinbart, daß wir bis zu seinem Angang die Sache ruhen lassen und nicht noch zum Anlaß irgendwelcher Auseinandersetzungen nehmen. Wir haben eine solche Vereinbarung getroffen und sie entsprechend ausgerichtet. Es ist möglich, daß diese unsere Mitteilung nicht in die Hände der Zeitung gekommen ist. Ich bitte das zu berücksichtigen, falls man sich darüber unterhält.

Dann bitte ich, unsere ergebnisreiche Konferenz abzuschließen und ausklingen zu lassen in dem gemeinsamen Liede: »Brüder, zur Sonne, zur Freiheit!«

(Die Konferenzteilnehmer singen stehend das Arbeitertrutzlied.)

Die Konferenz ist geschlossen.

(Schluß der Sitzung 14 Uhr.)

Anhang I: Dokumente zur Sechziger-Konferenz, verschickt vom ZA der SPD am 12. Januar 1946

Vorbemerkung:
Am 12. Januar 1946 verschickte der ZA einen Brief an die Landesausschüsse und Bezirksverbände der SPD. Aus den beigefügten Materialien veröffentlichen wir hier:

1. Anschreiben des ZA der Sozialdemokratischen Partei vom 12. 1. 46
2. Zusammenfassung über Inhalt und Sinn der Entschließung vom 21. 12. 1945
3. Entschließung der gemeinsamen Konferenz (Text aus: Berlin Quellen und Dokumente 1945–1951, vgl. Anm. 16)
4. Streichungen aus dem Entwurf der KPD-Vorschläge
5. SPD-Entwurf; außerdem fügen wir diesen Anlagen aus späteren Briefen des ZA an die Partei in der SBZ hinzu:
6. »Braunschweiger Zeitung« vom 8. Januar 1946
   und
7. Entschließung des ZA vom 25. Januar 1946.

1.

Sozialdemokratische Partei Deutschlands Zentralausschuß

Berlin, den 12. Januar 1946

An die
Landesausschüsse und Bezirksverbände der SPD.

Betr.:
Entschließung vom 20./21. 12. 1945
Über die Entschließung vom 21. 12. 45 zur Einheitsfrage besteht vielfach nicht die wünschenswerte Klarheit. Daraus folgt vielfach Unsicherheit in der Vertretung der Auffassung der Partei und in der Haltung ihrer Instanzen und Mitglieder. Wir

übersenden Euch deshalb zur Information folgendes Material:

1. Die vom Genossen Grotewohl am 20. 12. 45 gehaltene Rede im Wortlaut.
2. Den Entschließungsvorschlag des Zentralausschusses.
3. Die in der von der KPD vorgelegten Entschließung zur Wahrung unseres Standpunktes vorgenommenen Streichungen.
4. Eine Zusammenfassung über Inhalt und Sinn der Entschließung vom 21. 12. 1945.
5. Genosse Max Fechner zur Einigungsfrage. Abdruck aus dem »Volk«.
6. Bürstenabzüge eines Artikels des Genossen Max Fechner aus dem »Volk« vom 11. 1. 46.
7. Auszug aus einer Rundfunkrede des Genossen Dahrendorf.
8. Interview des Genossen Grotewohl im Berliner Rundfunk zur Einheitsfrage.
9. Rundfunkrede des Genossen Fechner vom 10. 1. 1946 zur Frage der Einheit.
10. Broschüre »Wir schaffen die Einheit« enthaltend: das Kommuniqué über die gemeinsame Konferenz am 20. u. 21. 12. 1945, den Wortlaut der Entschließung vom 20. u. 21. 12. 1945
    einen Artikel des Genossen Pieck zur Konferenz
    einen Artikel des Genossen Grotewohl zur Konferenz.

Die *Einheitlichkeit* der Auffassung und des Auftretens unserer Partei in allen Bezirken, Unterbezirken, Kreisorganisationen und Ortsvereinen ist eine unbedingte Notwendigkeit. Es besteht vor allem volles Einverständnis mit der KPD, daß *Einzelzusammenschlüsse* von Abteilungen, Ortsvereinen, Unterbezirken, und Bezirken *nicht erfolgen* und daß »der organisatorische Zusammenschluß auf einem Reichsparteitag beider Parteien beschlossen werden muß«, wie Genosse Fechner am 12. Januar 1946 im Zentralorgan »Das Volk« *noch einmal* ausdrücklich festgestellt hat. Genosse Fechner fährt in diesem Artikel fort:

»Denn es ist auch unseren kommunistischen Genossen daran gelegen, die künftige deutsche Einheitspartei *im ganzen*

Reich zu schaffen. Was hätte es für einen Sinn, wenn diese Einheitspartei nur im russischen Gebiet zustande käme? ...
Es ist deshalb auch falsch, wenn aus dem nur zu verständlichen Drang zur Einheit interne Organisationseinheiten sich selbständig vereinen wollen, ohne den Beschluß der gesamten Führung der Partei im Reichsausmaß abzuwarten.
Damit ist die Auffassung des Zentralausschusses und der Sinn der Entschließung vom 21. 12. 1945 noch einmal ganz klar umrissen. Dieser Auffassung ist von allen Organisationseinheiten gegenüber *allen* Instanzen Ausdruck zu geben.

Das Euch übergebene Material muß auch der breiten Mitgliedschaft schnellstens zugänglich gemacht werden. Wir bitten Euch deshalb, in der geeigneten Weise und mit den Euch zur Verfügung stehenden Mitteln den Orts- und Abteilungsvorständen das Material zur Aufklärung und als Diskussionsgrundlage so schnell wie nur möglich zur Verfügung zu stellen.

Mit Parteigruß!
Sozialdemokratische Partei Deutschlands
Zentralausschuß
Grotewohl Fechner

2.

Zusammenfassung über Inhalt und Sinn der Entschließung vom 21. 12. 1945

Die Spaltung der deutschen Arbeiterklasse hat mit der Herrschaft Hitlers zur Unfreiheit und Schändung der deutschen Nation und zu den mit jeder Okkupation verbundenen Leiden und Opfern geführt. Aus diesen Erfahrungen haben die beiden Arbeiterparteien gelernt. Sie wollen eine einige deutsche Arbeiterklasse und das Ende des Bruderkampfes. Darüber haben die Parteileitungen am 20. und 21. Dezember 1945 verhandelt und festgestellt:

1. Die Einheit der deutschen Arbeiterklasse ist eine Notwendigkeit. Sie wird *von den Parteitagen für ganz Deutschland* beschlossen werden. Bis dahin bleiben die beiden Parteien selbständig.
2. Die Einheitspartei wird eine *unabhängige deutsch sozialistische Partei* sein. Sie vertritt die Interessen der Werktätigen in Stadt und Land nach den für Deutschland gegebenen Notwendigkeiten.
3. Der Aufbau der Einheitspartei erfolgt nach *demokratischen Grundsätzen*, freie Meinungsbildung, freie Meinungsäußerung und die freie Wahl aller Instanzen sind unveräußerliche Rechte der Mitglieder.
4. Die Einheitspartei will die *parlamentarisch-demokratische Republik*. Ihr Ziel ist die Verwirklichung des Sozialismus in der sozialen Demokratie. In brüderlicher internationaler Solidarität gewährt und erwartet sie Hilfe zur Befreiung der Arbeiterklasse.
5. Bei kommenden Wahlen stellen die *beiden Parteien eigene Listen* auf; sie führen aber den Wahlkampf auf der Grundlage gemeinsamer Wahlprogramme.
6. Kameradschaftliche *Verständigung* und Zusammenarbeit beider Parteien soll den Zusammenschluß geistig vorbereiten.
7. Die Aufgaben und der Aufbau der Einheitspartei werden von einer *Studienkommission* geklärt, die sich aus je vier Genossen der beiden Parteien zusammensetzt.

Die Einheitspartei will die Mitarbeit aller schaffenden Deutschen zur Schaffung einer neuen Freiheit des deutschen Volkes und als das Werk selbstbewußter Bürger eines wirklich demokratischen und friedlichen Deutschland:

Ihr unerbittlicher Kampf gilt jeder Reaktion.

Das ist der Sinn der Entschließung vom 21. Dezember 1945.

3.

Entschließung der gemeinsamen Konferenz des Zentralausschusses der SPD und des Zentralkomitees der KPD über die Zusammenarbeit beider Parteien, 20./21. Dezember 1945

Am 20. und 21. Dezember 1945 fand im Parteihause des Zentralausschusses der SPD in Berlin eine gemeinsame Konferenz des Zentralausschusses der Sozialdemokratischen Partei Deutschlands und des Zentralkomitees der Kommunistischen Partei Deutschlands mit den Vertretern der beiden Parteien aus den Bezirken der sowjetischen Besatzungszone statt. Mit den beiden Parteileitungen nahmen je 30 Vertreter der KPD und der SPD aus den Bezirken an der Konferenz teil.

Es wurden folgende Tagesordnungspunkte behandelt:

1. Die Einheit der Arbeiterklasse.
2. Die Gemeindewahlen in der amerikanischen Besatzungszone.
3. Wie helfen die Arbeiterparteien beim Aufbau der Freien Gewerkschaften?

Zu jedem der drei Tagesordnungspunkte referierte je ein Genosse der beiden Parteien. Eine ausführliche, im kameradschaftlichen Geist geführte Diskussion schloß sich an. Die Konferenz erlangte eine wahrhaft historische Bedeutung, da nicht nur eine Vertiefung der Aktionseinheit, eine gemeinsame Ausrichtung bei den Gemeindewahlen und volle Übereinstimmung in den Gewerkschaftsfragen erzielt wurden, sondern darüber hinaus Beschlüsse gefaßt wurden, die eine neue Phase der Einheit der deutschen Arbeiterbewegung einleiten. Die Konferenz war von dem gemeinsamen Willen erfüllt, die Aktionszeit der beiden Arbeiterparteien zu ihrer organisatorischen Verschmelzung weiterzuentwickeln.

Die nachfolgend im Wortlaut veröffentlichte Entschließung wurde feierlich von den Konferenzteilnehmern unterzeichnet. Sie wird vom gesamten schaffenden deutschen Volk auf das freudigste begrüßt werden. Die Verwirklichung der Grundsätze dieses historischen Dokuments macht die Bahn frei zum demokratischen Neuaufbau Deutschlands, zur Sicherung des

Friedens und der Freiheit der Nation, zur Meisterung des deutschen Schicksals durch die geeinte Arbeiterschaft.

Die im Kapitel V der Entschließung genannte Studienkommission besteht aus den Genossen Grotewohl, Fechner, Dahrendorf und Lehmann von der SPD und den Genossen Pieck, Ulbricht, Dahlem und Ackermann von der KPD.

Entschließung

In Berücksichtigung der gegenwärtigen Lage des deutschen Volkes und der deutschen Arbeiterklasse, getragen von dem festen Willen, den Neuaufbau Deutschlands im Geiste der Demokratie und des Friedens konsequent durchzuführen, eine möglichst baldige Verbesserung der Lebenslage der breiten Massen zu erreichen und neue Angriffe der Reaktion entschieden zurückzuschlagen, wird von der gemeinsamen Konferenz des Zentralausschusses der SPD und des Zentralkomitees der KPD mit den Vertretern der Bezirke am 20. und 21. Dezember 1945 in Berlin folgende gemeinsame Entschließung gefaßt:

I.

Es wird lebhaft begrüßt, daß die Wiedergeburt der politischen Freiheit in Deutschland nach dem Zusammenbruch des Hitlerregimes nicht unter dem verhängnisvollen Zeichen einer neuen Spaltung des schaffenden Volkes stand, sondern im hoffnungsfreudigen Zeichen der Zusammenarbeit zwischen den beiden Arbeiterparteien und der Einheitsfront der vier antifaschistisch-demokratischen Parteien. Die während des ersten Weltkrieges offen zutage getretene Spaltung ist in den seither vergangenen drei Jahrzehnten zum größten Verhängnis für die Arbeiterbewegung geworden. Die Spaltung im antifaschistischen Lager hat den Machtantritt des Faschismus ermöglicht. Getrennt wurden die verschiedenen Flügel der Arbeiterbewegung geschlagen; und gespalten ging sie in die Illegalität. Alle Opfer des Hitlerterrors und alle Leiden und Schrecken des Hitlerkrieges wären umsonst gewesen, wenn nicht die Lehren aus der Vergangenheit gezogen und die Aktionseinheit aller antifaschistisch-demokratischen Kräfte hergestellt worden wäre. Eine

Fortdauer der Spaltung hätte unvermeidlich zur Folge gehabt, daß sich die passiven Kräfte des schaffenden Volkes in gegenseitigem Hader erschöpfen, statt auf die rasche Überwindung der Not, des Hungers und des Chaos gerichtet zu sein. Dann würde es keine Sicherung des Friedens, keine demokratische Erneuerung Deutschlands, keine Festigung der Volksrechte und Freiheiten geben. Die reaktionären Mächte würden von neuem triumphieren. Grau wäre die Gegenwart, und die Zukunft Deutschlands würde in einem tiefen Dunkel liegen.

Die gemeinsame Konferenz beider Parteien spricht daher dem Zentralkomitee der KPD und dem Zentralausschuß der SPD ihre Billigung und Anerkennung aus, daß sie sofort nach der Genehmigung zur Bildung der Gewerkschaften und antifaschistisch-demokratischen Parteien durch den Befehl Marschall Shukows vom 10. Juni 1945[36]) den neuen Weg der Einheit beschritten haben.

Die Bildung des Arbeitsausschusses der SPD und KPD[37]) und des Einheitsfrontausschusses der vier antifaschistisch-demokratischen Parteien[38]) sowie die im Rahmen der Aktionseinheit gefaßten Beschlüsse und durchgeführten Maßnahmen werden ausdrücklich gebilligt.

II.

Die seither gemachten Erfahrungen haben die Richtigkeit der Politik der antifaschistisch-demokratischen Aktionseinheit voll bestätigt und die Lebensfähigkeit und Stärke der Einheitsbewegung erwiesen.

Vor allem haben diese Erfahrungen gezeigt, daß auftauchende Meinungsverschiedenheiten im Rahmen der Einheitsfront beider Arbeiterparteien immer einer Lösung zugeführt werden konnten, während ohne eine solche Zusammenarbeit und Verständigung die Gegensätze unvermeidlich gewachsen und immer mehr vertieft worden wären.

Nur dank der Aktionseinheit hat unser gemeinsamer Kampf trotz größter objektiver Hemmnisse und materieller Schwierigkeiten bereits in kurzer Zeit eine Reihe höchst bedeutsamer Erfolge erzielt.

Dank der Aktionseinheit ist es gelungen, den Aufbau neuer,

demokratischer Selbstverwaltungen durchzuführen, diese zu festigen, ihre Arbeit allseitig zu entfalten und damit überhaupt die Grundlagen für die Existenz der Bevölkerung zu schaffen.

Dank der Aktionseinheit sind die neuen Verwaltungen und ihre Organe im Grundlegenden von den nazistischen Elementen gereinigt. Von oben bis unten sind neue Menschen herangezogen worden. Die deutschen Selbstverwaltungsorgane in der sowjetischen Besatzungszone sind auf neuer Grundlage aufgebaut und mit einem neuen demokratischen Geist erfüllt worden. Damit aber ist ein Ergebnis von wahrhaft historischer Bedeutung erreicht; denn eine solche demokratische Erneuerung des gesamten Verwaltungsapparates stand in Deutschland seit Jahrzehnten, ja seit einem Jahrhundert ungelöst auf der Tagesordnung.

Einen nicht geringeren Erfolg stellt die volle und rasche Durchführung der demokratischen Bodenreform dar, die ebenfalls nur dank der Aktionseinheit möglich war. Mit der demokratischen Bodenreform und der Aufteilung des Bodens der Junker ist dem reaktionären Militarismus die Basis entzogen und eine der Hauptbastionen der Reaktion niedergelegt, eine Hauptwurzel des Faschismus und imperialistischer Eroberungspolitik ausgerottet worden. Ein jahrhundertealter Traum der deutschen Bauern ging endlich in Erfüllung, und in den ehemals rückständigen und reaktionärsten Gebieten wurde ein neues, demokratisches Dorf geboren[39]).

Nur dank der antifaschistischen Aktionseinheit und besonders der engen Zusammenarbeit zwischen SPD und KPD konnten auch die ersten Quadersteine zum demokratischen Neuaufbau des deutschen Erziehungswesens gelegt werden. Die volle Durchführung der demokratischen Schulreform wird das reaktionäre Erbe im Erziehungswesen austilgen, die hitlerfaschistische Entartung beseitigen, den Bildungsverfall der letzten zwölf Jahre überwinden und die reaktionären Bildungsprivilegien liquidieren. Sie wird somit in der Tat die Brücke in eine neue und bessere Zukunft unseres Volkes sein.

Nicht minder sind die bereits erzielten Erfolge im Kampfe gegen Not, Hunger, Kälte, Arbeitslosigkeit und Inflation nur auf das Wirken der antifaschistisch-demokratischen Aktionseinheit zurückzuführen.

Die erfolgreiche Ernteeinbringung und damit die Sicherung des Minimums der Volksernährung, die Abwendung der Gefahr einer furchtbaren Hungersnot war nur durch das Bündnis zwischen den Werktätigen der Stadt und des Dorfes, nur durch eine richtige gemeinsame Agrarpolitik und durch die breite Erntehilfe für die Bauern möglich. Wo der Verkehr wieder läuft, die Schornsteine wieder rauchen, die Wohnungen wieder bewohnbar werden, wieder Gas und Strom geliefert wird und aus den Trümmern ein neues Leben entsteht, da ist es nur das Ergebnis gemeinsamer Arbeit und gemeinsamer Anstrengungen.

Am höchsten aber sind die errungenen demokratischen Rechte und Freiheiten für die Arbeiter und Werktätigen zu bewerten. Die Arbeiter und Angestellten haben sich feste Positionen erobert und ein weitgehendes demokratisches Mitbestimmungsrecht gesichert. Nie wäre das möglich gewesen ohne die Gewerkschaftseinheit und ohne die alltägliche Zusammenarbeit zwischen den Kommunisten und Sozialdemokraten und den anderen antifaschistischen Kräften.

Wenn sich unser Volk Schritt für Schritt über Schutt und Trümmer den Weg vorwärts bahnt, wenn es wieder aufwärts geht, so ist das nur das Ergebnis der antifaschistischen Aktionseinheit.

Das aber verpflichtet uns, auf diesem Wege noch kühner vorwärtszuschreiten und die Fahne der Einheit noch höher zu erheben!

III.

Aber der heimtückische und gefährliche Feind des Friedens und der Freiheit ist noch nicht vernichtet. Noch ist die Gefahr nicht gebannt, daß Reaktion und Faschismus früher oder später ihr Haupt wieder erheben. Die Erfahrungen nach dem ersten Weltkriege lehren uns, daß der Feind nach dem ersten Schreck des vollen Bankrotts seiner Politik sich zunächst in die Mauselöcher verkriecht und sich »demokratisch« tarnt, um den vernichtenden Schlägen der erwachenden Volksmassen zu entgehen und den geeigneten Moment abzuwarten, von neuem zur Offensive gegen die demokratischen Errungenschaften der Werktätigen überzugehen. Nur die Hauptkriegsverbrecher sitzen in Nürnberg vor dem Gericht der Vereinten Nationen auf der Anklagebank. Die Zahl ihrer aktiven Mitverbrecher aber ist groß, und ihnen ist das Handwerk noch nicht gelegt. Vor allem aber darf keinen Augenblick vergessen werden, daß der Hitlerfaschismus nichts anderes war als das Werkzeug des Monopolkapitals zur Niederschlagung aller fortschrittlichen und freiheitlichen Kräfte, zur Durchführung der verbrecherischen Kriegs- und Eroberungspläne des Finanzkapitals. In der Macht der Trusts, Konzerne und Kartelle liegt die tiefste Wurzel des Faschismus und des imperialistischen Krieges. Hier steht die Hauptkraft der Reaktion, und solange diese Macht nicht gebrochen ist, solange ist die Gefahr einer reaktionären Restauration nicht gebannt, der Frieden, die neue demokratische Ordnung nicht endgültig gesichert.

Noch ist das Monopolkapital nicht vernichtet, noch hat es sogar zahlreiche Helfer und Verbündete.

Seine Helfer und Verbündeten sind alle jene Günstlinge des Hitlerregimes und der Hitlerpartei, die mit dem Untergang des »Dritten Reiches« ihre Pfründe verloren haben. Seine Helfer und Verbündeten sind alle mit der Zerschlagung des Nazistaates ins Nichts geschleuderten asozialen Elemente aus den Reihen der faschistischen Terrororganisationen, die sich immer mehr in bloße Banditen und kriminelle Verbrecher verwandeln. Seine Helfer und Verbündeten sind aber auch die Einflüsse und Traditionen des Militarismus, des wilden Chauvinismus, der Völker- und Rassenhetze, die in Deutschland so tiefe Wurzeln geschlagen hatten und beileibe noch nicht überwunden sind.

Wo aber ist die Kraft, die alle Gefahren für Frieden und Freiheit bannen und die dunklen Mächte der Reaktion endgültig überwinden kann?

Diese Kraft kann nur die geeinte Arbeiterklasse im Bündnis mit der Bauernschaft und der schaffenden Intelligenz sein!

In der gegenwärtigen Lage, nachdem der Hitlerfaschismus durch seine Kriegsverbrechen und durch seine millionenfachen

Missetaten gegen fremde Völker die nationale Einheit Deutschlands aufs Spiel gesetzt hat, kann nur die Einheit aller antifaschistischen und demokratischen Kräfte des Volkes, die Aktionseinheit über ganz Deutschland hinweg, die nationale deutsche Einheit verkörpern und tragen.

Die Einheitsfront der antifaschistisch-demokratischen Parteien wird aber nur dann stabil und von Dauer sein, wenn die Einheit der Arbeiterbewegung ihr festes Rückgrat bildet.

Die demokratische Republik wird nur dann als wirklich neue demokratische Ordnung errichtet werden, wenn die einige Arbeiterschaft ihr Hauptträger ist und sich gegenüber den bourgeoisen Kräften den gebührenden Einfluß sichert.

Der weitere Aufbau der Wirtschaft wird nur dann rasch vonstatten gehen, wenn die geeinte Arbeiterschaft alle reaktionären Sabotageversuche bricht und diese Sache in ihre eigenen Hände nimmt.

Der Frieden wird nur dann gesichert sein, wenn die konsequenteste Friedenskraft, nämlich die Arbeiterklasse im Bunde mit allen Schaffenden, das Schicksal der Nation meistert.

Keine dieser Aufgaben aber kann die Arbeiterklasse erfüllen, wenn sie nicht die Einheit ihrer eigenen Reihen immer fester und tiefer gestaltet!

IV.

Die gemeinsame Konferenz ist auf Grund einer eingehenden Analyse der Lage und der Aufgaben zu dem Schluß gelangt, daß überall neue Schritte zur Entfaltung der antifaschistischen Aktionseinheit unternommen werden müssen.

Durch sachliche Aussprache – so wie sie hier auf dieser Konferenz gepflegt wurde – sollen noch alle existierenden Streitfragen im Geiste gegenseitiger Achtung und beiderseitigem Entgegenkommen geklärt werden. Die Organisationsleitungen werden Anweisungen an die Organisationen über die weitere Zusammenarbeit der Genossen in beiden Parteien geben.

In den Selbstverwaltungsorganen, auf dem Gebiet der Wirtschaft, in den Gewerkschaften und Betriebsräten, in Ämtern, Fabriken und Schulen sollen die Kommunisten und Sozialdemokraten noch viel enger und kameradschaftlicher als bisher zusammenarbeiten.

Diese gesteigerte Zusammenarbeit muß ihren Ausdruck auch darin finden, daß überall, wo Wahlen und Abstimmungen stattfinden, gemeinsame Wahlprogramme der beiden Arbeiterparteien aufgestellt werden. Die Genossen der Sozialdemokratischen Partei und der Kommunistischen Partei werden sich über die Besetzung der politischen Positionen innerhalb der Gemeindeverwaltungen auf der Grundlage der Gleichberechtigung kameradschaftlich verständigen.

Die Aufstellung gemeinsamer Wahlprogramme soll die Garantie bilden, daß der Wahlkampf nicht zu einem Kampf zwischen SPD und KPD wird, sondern als gemeinsamer Kampf der beiden Arbeiterparteien für eine Arbeitermehrheit geführt wird!

Ein gegenseitiger Kampf bei den Wahlen würde zu einem Frevel am schaffenden Volk werden, weil damit nichts anderes erreicht werden könnte, als daß die Reaktion die Oberhand gewinnen würde.

Die gemeinsame Konferenz der KPD und SPD fordert daher die örtlichen und bezirklichen Organisationen beider Parteien in ganz Deutschland auf, im Interesse der Gewinnung einer festen Arbeitermehrheit gemeinsame Wahlprogramme aufzustellen.

V.

Die Erweiterung und Vertiefung der Aktionseinheit soll den Auftakt zur Verwirklichung der politischen und organisatorischen Einheit der Arbeiterbewegung, d. h. zur Verschmelzung der Sozialdemokratischen Partei Deutschlands und der Kommunistischen Partei Deutschlands zu einer einheitlichen Partei bilden.

Gegenwärtig, wo sich die beiden Arbeiterparteien zum gemeinsamen Handeln zusammengefunden haben und das Lebensinteresse des schaffenden deutschen Volkes auf das dinglichste die Weiterentwicklung der Einheit erfordert, ist der historische Augenblick gekommen, die Lehre aus der gesamten Vergangenheit der Arbeiterbewegung zu ziehen und die Einheitspartei der Arbeiter vorzubereiten. Mit dem Übergang zum imperialistischen Zeitalter wurde die marxistische Bewegung immer mehr zerklüftet. Nun ist es genug des gegenseitigen Bekämpfens, genug des Haders und Bruderkampfes! Laßt uns die Hände reichen und gemeinsam die große Idee der Arbeitereinheit voll verwirklichen!

Was soll die neue, einheitliche Partei der sozialistischen Bewegung sein? Diese Frage steht vor uns! Die Konferenz hat zu ihrer Klärung eine Studienkommission gebildet, die sich aus je vier Genossen der beiden Parteien zusammensetzt.

Grundsätzlich soll im Programm dieser Partei im Minimum die Vollendung der demokratischen Erneuerung Deutschlands im Sinne des Aufbaues einer antifaschistisch-demokratischen, parlamentarischen Republik mit gesetzlich gesicherten weitgehenden politischen, wirtschaftlichen und sozialen Rechten der Arbeiter und Werktätigen festgelegt werden; im Maximum soll das Programm die Verwirklichung des Sozialismus auf dem Wege der Ausübung der politischen Herrschaft der Arbeiterklasse im Sinne der Lehren des konsequenten Marxismus sein, wie sie im »Kommunistischen Manifest«, im Eisenacher Programm der Deutschen Sozialdemokratie[40]) und in der Kritik von Marx und Engels zum Gothaer Programm[41]) festgelegt sind.

Die Einheitspartei soll selbständig und unabhängig sein. Es ist ihre Aufgabe, ihre Politik und Taktik, sich entsprechend dem Interesse der deutschen Werktätigen und den speziellen Bedingungen in Deutschland zu entwickeln. Sowohl bei der Verwirklichung des Programm-Minimums als auch des Programm-Maximums soll sie, von den Besonderheiten der Entwicklung unseres Volkes ausgehend, einen eigenen Weg einschlagen. Die restlose Zerschlagung des alten staatlichen Machtapparates und die konsequente Weitertreibung der demokratischen Erneuerung Deutschlands kann auch besondere und neue Formen des Überganges zur politischen Herrschaft der Arbeiterklasse und zum Sozialismus schaffen.

Ihre Rolle im täglichen Kampf und ihrer sozialen Zusammensetzung nach soll die Einheitspartei die Klassenpartei der Arbeiter, die Partei des schaffenden Volkes in allen seinen Schichten sein.

In ihrer inneren Verfassung soll die Partei auf dem Prinzip des demokratischen Bestimmungsrechts der Mitglieder und der freien Wahl der Parteileitungen beruhen, wobei einmal gefaßte Entscheidungen und Beschlüsse für alle ihre Mitglieder und Organisationen verbindlich sind.

Die Einheitspartei soll auf dem Boden der konsequenten Wahrung aller wirklich nationalen Interessen des deutschen Volkes stehen, was nur auf dem Wege der Rückführung unseres Volkes in die Gemeinschaft der friedliebenden Nationen möglich ist. In der Wahrung der besten Traditionen der Arbeiterbewegung soll die Einheitspartei der Idee des proletarischen Internationalismus treu ergeben sein und in diesem Geist auf der Schaffung fester Beziehungen sowohl zur Arbeiterbewegung der bürgerlichen Länder wie zur Arbeiterbewegung der Sowjetunion hinarbeiten. Sie soll die Unterstützung der Arbeiterbewegung in anderen Ländern für ihren Kampf suchen, ebenso wie sie die Pflicht hat, die Sache des Friedens, der Demokratie, des Fortschritts und des Sozialismus, gleich in welchem Lande, auf das Aktivste zu fördern und jedwede Äußerung des Chauvinismus, der Rassen- und Völkerhetze wie der Hetze gegen die Sowjetunion energisch zu bekämpfen.

Die Einheitspartei wird die Einheitsfront aller antifaschistisch-demokratischen Kräfte weiter stärken, und sie wird die beste Garantie gegen eine neue Spaltung in den Reihen des schaffenden Volkes sein!

Die baldige Verwirklichung der politischen und organisatorischen Einheit der Arbeiterbewegung ist eine dringende nationale Notwendigkeit; denn wie jede Zerklüftung in unseren Reihen die Aufspaltung Deutschlands begünstigen müßte, so bedeutet jeder weitere Schritt zur Festigung der Arbeitereinheit die Stärkung der Einheit Deutschlands!

VI.

Auch über den Weg zur Schaffung der Einheitspartei konnte nach lebhafter und kameradschaftlicher Aussprache weitgehende Übereinstimmung erzielt werden.

Der Weg zur Einheitspartei führt über den raschen weiteren

Aufbau der Aktionseinheit. Im engsten Zusammenhang mit den täglichen Fragen und Aufgaben sollen alle Gruppen und Ortsorganisationen, jetzt Bezirks- und Landes- bzw. Provinzialleitungen, eine gemeinsame und rege ideologische Aussprache pflegen, wobei besonders die in Punkt V der vorliegenden Entschließung kurz dargelegten Hauptgesichtspunkte über das Wesen der Einheitspartei verhandelt werden sollen.

Die bereits überall bestehenden Verbindungskomitees sollen in kurzer Frist durch die Schaffung gemeinsamer Ausschüsse (wie solcher für Wirtschaftsfragen, Sozialpolitik, Kultur- und Erziehungsfragen) ergänzt werden.

Die Schaffung einer gemeinsamen theoretischen Zeitschrift und des gemeinsamen Verlages »Einheit« durch den Zentralausschuß der SPD und das Zentralkomitee der KPD soll der Anlaß sein, überall eine lebhafte gemeinsame Zirkel- und Schulungstätigkeit zu entfalten[42]).

VII.

Die gemeinsame Konferenz der SPD und KPD ist der festen Überzeugung, daß die Grundsätze der vorstehenden Entschließung den Interessen der Arbeiter und des schaffenden Volkes voll entsprechen. Die Verwirklichung dieser Grundsätze wird den demokratischen Neuaufbau Deutschlands, die Entfaltung des Wirtschaftslebens und die Behebung der gegenwärtigen Notlage breiter Bevölkerungskreise bedeutend beschleunigen.

Insbesondere erklären wir mit feierlichem Nachdruck, daß die Weiterentwicklung der Aktionseinheit zur politischen und organisatorischen Einheit der Arbeiterbewegung die sichere Garantie unseres Erfolges heute und in Zukunft sein wird!

Die Morgenröte einer neuen Zeit bricht damit an!

4.

Streichungen aus dem Entwurf der KPD-Vorschläge:

1. Streichung des Kp-Vorschlages über gemeinsame Wahllisten: Unter Ziffer IV im 3. Absatz hatte die KPD nicht nur die Aufstellung gemeinsamer Wahlprogramme, sondern auch *die Aufstellung gemeinsamer Kandidaten verlangt.* Das Verlangen der KPD nach *Aufstellung gemeinsamer Kandidaten ist auf unseren Antrag gestrichen worden.*

   Weiter wurde gestrichen:

   »Aber auch eine »Beurlaubung« der Einheit zwischen KPD und SPD für die Dauer des Wahlkampfes (selbst bei Verzicht auf gegenseitige Angriffe) würde kein anderes Resultat haben, weil nur die in der Einheit verankerte Kraft der Arbeiterklasse die breiten Massen der Bevölkerung beeindrukken und auf ihre Seite ziehen kann.
   Wie die Erfahrung in anderen Ländern lehrt, kann durch getrennte Listen niemals eine höhere Stimmzahl für beide Arbeiterparteien erzielt werden, sondern nur eine Mehrheit für die übrigen Listen. Das gemeinsame Aktionsprogramm in seiner konsequenten, antifaschistischen und demokratischen Zielrichtung ernst genommen, erfordert, auch ein gemeinsames und geschlossenes Vorgehen der beiden Arbeiterparteien bei den Wahlen.«

Unter Ziffer V ist die Schaffung einer Studienkommission, bestehend aus je vier Vertretern der SPD und KPD gefordert worden. Ebenso haben unsere Genossen nicht nur die demokratische, sondern auch die *parlamentarische Republik* gefordert und durchgesetzt.

2. Ablehnung gemeinsamer Mitglieder- und Funktionärskonferenzen neben den Veranstaltungen zur ideologischen Klärung.

   Es wurde unter Ziffer VI folgender Passus gestrichen:

   »Überall sollen gemeinsam Mitgliederversammlungen, Funktionärskonferenzen und Leitungssitzungen beider Parteien stattfinden, die sowohl zu den brennenden Gegenwartsaufgaben als auch zur Frage der Einheitspartei Stellung nehmen und Beschlüsse fassen sollen.«

3. Ablehnung der Einzel- und Beispielverschmelzungen:

Hier wurde unter Ziffer VI gestrichen:

»Die KPD verlangte die Verschmelzung der Organisationen beider Parteien im Landes- bzw. Provinzialmaßstab wenn folgende Voraussetzungen erfüllt sind:

a) Die Orts- und Kreis- bzw. Bezirksorganisationen beider Parteien müssen sich mit Mehrheit und ohne jeden Druck und Zwang nur aus eigenem freiem Entschluß für die organisatorische Vereinigung ausgesprochen haben;

b) die Verschmelzung kann nur von beiderseitigen, aus freien Wahlen hervorgegangenen Landes- bzw. Provinzialkongressen endgültig beschlossen werden;

c) eine solche Vereinigung der KPD und SPD im Landes- bzw. Provinzialmaßstab bedarf der Zustimmung des zentralen Arbeitsausschusses des ZK, der KPD und des ZA der SPD.

Wo eine solche Vereinigung erfolgt, müssen die neuen Leitungen von oben bis unten paritätisch aus bisherigen Mitgliedern der SPD und KPD zusammengesetzt sein. Die Verteilung der Vollmachten und Funktionen hat nach dem gleichen Grundsatz zu erfolgen.«

und vereinbart, daß nur *»Reichs«*-parteitage einen Beschluß hierüber fassen können.

5.

Verhandlungsvorschlag der SPD zum 20. 12. 1945

Die Einheit der Arbeiterklasse

Um die zukünftige Freiheit und Einheit des Deutschen Volkes.

In Berücksichtigung der heutigen Lage des deutschen Volkes und der der deutschen Arbeiterklasse aus dieser Lage erwachsenen historischen Aufgabe hat sich der Arbeitsausschuß der beiden sozialistischen Arbeiterparteien entschlossen, der am 20. Dezember zusammengetretenen Delgegiertenkonferenz folgende *Beratungsgrundlagen* für die Zusammenarbeit und die Vereinigung der beiden sozialistischen Arbeiterparteien vorzuschlagen:

Angesichts der Tatsache,

1. daß durch die Schuld des Hitler-Faschismus das deutsche Volk *seine Souveränität verloren* hat und das Recht der vollen Selbstbestimmung seines Schicksals nur wieder erhalten soll, wenn es durch Selbsterziehung seiner Bürger zu einem wirklich demokratischen Staatsvolk geworden ist, das im Kreise der freien Nationen an der Sicherung des Weltfriedens gleichberechtigt mitzuwirken berufen ist,
2. daß die deutsche *Arbeiterklasse ihre Freiheit ebenso verloren* hat wie das deutsche Volk und wie dieses seine Freiheit wieder gewinnen will, und daß die deutsche Arbeiterklasse, nachdem sie schon seit 100 Jahren für die Demokratie und gegen den preußischen Militarismus gekämpft hat, bei dieser demokratischen Neugestaltung des deutschen Volkes eine historische Aufgabe erfüllen muß und allein die Führung übernehmen kann,
3. daß die notwendige *wirtschaftliche und staatliche Einheit* der zukünftigen deutschen demokratischen Republik von einem durch private Sonderinteressen zerrissenen, von faschistischen und imperialistischen Gefühlen nicht gereinigten Bürgertum gefährdet werden kann und daß nur die um die Demokratie und für den Völkerfrieden kämpfende deutsche Arbeiterklasse die wirtschaftliche und politische Einheit Deutschlands der Sicherung des Weltfriedens wirklich dienstbar machen kann und
4. daß endlich nur eine *starke deutsche Arbeiterklasse alle* hand- und kopfarbeitenden Bürger Deutschlands in Stadt und Land in klassenpolitischer Solidarität zusammenfassen kann, um durch Vernichtung aller Grundlagen des angreifenden deutschen Imperialismus sowohl die Voraussetzung einer neuen Freiheit des deutschen Volkes als auch der Freiheit der Arbeiterklasse zu schaffen,

erklären der Zentralausschuß der Sozialdemokratischen Partei Deutschlands und das Zentralkomitee der Kommunistischen Partei Deutschlands die *organisatorische Vereinigung der sozia-*

listischen Arbeiterparteien zu einer einheitlichen deutschen sozialistischen Arbeiterpartei für notwendig.

Bis zum Vollzug ihrer organisatorischen Vereinigung werden die beiden Parteien ihre volle *organisatorische Selbständigkeit* aufrecht erhalten. In der Erwägung aber, daß die Spaltung der deutschen Arbeiterklasse die Entmachtung der Demokratie, die Entstehung des Faschismus und des zweiten Weltkrieges begünstigt hat, erklären die beiden Parteien, daß nichts mehr geschehen darf, was diese Spaltung begünstigen könnte. Die beiden Parteien stimmen vielmehr dahin überein, daß künftig in den praktischen Fragen eine *enge Zusammenarbeit* aller dabei beteiligten Organisationen herbeigeführt werden muß, und zwar auf der Grundlage achtungsvoller Solidarität und Kameradschaft. Sie erklären es ebenso als ihren gemeinsamen Willen und als eine Voraussetzung dauernder erfolgreicher Zusammenarbeit, daß jede Einigung von Ortsvereinen, Kreisverbänden, Unterbezirken, Bezirksverbänden sowie Landes- und Provinzial- und Zonenverbänden vor dem Beschluß der gesamten organisatorischen Verschmelzung zu unterbleiben hat.

Zur Sicherung der Zusammenarbeit und zur Vorbereitung ihres Zusammenschlusses wollen die Parteien alles tun, um durch *ideologische Klärung* die innere Einheit vorzubereiten. Um jeden Zweifel an der Aufrichtigkeit des Willens zur Einheit und an der tatsächlichen Gleichberechtigung der Parteien zu beseitigen, wollen die beiden Parteien von sich aus, auch bei den Besatzungsmächten alles unternehmen, damit jede *Bevorzugung oder Benachteiligung* der einen oder der anderen Partei unterbleibt, sei es hinsichtlich der Freiheit der Organisation, sei es hinsichtlich der Voraussetzung der Agitation. Gleiches Recht und wirkliche Parität muß auf das Stärkeverhältnis der beiden Parteien Rücksicht nehmen.

Beide Parteien halten es für richtig, mindestens bei den ersten kommenden Wahlen allgemein auf *gemeinsame Listen zu verzichten*.

Die Mitglieder der Parteien sollen aus diesem aufrichtigen Zusammenwirken erkennen, daß keine der beiden Parteien für sich Sonderrechte in Anspruch nimmt. Im übrigen gelten für die Zusammenarbeit, unbeschadet der sachlichen Klärung historischer Zusammenhänge für die ideologische Verständigung, folgende Grundsätze:

1. Unter die *Vergangenheit* wird ein Schlußstrich gezogen. Vorwürfe aus der Vergangenheit dürfen nicht mehr erhoben werden.
2. Das Selbstbewußtsein der einzelnen Parteien und Mitgliedschaften muß auch durch *Respektierung* der Tradition der Parteien und früher führender Persönlichkeiten gewahrt werden.
3. Gemeinsame Arbeit und gemeinsame Verantwortung verlangen eine gerechte Beteiligung in den Verwaltungskörpern. Nicht das Mitgliedsbuch, sondern *Können und Wissen* sollen bei der Besetzung von Verwaltungsstellen entscheiden.
4. Es darf nur einen *Wettbewerb* zwischen den Parteien geben: in der Betätigung des Willens zur größeren Leistung bei dem wirtschaftlichen und politischen Neubau Deutschlands und bei der Sicherung des Weltfriedens.
5. Ersprießliche Zusammenarbeit im Interesse des Ganzen hat *persönliche Sauberkeit* und Zuverlässigkeit aller in der Organisation und in der Selbstverwaltung Tätigen zur Voraussetzung. Das Mittel der demokratischen Kontrolle durch die Mitgliedschaft schließt die persönliche Beargwöhnung und Bloßstellung als unkameradschaftlich aus. Die Arbeitsausschüsse der Bezirke und Zentralen haben in allen gemeldeten Fällen durchzugreifen. Über die *Aufnahme früherer Nazisten* in die Parteien und die dafür maßgebenden Gründe haben die Bezirke sich gegenseitig zu verständigen.
6. *Meinungsverschiedenheiten* müssen in den einzelnen Orten in kameradschaftlicher Verständigung bereinigt werden. Bei größeren Schwierigkeiten haben die Bezirksleitungen und die Zentralstellen der Parteien zu entscheiden.
7. Für die Lösung einzelner Aufgaben ist zukünftig *vorher eine gemeinsame Linie* festzulegen. Nur wenn diese nicht oder nicht rechtzeitig gefunden wird, soll jede der Parteien die Freiheit des Handelns haben.

Der Zentralausschuß der Sozialdemokratischen Partei

Deutschlands und das Zentralkomitee der Kommunistischen Partei Deutschlands erklären ferner, daß die Verhinderung der Wiederkehr faschistischer Zustände, der Neubau eines demokratischen Staatswesens, die Wiederherstellung der Freiheit des deutschen Volkes und der deutschen Arbeiterklasse eine einheitliche *unteilbare Aufgabe* sind; ihrer Lösung hat die deutsche Arbeiterklasse in *einheitlicher* Aktion zu dienen. Der Versuch einer szenenmäßigen Verschmelzung der Arbeiterparteien müßte die zukünftige Einheit der deutschen Arbeiterklasse ebenso in Frage stellen, wie er die einheitliche Aktion der Arbeiterklasse zur Schaffung einer wirklich demokratischen Republik und zur Umerziehung des deutschen Volkes zu einer Friedensnation gefährden müßte. Sie erstreben deshalb die schnelle Bildung einheitlicher Arbeiterparteien für das ganze Staatsgebiet, deren *erste Parteitage* die organisatorische Verschmelzung der Parteien zu beraten und einzuleiten haben.

Aus gleichen Gründen erklären sie die verschiedentlich heute zutage tretenden *partikularistischen Bestrebungen* für eine Gefahr, der in ihren Anfängen begegnet werden muß. Das deutsche Volk hat die Revolution von 1848 mit dem Ergebnis verloren, daß es hundert Jahre später nach der Verursachung zweier Weltkriege seine Souveränität und seine Existenz verspielt hat! Heute hat das deutsche Volk die seit 1848 versäumte Schaffung eines zivilen demokratischen Staates nachzuholen. Die Demokratie ohne Demokraten, der deutsche Untertanengeist, sind auf den obrigkeitsstaatlichen Partikularismus zurückzuführen, der nördlich und südlich des Mains gleicherweise zuhaus war; Hitler hat den sturen, jeder Würde baren Bürgergehorsam genau so in den Ländern gefunden, die heute einen übertriebenen Föderalismus als Gegengift gegen das Preußentum verlangen. Gegen den »Geist von Potsdam« helfen keine konservativen Ausflüchte. Hier hilft nur die Beseitigung der materiellen Grundlagen der Existenz seiner Träger und die demokratische Selbsterziehung des Volkes in ganz Deutschland.

Das ganze Volk hat heute, um mit *Friedrich Engels* zu sprechen, »nicht die 1866 und 1870 gemachte Revolution *von oben* wieder rückgängig zu machen, sondern ihr die notwendige Ergänzung und Verbesserung zu geben durch eine Bewegung *von unten.*« Das ist nicht möglich durch die Rückkehr zu einem überholten Föderalismus. Dieser scheinbar »zivile Föderalismus müßte heute ebenso zum Sammelpunkt reaktionärer Kräfte und zu einer zukünftigen Friedensgefahr werden, wie die Einigung Deutschlands auf den Spitzen der Bajonette durch den Kanzler der ostelbischen Junker der historische Ausgangspunkt des deutschen angreiferischen Imperialismus geworden war.

Der Zentralausschuß der Sozialdemokratischen Partei Deutschlands und das Zentralkomitee der Kommunistischen Partei Deutschlands werden sich dafür einsetzen, daß diese Grundlagen zur Einigung der deutschen Arbeiterklasse in allen Besatzungszonen Deutschlands den Organisationen der beiden Parteien zur Annahme empfohlen werden.
Berlin, den 15. Dezember 1945

6.

Braunschweiger Zeitung vom Dienstag, den 8. Januar 1946

SPD wahrt ihre Selbständigkeit

Hannover – Nachdem in Berlin die Zentralausschüsse der SPD und KPD ein gemeinsames Wahlprogramm für die Gemeindewahlen, die in einem Teil der Gemeinden der russischen Besatzungszone in nächster Zeit durchgeführt werden, beschlossen haben, nahm am 3. und 4. Januar 1946 die SPD-Konferenz der britischen Zone in Hannover hierzu Stellung. Nach einer lebhaften Aussprache wurde einstimmig eine Entschließung gefaßt, die ein gemeinsames Vorgehen mit den Kommunisten ablehnt. In dieser Entschließung heißt es u. a.:

»Solange ein einheitliches deutsches Reich politisch nicht besteht, sondern sein Gebiet sich in verschiedene Kontrollzonen mit ungleichartigen politischen Methoden der Regierung und Wirtschaft aufgliedert, ist auch die organisatorische Einheit der Sozialdemokratischen Partei Deutschlands nicht gegeben. Der Zentralausschuß in Berlin hat die Führung nur für die östliche

Besatzungszone, die Partei der westlichen Zonen wird von dem politischen Beauftragten dieser Zonen in Hannover geführt. Dementsprechend sind Abmachungen und Beschlüsse der Partei in der östlichen Besatzungszone nicht bindend oder richtungsweisend für die Sozialdemokratische Partei in der westlichen Zone. Hier wird die Haltung der SPD nur durch eigene Entscheidungen bestimmt.

Zu den Mitteilungen über eine bevorstehende organisatorische teilweise oder fällige Einigung zwischen Kommunisten und Sozialdemokraten erklärt die Sozialdemokratische Partei der britischen Zone, daß die in Berlin oder sonstwo in der östlichen Zone getroffenen Vereinbarungen als nur aus den besonderen Verhältnissen und machtpolitischen Gegebenheiten in der Ostzone hervorgehend zu betrachten sind.

Sie stellt fest, daß dieser Vorstoß für eine angebliche Einigung zu einem Zeitpunkt erfolgt, an dem die Bemühungen um die Vereinigung gescheitert sind, obwohl dort die Spannungen und ihr historisches Ergebnis nicht so katastrophal war wie in Deutschland. Sie sieht darin den Ausdruck der Erkenntnis, daß die Möglichkeit aller Arbeitenden nicht gegeben ist, wie die Beteiligten nicht volle tatsächliche geistige und politische Unabhängigkeit von jeder ausländischen Macht beweisen.

Die Sozialdemokratische Partei kann und will nicht auf die Freiheit in ihren Entschlüssen und Urteilen verzichten. Sie läßt sich für die Zukunft nicht der Möglichkeiten einer Kritik an Zuständen berauben, die sie aus sozialistischen und demokratischen Gründen kritisieren muß.

Die Entschließung wirft der kommunistischen Parteiführung vor, daß es ihr weniger um die Einigung der Arbeitenden, als um die Eroberung der Sozialdemokratischen Partei durch die KPD gehe.

In Deutschland sei die kommunistische (Partei) Politik theoretisch Diktatur. Die Sozialdemokratie müsse es ablehnen den Blutspender für den geschwächten Parteikörper der Kommunistischen Partei abzugeben. Die SPD werde ihre ideologische und organisatorische Selbständigkeit wahren.

Die Erörterung der historischen, prinzipiellen und taktischen Differenzen könnte erfolgreich erst begonnen werden, wenn die Kommunistische Partei ihre völlige Unabhängigkeit im Geistigen und Politischen erlangt habe.

7.

Entschließung des Zentralausschusses der SPD vom 25. 1. 1946

Der Parteiausschuß der Sozialdemokratischen Partei Deutschlands hat in seiner Sitzung vom 25. Januar 1946 die Berichte des Zentralausschusses und der Bezirksvorstände über die bisherige Durchführung des Beschlusses vom 21. Dezember 1945, insbesondere die Entschließung des Zentralausschusses vom 15. Januar 1946, zustimmend zur Kenntnis genommen.

Der Parteiausschuß sieht die aus der Aktionseinheit der beiden Arbeiterparteien wachsende Einheit der Arbeiterbewegung als einen Entwicklungsprozeß an. Die Herstellung der organisatorischen Vereinigung kann darum keine Frage eines bestimmten Termins sein.

Der Parteiausschuß hat deshalb auch die Herausgabe eines gemeinsamen Rundschreibens der Studienkommission der beiden Parteien begrüßt, nach welchem beide Parteien sich mit allen Kräften dafür einsetzen sollen, daß die Mitgliedermassen die Vereinigung vorbereiten.

Der Zentralausschuß der Sozialdemokratischen Partei Deutschlands und das Zentralkomitee der Kommunistischen Partei Deutschlands wünschen deshalb, daß den beiden Parteien in allen Zonen volle Freiheit in ihrer Tätigkeit zur Loslösung der Volksmassen vom Nazismus und für die Entfaltung der Demokratie, für die Sicherung des Friedens und der nationalen Einheit eingeräumt wird und damit die Voraussetzungen für eine feste Aktionseinheit und für die organisatorische Einheit in ganz Deutschland geschaffen und durch den Willen der Mitglieder der beiden Parteien auf Reichsparteitagen endgültig beschlossen werden.

25. Januar 1946

Anhang II

Anmerkungen

Wir bedanken uns bei Frauken Süchting für ihre sorgfältige und schnelle Schreibarbeit bei diesem Buch. M. W.

1. Kurt Schumacher: Aufstand gegen die sowjetdeutsche Diktatur, in: Turmwächter der Demokratie, Band II, Kurt Schumacher, Reden und Schriften, hg. Arno Scholz und Walther G. Oschilewski, Berlin 1953, S. 498.
2. ebenda.
3. Erklärung der Botschaft der Sowjetunion: Westmächte an Abkommen über Westberlin erinnert, in »Die Wahrheit«, 27. Jg. Nr. 21, 27. 1. 1981.
4. Theo Pirker: Die SPD nach Hitler, München 1965, S. 25.
5. Günter Gaus: Staatserhaltende Opposition oder Hat die SPD kapituliert? Gespräche mit Herbert Wehner, Reinbek 1966, S. 12ff.
6. Theo Pirker: Die SPD ..., a. a. O., S. 43.
7. ebenda.
8. Robert Havemann: Ein deutscher Kommunist, hrsg. von Manfred Wilke, Reinbek 1978, S. 67.
9. Walter Ulbricht: Programmatische Rede, in: Einheitsfront der Antifaschistisch-Demokratischen Parteien, Berlin o. J. (1945), S. 19f. Die Rede wurde in Band II Aus den Reden und Schriften von Walter Ulbricht: Zur Geschichte der deutschen Arbeiterbewegung 1963 unter dem Titel: »Einigung aller antifaschistisch-demokratischen Kräfte!« veröffentlicht
10. ebenda, S. 21.
11. Theo Pirker: Die SPD ..., a. a. O., S. 16f.
12. Kurt Schumacher: Konsequenzen deutscher Politik, in: Turmwächter der Demokratie, Band II, a. a. O., S. 31.
13. Ernst Reuter: Rede auf der Protestkundgebung vor dem Reichstagsgebäude am 9. Sept. 1948 gegen die Vertreibung der Stadtverordnetenversammlung aus dem Ostsektor, in: Ernst Reuter: Schriften. Reden, bearb. von Hans J. Reischhardt, 3. Bd., Berlin 1974, S. 479.
14. Siegfried Thomas: Die Ergebnisse des Kampfes um die Vereinigung von KPD und SPD, in: Beiträge zum nationalen Geschichtsbild der deutschen Arbeiterklasse, Zeitschrift für Geschichtswissenschaft, X. Jg. 1962, Sonderheft, Berlin (Ost), S. 131f.
15. Karl J. Germer: Von Grotewohl bis Brandt, Landshut 1974, S. 112f.
16. Berlin Quellen und Dokumente 1945–1951, 1. Halbband, Hg. Senat von Berlin, bearbeitet durch Hans J. Reischhardt, Hanns U. Teutler, Albrecht Lampe, Berlin 1964, S. 811.
17. Geschichte der Sozialistischen Einheitspartei Deutschlands, Abriß. Der Abriß wurde durch eine Kommission des Politbüros des ZK der SED bestätigt, der angehörten: Erich Honecker (Vorsitzender), Hermann Axen, Friedrich Ebert, Gerhard Grüneberg, Kurt Hager, Werner Jarowinsky,

Werner Lamberz, Günter Mittag, Albert Norden, Paul Verner, Berlin (Ost) 1978, S. 109.

18. Vgl.: Manfred Overesch: Hermann Brill und die Neuanfänge deutscher Politik in Thüringen 1945, in: Deutschland Archiv, 13. Jg., 11/1980, S. 1192.
19. Manifest der demokratischen Sozialisten des ehemaligen Konzentrationslagers Buchenwald, in: Wolfgang Abendroth: Aufstieg und Krise der deutschen Sozialdemokratie, Frankfurt 1964, S. 126f.
20. Frank Moraw: Die Parole der ›Einheit‹ und die Sozialdemokratie, Bonn-Bad Godesberg 1973, S. 113f.
21. Ebenda, S. 114.
22. Ebenda.
23. Ebenda, S. 115.
24. Ebenda, S. 115f.
25. Ebenda, S. 134.
26. Vgl. ebenda, S. 84f.
27. Wolfgang Leonhardt: Die Revolution entläßt ihre Kinder, Berlin 1961, S. 276.
28. Ebenda, S. 294.
29. Walter Ulbricht: Die geeinte Arbeiterklasse führte das Volk aus der Katastrophe, in: Walter Ulbricht: Zur Geschichte der deutschen Arbeiterbewegung. Aus Reden und Aufsätzen, Band II: 1933–1946, Zusatzband, Berlin (Ost) 1966, S. 210.
30. Ebenda, S. 210.
31. Michael Morozow: Der Georgier, München/Wien 1980, S. 43.
32. Frank Moraw: a. a. O., S. 119f.
33. Walter Ulbricht: Aus einem Brief an Genossen Wilhelm Pieck, in: Walter Ulbricht: Zur Geschichte der deutschen Arbeiterbewegung. Aus Reden und Aufsätzen, Band II: 1933–1946 Zusatzband, a. a. O., S. 205.
34. Walter Ulbricht: Brief an Genossen Wilhelm Pieck, ebenda. S. 208.
35. Frank Moraw: a. a. O., S. 164.
36. Albrecht Kaden: Einheit oder Freiheit. Die Wiedergründung der SPD 1945/46, Berlin. Bonn, 1980, S. 19.
37. Ebenda, S. 147.
38. Ebenda, S. 149.
39. Theo Pirker: Die SPD, a. a. O., S. 39.
40. Albrecht Kaden, a. a. O., S. 188.
41. Ebenda, S. 189.
42. Ebenda.
43. Ebenda.
44. Ebenda.
45. Ebenda.
46. Ebenda, S. 190.
47. Geschichte der SED, a. a. O., S. 107ff.
48. Geschichte der deutschen Arbeiterbewegung, Band 6, Von Mai 1945 bis 1949, hrsg. Institut für Marxismus-Leninismus beim Zentralkomitee der

SED, Autorenkollektiv: Walter Ulbricht (Vorsitzender), Horst Bartel, Lothar Berthold (Sekretär), Ernst Diehl, Friedrich Ebert, Ernst Engelberg, Dieter Fricke, Fritz Globig, Kurt Hager, Werner Horn, Bernhard Koenen †, Wilhelm Koenen †, Albert Schreiner, Hanna Wolf, Berlin (Ost) 1966, S. 122f.

49. Otto Grotewohl: Auf dem Wege zur Einheit, in: Otto Grotewohl: Im Kampf um die Einige Deutsche Demokratische Republik. Reden und Aufsätze, Band I 1945–1949, Berlin (Ost) 1954, S. 11.
50. Artur London: Das Geständnis, Hamburg 1970, S. 120.
51. Wolfgang Leonhard: a. a. O., S. 350f.
52. Berlin Quellen und Dokumente 1945–1951, a. a. O., S. 815.
53. Werner Müller: Die KPD und die ›Einheit der Arbeiterklasse‹, Frankfurt/New York 1979, S. 152.
54. Walter Ulbricht: Offene Antwort an sozialdemokratische Genossen, in: Walter Ulbricht: Zu Fragen der Parteiarbeit, Berlin (Ost) 1960, S. 135.
55. Karl Wilhelm Fricke: Warten auf Gerechtigkeit, Köln 1971, S. 69f.
56. Ebenda, S. 70f.
57. Frank Moraw: a. a. O., S. 153.
58. Walter Ulbricht: Der Weg der freien Gewerkschaften, in: Walter Ulbricht: Zur Geschichte der deutschen Arbeiterbewegung. Aus Reden und Aufsätzen, Band II 1933–1946, Berlin (Ost) 1963, S. 538.
59. Manfred Overesch: Hermann Brill . . ., a. a. O., S. 1210.
60. Frank Moraw: a. a. O., S. 154.
61. Walter Ulbricht; Programmatische Rede, a. a. O., S. 31.
62. Berliner Gewerkschaftsgeschichte von 1945–1950 FDGB: UGO: DGB, hrsg. DGB, Landesbezirk Berlin, Berlin 1971, S. 25.
63. Walter Ulbricht: Entwurf des Aufrufes zur Schaffung freier Gewerkschaften, in: Walter Ulbricht: Zur Geschichte der deutschen Arbeiterbewegung. Aus Reden und Aufsätzen Band II: 1933–1945, 2. Zusatzband, Berlin (Ost) 1968, S. 320.
64. Zitiert nach: Frank Moraw, a. a. O., S. 111.
65. Kurt Schumacher: Grundsätze sozialistischer Politik, Rede auf dem 1. Nachkriegs-Parteitag der SPD am 9. Mai 1946 in Hannover, Hamburg o. J. (1946), S. 34.
66. Walter Ulbricht: Die Gewerkschaftswahlen und die Aufgaben der Gewerkschaftsmitglieder beim demokratischen Wirtschaftsaufbau, in: Walter Ulbricht: Zur Geschichte der deutschen Arbeiterbewegung. Aus Reden und Aufsätzen, Band II: 1933–1946, Zusatzband, a. a. O., S. 287.
67. Geschichte der SED, a. a. O., S. 110.
68. Kurt Schumacher: Grundsätze sozialistischer Politik, a. a. O., S. 33f.
69. Theo Pirker: Die SPD, a. a. ., S. 40.
70. Walter Ulbricht: Die Aufgaben der KPD im Kampf um die Herstellung der Einheit der Arbeiterklasse. In: Walter Ulbricht: Zur Geschichte der deutschen Arbeiterbewegung. Aus Reden und Aufsätzen, Band II 1933–1946, Zusatzband, a. a. O., S. 336ff.
71. Zitiert nach: Frank Moraw, a. a. O., S. 135.

72. Theo Pirker: Die SPD, a. a. O., S. 40.
73. Berlin Quellen und Dokumente 1945–1951, a. a. O, S. 826.
74. Ebenda, S. 827.
75. Theo Pirker: Die SPD, a. a. O., S. 40f.
76. Karl J. Germer, a. a. O., S. 136.
77. Erik Reger: Fiktives Leben, in: Der Tagesspiegel vom 8. 3. 1946.
78. Theo Pirker: Die SPD, a. a. O., S. 41.
79. Kurt Schumacher: Aufstand gegen die Sowjetdeutsche Diktatur, a. a. O., S. 493ff.

Kurzbiographien

KPD

Otto Brass: 21. 12. 1875–13. 11. 1950, Feilenhauer, 1893 Eintritt in die Gewerkschaften, 1895 in die SPD, USPD, KPD, 1922 wieder SPD, nach 1933 Widerstand, 1939: 12 Jahre Zuchthaus – nach Wiedereintritt in die illegale KPD tritt er im vorbereitenden Gewerkschaftsausschuß für Großberlin 1945 als Sozialdemokrat auf.

Wilhelm Pieck: 3. 1. 1876–7. 9. 1960, Tischler, 1894 Mitglied im deutschen Holzarbeiter-Verband und seit 1895 in der SPD, Gewerkschaftssekretär, Abgeordneter, hauptamtlicher Sekretär der SPD, im ersten Weltkrieg Mitglied der Spartakusgruppe; seit Gründung der KPD war und blieb Pieck Mitglied der Parteiführung. Nach 1933 Emigration, zunächst Paris, dann Moskau, Pieck war Mitbegründer des Nationalkomitees »Freies Deutschland« in der Sowjetunion, kehrte am 1. Juli 1945 aus Moskau nach Berlin zurück. Von 1946 bis 1954 war Pieck gemeinsam mit Otto Grotewohl Vorsitzender der SED, von 1949 bis 1960 Präsident der DDR.

Walter Ulbricht: 30. 6. 1893–1. 8. 1973, Tischler, 1908 Eintritt in die sozialistische Arbeiterjugend, 1910 in den deutschen Holzarbeiter-Verband und 1912 in die SPD. 1919 KPD und ab Anfang der zwanziger Jahre Parteisekretär, von 1928–1933 Mitglied des Reichstages und von 1929 bis 1932 politischer Leiter des Bezirks Berlin-Brandenburg, 1933 Emigration Paris, Prag, Moskau. Ab 1934 Mitglied der Führung der KPD, 30. 4. 1945 Rückkehr nach Deutschland, Leiter der nach ihm benannten Gruppe in Berlin, organisierte die KPD neu und war anschließend Motor des Prozesses der Zwangsvereinigung mit der SPD. Von 1946–1949 Mitglied der Parteiführung der SED, ab 1950 Generalsekretär des ZK der SED, diese Funktion behält er unter wechselnden Bezeichnungen bis 1971, als ihn Erich Honecker als Parteiführer ablöst.

SPD

Hermann Brill: 9. 2. 1895–2. 6. 1959, Lehrer und Jurist, SPD, 1918–1922 USPD, 1919–1932 Mitglied des thüringischen Landtages, 1932–1933 Mitglied des Reichstages, 1933–1935 verhaftet, 1939 zu 12 Jahren Zuchthaus verurteilt, erst Zuchthaus Brandenburg, dann KZ Buchenwald, Mitverfasser des »Buchenwalder Manifestes«. Nach Kriegsende Staatspräsident von Thüringen und Parteivorsitzender der SPD in Thüringen. 1946–1949 Staatssekretär und Chef der hessischen Staatskanzlei, 1949–1953 Mitglied des Deutschen Bundestages.

Otto Buchwitz: 27. 4. 1879–9. 7. 1964, Metalldrücker, 1896 Mitglied des Deutschen Metallarbeiter-Verbandes (DMV), 1898 SPD, 1907 Gewerkschaftssekretär, seit 1919 Parteisekretär, ab 1924 Mitglied des Reichstages, 1933 Emigration nach Dänemark, Verhaftung am 17. April 1940, im März 1941 zu 8 Jahren Zuchthaus verurteilt, nach 1945 Vorsitzender des Landesvorstandes Sachsen der SPD, einer der vehementesten Befürworter der Vereinigung mit der KPD. Seit 1946 gehört er dem Parteivorstand bzw. dem Zentralkomitee der SED an.

Gustav Dahrendorf: 8. 2. 1901–30. 10. 1954, Angestellter und Redakteur, 1918 SPD, Mitglied der Reichsleitung der Jungsozialisten, 1924–1933 Redakteur am Hamburger Echo, 1927–1933 Mitglied der Hamburger Bürgerschaft, November 1932 Mitglied des Reichstages, 1933 mehrere Monate in Haft, im August 1944 erneut verhaftet und wegen seiner Zugehörigkeit zum Kreisauer Kreis zu 7 Jahren Zuchthaus verurteilt. Nach 1945 Mitglied des Zentralausschusses der SPD, drängt er im Frühjahr 1945 auf die sofortige Vereinigung von Sozialdemokraten und Kommunisten in einer gemeinsamen sozialistischen Partei, gehört dann im Zentralausschuß zu den Kritikern der Vereinigung. Er verläßt im Februar 1946 die sowjetische Besatzungszone und publiziert in Hamburg bereits 1946 einen Bericht über die Zwangsvereinigung der kommunistischen und der sozialdemokratischen Partei in der russischen Zone, ab Juli 1946 Vorstandsmitglied der Konsumgenossenschaft Produktion in Hamburg, 1951 Vorsitzender des Zentralverbandes deutscher Konsumgenossenschaften.

Max Fechner: 27. 7. 1892–19. 9. 1973, Werkzeugmacher, 1910 Mitglied der SPD, 1917 USPD, danach wieder SPD. Funktionär von USPD und SPD. 1924 Abgeordneter des Preußischen Landtages, Redakteur, nach 1933 mehrmals verhaftet, 1945 zusammen mit Otto Grotewohl Vorsitzender des Zentralausschusses der SPD, 1946 2. Vorsitzender der SED, 1949–1953 Minister der Justiz, den Streik der Arbeiter am 17. Juni 1953 hielt er mit der Verfassung der DDR für vereinbar, dafür wurde er am 15. 7. 1953 abgesetzt und verhaftet und als Feind des Staates und der Partei am 26. 7. 1953 aus der SED ausgeschlossen. Am 26. 4. 1956 amnestiert und aus der Haft entlassen und im Juli 1958 wieder in die SED aufgenommen.

Otto Grotewohl: 11. 3. 1894–21. 9. 1964, Buchdrucker, 1912 Mitglied der SPD, 1918 USPD, 1922 wieder SPD, in den zwanziger Jahren verschiedene Ministerfunktionen im Freistaat Braunschweig, 1925–1933 Präsident der Landesversicherungsanstalt Braunschweig, verschiedentlich verhaftet, zwischen 1938 und 1945, mit Max Fechner zusammen Vorsitzender des Zentralausschusses der SPD, trat 1946 für die Vereinigung von KPD und SPD ein und war zusammen mit Wilhelm Pieck von 1946 bis 1954 gemeinsam Vorsitzender der SED. Von 1949 bis 1960 Ministerpräsident der DDR.

Bernhard Göring: 21. 11. 1897–1. 12. 1949, Angestellter, 1916 Eintritt in den Zentralverband der Handlungsgehilfen und in die SPD. Von 1922 bis 1933 war Göring Sekretär des Vorstandes des Allgemeinen Freien Angestelltenbundes (AfA-Bund), hielt während der Nazizeit Verbindung mit anderen Gewerkschaftlern, wie zum Beispiel mit Wilhelm Leuschner und Hermann Schlimme, wurde zwischen 1937 und 1940 mehrmals verhaftet. Gehörte nach 1945 zum vorbereitenden Gewerkschaftsausschuß für Großberlin und war seit dem ersten Kongreß des FDGB dessen zweiter Vorsitzender.

Gustav Klingelhöfer: 16. 10. 1888–16. 1. 1961, Volkswirt, SPD-Mitglied seit 1917, von 1924–1933 Wirtschaftsredakteur beim »Vorwärts«, 1945 wirtschaftspolitischer Sekretär der SPD. Als Leiter der Abteilung Wirtschaft des Magistrats von 1946–1951 hat er maßgeblichen Anteil an der Durchführung des Marshallplans in Berlin. Mitglied des Bundestages von 1953–1957.

Hermann Schlimme: 14. 9. 1882–10. 11. 1955, Drechsler, 1899 Mitglied des deutschen Holzarbeiterverbandes, 1906 der SPD. Von 1923–1931 war er persönlicher Sekretär des Vorsitzenden des Allgemeinen Deutschen Gewerkschaftsbundes (ADGB) Theodor Leipart. 1931 wurde er Sekretär im Bundesvorstand des AGDB, er hielt den Kontakt mit anderen Gewerkschaftern während der Nazizeit aufrecht und wurde 1937 verhaftet und zu drei Jahren Zuchthaus verurteilt. Schlimme war Mitglied des vorbereitenden Gewerkschaftsausschusses für Großberlin und bis 1951 2. Vorsitzender des FDGB von Großberlin, von 1951–1955 arbeitete er in der Abteilung Gewerkschaftseinheit im Bundesvorstand des FDGB.

Kurt Schumacher: 13. 10. 1895–20. 8. 1952, Studium der Rechtswissenschaften, der Nationalökonomie, Januar 1918 Eintritt in die SPD, 1920–1930 Redakteur der Schwäbischen Tagwacht in Stuttgart, 1924–1931 Mitglied des Württembergischen Landtages, 1924 Mitbegründer des Reichsbanners Schwarz-Rot-Gold, 1930–1933 Mitglied des Deutschen Reichstages, Anfang Juli 1933 von den Nazis verhaftet, bis März 1943 in verschiedenen Konzentrationslagern, vor allem im KZ Dachau, August/September 1944 erneut verhaftet. Kurt Schumacher bildet sofort nach der Besetzung Hannovers durch britische Truppen im April 1945 das »Büro Dr. Schumacher«, es wird die Zentrale des Wiederaufbaus der SPD in den westlichen Besatzungszonen. Auf dem ersten Nachkriegsparteitag der SPD in Hannover im Mai 1946 wird er zum ersten Vorsitzenden gewählt, seit August 1949 Mitglied des Deutschen Bundestages und Vorsitzender der Sozialdemokratischen Bundestagsfraktion.

Zeittafel

1944:

12. September: USA, Großbritannien und Sowjetunion unterzeichnen das Londoner Protokoll über die spätere Aufteilung Deutschlands in Besatzungszonen. Berlin soll zu keiner Zone gehören, sondern von den Allierten gemeinsam besetzt werden.

1945

Februar: Konferenz von Yalta billigt die Vereinbarung.

2. Mai: Kapitulation Berlins.

8. Mai: bedingungslose Kapitulation des Dritten Reiches in Berlin-Karlshorst.

10. Juni: die sowjetische Militäradministration (SMAD) gestattet mit dem Befehl Nr. 2 die Gründung antifaschistischer Parteien und läßt Bildung von Gewerkschaften zu.

11. Juni: Als erste Partei tritt die KPD in Berlin an die Öffentlichkeit und propagiert die Aufrichtung eines antifaschistischen, demokratischen Regimes und die Schaffung eines Blocks der antifaschistischen demokratischen Parteien.

15. Juni: In Berlin konstituiert sich ein »Zentralausschuß« der sozialdemokratischen Partei. Sein Geltungsbereich ist zunächst Berlin und später auch die sowjetische Besatzungszone.

19. Juni: Das Zentralkomitee der KPD und der Zentralausschuß der SPD beschließen die Bildung eines gemeinsamen Arbeitsausschusses, dem je 5 Vertreter dieser beiden Körperschaften der Parteien angehören.

14. Juli: Die vier von der sowjetischen Besatzungsmacht zugelassenen Parteien (CDU, KPD, LDPD und SPD) beschließen eine einheitliche Front der antifaschistischen demokratischen Parteien zu bilden, nach der Geschäftsordnung vom 27. Juli 1945 darf dieser Ausschuß Beschlüsse nur auf dem Wege der Vereinbarung treffen und nicht durch Abstimmung.

2. August: Potsdamer Abkommen zwischen den Vertretern Großbritanniens, der USA und der Sowjetunion.
20. August: 14 von 19 Parteibezirken der SPD in den Westzonen stellen Kurt Schumacher ein Mandat aus, das ihn bevollmächtigt, eine gemeinsame Konferenz und damit den Aufbau der SPD leitend und organisierend vorzubereiten.
28. August: Kurt Schumacher schickt den Parteibezirken die von ihm verfaßten »politischen Richtlinien für die SPD in ihrem Verhältnis zu den anderen politischen Faktoren«.
5./6. Oktober: In Wennigsen bei Hannover wird die erste überregionale sozialdemokratische Parteikonferenz nach dem Kriege durchgeführt. An der Konferenz nehmen teil Funktionäre aus allen westlichen Besatzungszonen und drei Vertreter des Zentralausschusses in Berlin und Vertreter des Emigrationsausschusses aus London. Die Konferenz beschränkt den Zentralausschuß auf Berlin und die SBZ und bestätigt Kurt Schumacher in der Funktion eines politischen Vertrauensmannes der SPD der westlichen Besatzungszonen.
4. November: Die SPÖ erringt bei den ersten Parlamentswahlen in Österreich 76 Sitze, die KPÖ 4 Sitze. Das österreichische Wahlergebnis ist eines der Stichdaten für die Verstärkung der Einheitskampagne der Kommunisten in der SBZ.
9. November: Pieck fordert auf einer Kundgebung der KPD anläßlich des Jahrestages der Novemberrevolution von 1918 die baldige Vereinigung von SPD und KPD.
11. November: Grotewohl lehnt eine zonenmäßige Vereinigung ab.
20./21. Dezember: 60er Konferenz von KPD und SPD in Berlin.

1946:
6. Januar: SPD-Funktionäre der amerikanischen Zone lehnen beim Treffen in Frankfurt die Fusion mit den Kommunisten ab.
27. Januar: Erste Gemeinderatswahlen in der amerikanischen Zone: SPD 25,1 %, CDU 37,9 %, KPD 3,5 %, DVP 2,5 % und sonstige 31 %.
9./11. Februar: Gründungskongreß des FDGB für die sowjeti-

sche Besatzungszone und Berlin. Dem Bundesvorstand gehören an: 19 Kommunisten, 18 Sozialdemokraten, 4 Mitglieder der CDU und 4 Parteilose. Der Zentralausschuß der SPD beschließt, die Parteimitglieder bald über die Einheit der beiden Arbeiterparteien entscheiden zu lassen.

19.–25. Februar: Schumacher besucht Berlin, letzte Unterredung mit dem Zentralausschuß.

23. Februar: Die sozialdemokratische Kreisdelegiertenkonferenz von Berlin-Reinickendorf spricht sich einmütig für einen Aufruf zur Urabstimmung über die Frage des Zusammenschlusses aus.

1. März: Funktionärsversammlung der Berliner Sozialdemokraten mit mehr als 2000 Teilnehmern, sie spricht sich für die Urabstimmung aus.

29. März: Die Berliner amerikanischen und britischen Militärbehörden erklären, daß sie den Schutz der abstimmungsberechtigten SPD-Mitglieder garantieren werden.

31. März: Die sowjetische Kommandantur untersagt die Durchführung der Abstimmung im sowjetischen Sektor. 72,9 % der wahlberechtigten Mitglieder der Berliner Sozialdemokratischen Partei in den Westsektoren stimmen ab, und davon entscheiden sich 82,2 % gegen eine sofortige Vereinigung.

7. April: Die Mehrheit der Berliner Kreisvorsitzenden beruft einen Bezirksparteitag der »Opposition« in der SPD ein.

18. April: Die SPD in den westlichen Besatzungszonen beschließt, die Fusionierung von KPD und SPD in der SBZ nicht anzuerkennen.

19./20. April: Parteitag der SPD in der SBZ beschließt die Vereinigung und tagt zusammen mit den Delegierten des KPD-Parteitages am 20./21. 4. als Gründungsparteitag der SED weiter.